First published in the United Kingdom in 2019 by

C. Hurst & Co. (Publishers) Ltd.,

41 Great Russell Street, London, WC1B 3PL

© Martin Plaut and Carien du Plessis, 2019

Printed in Great Britain by Bell and Bain Ltd, Glasgow

UNDERSTANDING SOUTH AFRICA

理解南非

〔英〕马丁·普劳特 〔英〕凯琳·杜·普莱茜丝 著

赵文杰 杨振中 陈一能 姚康 译 张忠祥 校译

上海三联书店

目　录

译者序

2023 年 6 月 16 日至 17 日,在俄乌冲突爆发之后将近 16 个月的时候,南非总统拉马福萨与塞内加尔总统萨勒、赞比亚总统希奇莱马、非盟轮值主席科摩罗总统阿扎利、埃及总理马德布利,以及刚果(布)和乌干达的代表组成"非洲和平使团"访问了基辅和圣彼得堡,分别会晤乌克兰总统泽连斯基和俄罗斯总统普京,提出调解俄乌冲突的和平方案,表达了非洲国家希望世界和平、尽快结束武装冲突的良好愿望与主动作为。2023 年南非再次接任金砖国家轮值主席国,并将于 8 月下旬举办金砖国家领导人第十五次会晤。南非还是 20 国集团中唯一的非洲国家,也是国际社会应对气候变化的"基础四国"的一员。

这些都说明 1994 年南非在不分种族的首次大选及以曼德拉总统为首的民族团结政府成立之后,南非所发生的积极变化,尤其是国际地位的提升。南非从种族隔离时代的"国际弃儿"变成了非洲复兴的倡导者与国际事务的积极参与者。

与此同时,新南非诞生近 30 年来,南非国家治理存在不小的困难与挑战,如除少数年份外,经济发展滞缓,失业率居高不下,半数左右的民众生活在贫困线以下,广大黑人民众在经济上的处境没有明显改善。腐败问题突出,南非经常爆发排外事件,国内治安形势严峻,非国大分裂与国内支持率下降等。近年来,电力供应不足严重地困扰着南非人民的生产和生活,经常是每天停电8小时以上。

所以,种族隔离制度废除之后的南非给人们的是一个多面的形象,既取得不小的成绩,尤其在种族平等、黑人赋权,以及国际地位等方面;同时还面临诸多困难与挑战,如经济发展缓慢、社会问题突出、土地问题也没有解决等。由南非学者凯琳·杜·普莱茜丝(Carien Du Plessis)和马丁·普劳特(Martin Plaut)合著的《理解南非》(英国 C. Hurst & Co.出版公司于 2019 年出版)一书能够帮助我们理解种族隔离制度废除之后南非为什么会成为这样一个矛盾的国家,而不是一个原先给各方以无比希望和向往的"彩虹之邦"。该著作的中心思想是要理解新南非所取得的成绩和存在的问题。该书的翻译对于国内民众理解南非的最新变化,正确认识南非变革有积极意义。此外,对区域国别研究也是有参考价值的。

《理解南非》全书共十三章,除了引言和简史之外,重点涉及新南非的政党变迁、腐败问题、经济发展、土地改革、国民教育、司法法律、公民社会、社会治安等现实问题,几乎涵盖南非国家治理的方方面面。在一些问题上反映出南非社会的民意与呼声,这就是希望新南非政治更加清廉,经济有一个较快的发展,社会治安和教育做得更好一些,土地改革能够顺利进行等。

《理解南非》一书吸收了当下对南非一些问题新的看法,比如在论及南非社会上存在的腐败问题时,作者一方面客观地认识到

"腐败并不是从纳尔逊·曼德拉就任总统那天开始的","南非的腐败甚至早于种族隔离制度";另一方面,作者注意到新南非建立之后,尤其是在祖马总统任内存在的严峻腐败问题,作者使用了一个新词"国家劫持"(state capture),这是一种深层次的腐败,这是财阀与国家当权者相勾结,攫取经济和政治利益的手段。作者认为祖马与"古普塔兄弟"联合建立了一个"影子国家"(shadow state),古普塔兄弟不仅大量攫取经济上的好处,甚至插手内阁成员的任命。黑人经济赋权和激进的经济转型在很多情况下成为贪污的幌子,也成为席卷全国的大规模腐败丑闻。又如在分析南非经济增长乏力时,作者用了一个新词"发展停滞"(failure to thrive,这个词不能理解为"繁荣失败")。在非国大执政的近 30 年时间里,尽管在 2004 年至 2007 年的一段短暂时期内实现了较快发展,但在很多年份都增长缓慢。

此外,该书对南非各政治派别的最新发展情况及政治主张,以及非国大政府的土地改革的最新情况与失败原因,甚至南非的教育、司法等等都有很好的论述。所以,要比较全面地理解南非,大家不妨读一读这本书。

本书的翻译是集体协作完成的,中心博士生赵文杰译第一至六章,以及第十三章;中心硕士研究生杨振中译第七至八章;中心硕士研究生陈一能译第九至十章;中心硕士研究生姚康译第十一至十二章。赵文杰在校对工作中也付出了许多努力,最后由张忠祥校对定稿。由于我们水平所限,肯定存在许多不足之处,敬请读者批评指正。

本译著属于上海师范大学非洲研究中心的非洲国别和区域历史丛书,是国家社科基金项目"非国大与新南非国家治理研究"(批准号:21BSS057)的阶段性成果。该丛书已出版的成果有:译著《作为历史的口头传说》(上海三联书店 2020 年版)、《历史视野下的非洲城市空间》(上海三联书店 2021 年版)、《法国在非洲的无形武器:非洲法郎的历史》(上海三联书店 2023 年版)、《非洲城市化与社会经济的发展》(上海三联书店 2023 年版),专著《大津巴布韦学术史论》(上海三联书店 2020 年版)等。本译著的出版同样得到多方面的支持,包括教育部区域国别研究基地项目、上海师范大学非洲研究中心项目的资助,还有上海三联书店出版社的大力支持,对于陈恒教授、黄韬先生、殷亚平女士等表示衷心感谢!

张忠祥

2023 年 8 月 2 日

第一章

引言：非凡的国家，迥异的生活

非凡的国家，迥异的生活

两个女人面对面站着。年轻的黑人妇女朝她的白人同胞吼道："去你的！去你的！去你的！"围观群众用手机拍下了这一对峙场面。

该场面发生在克利夫顿（Clifton），这里可能是整个南非最排外的海滩了。白色的沙滩上耸立着一栋栋公寓楼，是南非一些最富有的人所居住的大楼，他们几乎都是白人。一群开普敦黑人"入侵"了白人的地盘——他们在传统仪式中宰杀了一只羊。一位激进分子对此解释道："这是为了报复我们多年来在白人手中所遭受的创伤。"白人居民愤怒地谴责这种屠杀行为是对动物权利的侵犯。

思想上的一致根本不可能。这些片段在全球范围内的传播是对开普敦作为 2019 年顶级度假胜地声誉的玷污。

再往北几百英里，另一幕场景正在上演。一位工会领导人躺在家中奄奄一息。罗纳德·马尼（Ronald Mani）是一位市政工人工会的地区领导人,他在奇萨胡鲁村(Tshisahulu)被枪杀。

奇萨胡鲁位于林波波省,位于南非行政首都比勒陀利亚以北。多年来,该村发生多起谋杀案。很少有案件得到侦破或者有嫌疑人被捕。[①]一周后,又有一位政治领导人被杀。[②]有人认为最近发生的谋杀案,其目的是让一些人失声,这些人公开反对掠夺南非 VBS 互助银行(South Africa's VBS Mutual Bank)。虽然国际审计公司毕马威(KPMG)在 VBS 腐败丑闻中因签署欺诈性的财务数据而被官方通报,然而世人却对此毫无兴趣。[③]

像罗纳德·马尼这类人的生命是廉价的。而被羊血玷污的克利夫顿原始沙滩却是昂贵的。

然而,这个非凡的国家还有另外一面,这一面鲜少被人提及——它的人民会不时放下自己悲痛的过去和种族分歧而为了共同的事业团结起来。

面对史无前例的干旱趋势,开普敦人民实现了一个其他城市从未有过的成就:在三年内,居民用水量减少了一半以上。用水量从 2015 年的每天 12 亿升下降到 2018 年年初的 5 亿多升——这是一个破纪录的成就。[④]城市周围的棚户区内有着最贫困的社区,通

---

① Elmon Tshikhudo, 'Vhembe's burning', *Limpopo Mirror*, 16 August 2013, https://www.limpopomirror.co.za/articles/news/20721/2013-08-16/vhembes-burning, last accessed 8 April 2019.

② Mpho Dube, '"VBS killings" trouble SACP', *The Sowetan*, 3 February 2019, https://www.sowetanlive.co.za/sundayworld/news/2019-02-03-vbs-killings-trouble-sacp/, last accessed 8 April 2019.

③ Kyle Cowan, 'Explosive report into VBS Mutual Bank reveals large-scale "looting"', News24, 10 October 2018, https://www.news24.com/SouthAfrica/News/explosive-report-into-vbs-bank-reveals-large-scale-looting-20181010, last accessed 8 April 2019.

④ Joseph Cotterill, 'South Africa: How Cape Town beat the drought', *Financial Times*, 2 May 2018, https://www.ft.com/content/b9bac89a-4a49-11e8-8ee8-cae73aab7ccb, last accessed 8 April 2019.

过免除他们的用水限额,这一成就得以实现。此外,通过点名批评那些违反严控令的人,拆除一些顶级酒店的水龙头,禁止开普敦人洗车或往游泳池注水等措施,这座城市的目标得以达成。灾难得以避免。

也有许多关于乌班图(ubuntu)的故事:人们跨越种族和其他分歧,互帮互助。

20世纪70年代末,在夸祖鲁-纳塔尔的伊克斯波(Ixopo)小镇,一位聪明的年轻祖鲁人(Zulu)获得了学习法律专业的大学奖学金,但这却让他陷入两难境地:因为他需要在家照顾两年前失业的母亲和弟弟妹妹。一位当地的印度店主同意在他完成学业之前为其家庭提供日常用度。当他毕业后,店主没有收他的钱,只是告诉他以后再还。这位年轻人名叫雷蒙德·宗多(Raymond Zondo),后来成为副首席大法官(Deputy Chief Justice)。他是非洲人国民大会(African National Congress,ANC,下称"非国大")关键性的调查国家劫持委员会(Commission of Inquiry into State Capture)的负责人,负责调查政府的腐败问题,即国家劫持问题。四十年后,宗多大法官和这位年迈的店主建立了一个信托基金,以帮助其他与宗多大法官曾经历过相同处境的年轻人。①

南非人的对抗性政治如同他们精美的葡萄酒一样闻名,而他们也深受种族隔离政策的折磨。然而,这些政策在25年前被终止。从那时起,国家经历了从纳尔逊·曼德拉(Nelson Mandela)带

---

① Canny Maphanga, 'Helping the next Zondo-deputy chief justice and good samaritan uplift poor youth', News24, 13 January 2019, https://www.news24.com/South-Africa/News/helping-the-next-zondo-deputy-chief-justice-and-good-samaritan-uplift-poor-youth-20190113, last accessed 8 April 2019.

来的愈合魔力到雅各布·祖马(Jacob Zuma)预示的腐败泥潭。

　　本书试图描述和解释这片不寻常的土地及其众多民族。南非是一个有着雅努斯脸(Janus-faced，意思是"双面孔的")的国家，它的多元而分裂、和谐而对立使我们无法对其进行简单的说明。

第二章

简要历史

临近厄运

从开普敦驱车向北，桌山平坦的山顶在后视镜中渐渐远去。随着土地变得越来越干旱，麦田和葡萄园变成了灌木丛。布满岩石的黄色、橙色和灰绿色的山丘——塞德伯格山脉（Cederberg Mountains）环绕着公路拔地而起。最终，行驶 155 公里后，你会抵达波特维尔（Porterville），这是一个坐落在奥勒芬兹河（Olifants River）旁山脚下的不起眼小镇，小镇大约有 9000 人口。即便是好奇的游客也很少有机会在这个小镇停留，但在波特维尔上方的山脉中，有着整个南部非洲最杰出的艺术品之一。

在一处岩石庇护所的墙壁上用红赭石描绘的是一艘满帆的欧洲四桅大帆船，船上的旗帜迎风飘扬。这可能是 18 世纪由某个科伊桑人（Khoisan）所绘画的作品。①科伊桑人是南部非洲的原住民，

---

① 'Nomination for the assignation of Grade I Status for the Porterville Galleon Rock Art, Porterville, Western Cape', South African Heritage Resources Agency, （转下页）

是该地区的"第一民族",曾被称为"布须曼人"(Bushmen)或"霍屯督人"(Hottentot)。对于看到这艘船的艺术家来说,它一定像是来自外太空的东西。这幅画给人留下深刻的印象——尽管波特维尔位于内陆 100 多公里处,但该画却被留存在了庇护所的墙上。而在现实中,这是一个即将到来的厄运景象。

南部非洲的居住史大约已有一万年,先是狩猎采集者,然后是耕种作物者以及放牧以羊群为主的牧民。几乎在南非每个地区都发现了他们的绘画和雕刻遗产:至少有两万个遗址和超过一百万张图画。①大约 2000 年前,其他民族从非洲中部来到这里。他们是讲着班图语的民族,与大多数新来的定居者一样,他们与原住民在一起生活,与他们并肩战斗,开展贸易和互相通婚。②渐渐地,科伊桑人发现自己被放逐到了该地区的南部边缘地带和干旱的内陆地区。

白人定居

到 1488 年,第一个绕过此地的航海家——葡萄牙探险家巴尔托洛梅乌·迪亚士(Bartolomeu Dias)在绕过好望角时,南部非洲

(接上页)31 May 2017, http://www.sahra.org.za/sahris/cases/nomination-assignation-grade-i-status-porterville-galleon-rock-art-porterville-western-cape, last accessed 8 April 2019.

① 'The San', South African History Online, http://www.sahistory.org.za/article/san, last accessed 8 April 2019.

② 'When, why and where the first African farmers settled in Southern Africa', South African History Online, http://www.sahistory.org.za/article/when-why-and-where-first-african-farmers-settled-southern-africa, last accessed 8 April 2019.

的大部分人都居住在内陆地区。彼时,他们对世界上的其他地方并没有什么兴趣,因此直到1652年第一个永久性的欧洲定居点开始建立时,他们仍保持原样。好望角将成为一个补给站,而不是殖民地,它处在通往利润丰厚的荷属东印度群岛殖民地的路上,殖民地提供的香料在欧洲市场上以高价出售。当控制这一贸易的荷兰东印度公司(Dutch East India Company)决定派扬·范·里贝克(Jan van Riebeeck)率领一支探险队前往开普敦时,他得到的严格指示是建造一座堡垒,一处能停泊船只的地方和种植新鲜农产品的菜园。从公司的角度来看,南非内陆是一个无关紧要的地方。在范·里贝克到达后,他遇到了科伊桑人。很快,他种下厚厚的野杏仁树篱,试图将科伊桑人挡在水草丰美的田地之外,而在那块丰腴的土地上,他建起了公司的"菜园"。

就在范·里贝克抵达仅七年后,双方社群就因农作物和牲畜发生了第一次冲突。科伊桑领导人阐明了他们对于自己越来越多的土地被侵占的愤怒,这在范·里贝克1660年4月的日记中有所记载:

> 他们问:"假设他们去了荷兰,是否会被允许做同样的事情。"他们还说:"如果你们这些人留在此处的堡垒中,那也无伤大雅,但你们直接进入内陆,为自己选择最好的土地,甚至不问我们是否介意,或者是否会给我们带来任何不便……"[1]

这就确立了一种模式:扩大殖民者定居点将引发定居者与原

---

[1] H. B. Thom(ed.), *Journal of Jan van Riebeeck*, 3 vols, Cape Town: A. A. Bakema for the Van Riebeeck Society, 1952—1958, pp.195—196.

住民社群之间的战争和冲突。

随着来自荷属东方殖民地进口奴隶的补充,该定居点逐渐扩大。一些人离开公司的工作岗位,成为"自由市民"(Free burghers),即公民农民(citizen farmers)。这些荷兰农民逐渐与当地人和其他族群通婚,包括法国胡格诺教徒(French Huguenots),他们为逃避宗教迫害来到这里。如果荷兰农民是流动人员,他们则被称为"跋涉者布尔人"(Trek Boers),后来又被称为阿非利卡人(Afrikaner)。他们的行动对世界其他地区影响甚微。正如历史学家理查德·埃尔菲克(Richard Elphick)和赫尔曼·吉里奥米(Hermann Giliomee)所说:"三百年前,开普敦殖民地是一块贫穷的、人口稀少的地区,除了其统治者、原住民、邻国和少数好奇的旅行者外,没有人会对它感兴趣。"[1]

讲班图语的民族比白人早几个世纪来到这里,他们大致分为两个群体:在今南非和博茨瓦纳北部和中部地区定居的茨瓦纳人(Tswana)和苏陀人(Sotho),以及东开普省、斯威士兰和夸祖鲁-纳塔尔的恩戈尼人(Nguni),今天被称为祖鲁人和科萨人(Xhosa)。尽管他们之间还存在着相当多的交流,但德拉肯斯山脉形成了这些群体之间的粗略分界线。[2]起初,白人——无论是农民,传教士还是商人——很少与这些族群接触。但是,随着开普殖民地边界的逐渐扩大,流动的农民离开开普敦为他们的羊群寻找牧场,双方的

---

[1] Richard Elphick and Hermann Giliomee(eds), *The Shaping of South African Society, 1652—1840*, Cape Town: Maskew Miller Longman, 1989, p. xvii.

[2] Simon Hall, 'Farming Communities of the Second Millennium: Internal Frontiers, Identity, Continuity and Change', in Carolyn Hamilton, Bernard Mbenga and Robert Ross(eds), *The Cambridge History of South Africa, Volume 1: From Earliest Times to 1885*, Cambridge: Cambridge University Press, 2010, pp.146—147.

接触就不可避免了。

吉里奥米对这一事件的经过作出了生动的描述：

> 在 18 世纪,随着猎人、商人、掠夺者以及养牛的农民最终向东进入内陆地区,这条界线又向前推进了 800 多公里。在同一时期,沿着东南海岸,科萨人的定居范围也在慢慢向西移动。大约在 1770 年,白人定居先锋部队到达了偏僻的科萨人酋长领地,所谓的东部边疆也随之开启。在这里,欧洲人和黑人牧民剥夺并最终征服了东部科伊科伊人(Khoikhoi,霍屯督人)的最后一个部族。也是在此处,白人和黑人之间的互动过程开始了,这一互动过程主宰着南非的历史。四十年来,跋涉者布尔人和科萨人,虽然在不同时期都得到了科伊科伊人的帮助,但他们之间相互争斗,始终没有成功地建立起霸主地位,直到 1812 年,在英国军队的领导下,殖民者和科伊科伊人的联合部队终于将科萨人赶到大鱼河(the Fish River)。[1]

随后,白人和科萨人之间发生了一系列残酷的战争,这些战争从 1779 年至 1879 年断断续续地持续了一个世纪。起初是边境小规模冲突,最后以英国人征服该领土而告终。

如果说 18 世纪目睹了白人定居点在开普地区的逐渐扩大,那么 19 世纪则见证了这片土地的转变,最终成为南非。

第一件大事发生在 1795 年英国夺取好望角后不久,结束了荷

---

[1] Hermann Giliomee, 'The Eastern Frontier, 1770—1812', in Richard Elphick and Hermann Giliomee (eds), *The Shaping of South African Society, 1652—1840*, Cape Town: Maskew Miller Longman, 1989, p.421.

兰人的统治。1807年,英国政府取缔奴隶贸易,但没有取缔奴隶制本身。这威胁到了白人的农业生产,他们中的许多人依赖奴隶劳动。成船的奴隶从印度、锡兰(现斯里兰卡)、印度尼西亚、马达加斯加和莫桑比克进口过来——总计约63000名奴隶。①富裕的农民拥有多达20个奴隶。赊账购买奴隶的农民面临破产,他们对英国干预他们的地方事务感到愤怒。尽管存在这样的反对意见,但在英国由威廉姆·威尔伯福斯(William Wilberforce)和他朋友等人推动的解放运动已势不可挡,这些朋友中有些是开普殖民地的传教士。1833年,英国议会明令禁止在大英帝国内实行奴隶制。在当时最有力的运动组织"反对奴隶制协会"(Anti-Slavery Society)的支持下,开普殖民地主要的传教士约翰·菲利普(John Phillips)博士前往伦敦,为黑人权利发起了一场激烈的运动。②

因此,一系列保障开普殖民地非洲人和有色人种政治权利的法律获得通过。③英国枢密院也巩固了这些权利,并于1829年1月15日做出裁决:"所有合法居住在殖民地的霍屯督人和其他自由的有色人种,现在和将来都会以最全面、最充分的方式,享有国王陛下的任何其他臣民所享有的或可以享有的权利、特权和法律利益。"④不论是黑人还是白人,所有人的平等似乎是得到了保证。

---

① Gerald Groenewald, 'Slaves and Free Blacks in VOC Cape Town, 1652—1795', *History Compass*, vol.8/9(2010), pp.964—983.

② Andrew Ross, *John Philip(1775—1851): Missions, Race and Politics in South Africa*, Aberdeen: Aberdeen University Press, 1986, p.109.

③ Elizabeth Elbourne and Robert Ross, 'Combating Spiritual and Social Bondage: Early Missions in the Cape Colony', in Richard Elphick and Rodney Davenport (eds), *Christianity in South Africa: A Political, Social & Cultural History*, London: James Currey, 1997, p.39.

④ *Report of Commission of Inquiry regarding Cape Coloured Population of the Union*, Pretoria: Government Printer, 1937, p.212.

1836 年，开普立法政务议会(Cape's Legislative Council)为殖民地的城镇和村庄设立了市政委员会。任何人只要拥有价值 1000 英镑的财产，或每年支付不少于 10 英镑的租金，就可以投票。任何有资格的人都可以参加选举。[①]从一开始，有色人种就参加了这些选举。开普殖民地当时就确立了有限的非种族选举权。在纳塔尔(1843 年被宣布为英国殖民地)也有类似的权利，但由于受到法律的限制，很少有非洲人、有色人种或印度人有资格投票。在南非其他地区，尽管没有财产方面的限制，但选举权只限于白人男性。

政治权利的扩大引起了开普殖民地白人农民的强烈不满，他们中一些人的起源可以追溯到 1652 年 4 月南非的第一次殖民化。其中许多流动农民穿越开普殖民地的广阔地带，他们的生计依赖于廉价劳动力的供应。对他们来说，英国人似乎决心要破坏阿非利卡人的生活方式。[②]从 1834 年开始，这些农民开启了白人历史上具有决定性意义的事件之一——12000 名阿非利卡人离开开普殖民地，越过奥兰治河(Orange River)，以摆脱伦敦的控制。这就是著名的"布尔人大迁徙"。阿非利卡人搬离开普殖民地，希望将英国的统治甩在身后。他们开辟了一个独立的生存空间，耕种自己的农田，并与他们所到之处的非洲人民发生冲突。英国略显勉强地给予他们在南非共和国(或更通俗地称为德兰士瓦共和国)和奥兰治自由邦的独立权。[③]

[①] *Report of Commission of Inquiry regarding Cape Coloured Population of the Union*, Pretoria: Government Printer, 1937, p. 212.

[②] Denis Judd and Keith Surridge, *The Boer War: A History*, London: John Murray, 2002, p. 20.

[③] L. M. Thompson, *The Unification of South Africa, 1902 - 1910*, Oxford: Clarendon Press, 1960, p. 2.

　　跋涉者布尔人的到来绝不是非洲人社群遭受的唯一打击。他们中的许多人已经因姆法肯战争（Mfecane，意为"粉碎"或"分散"）的严重影响而流离失所，实力下降，这一系列事件至今仍有争议。这些冲突在 1815 至 1840 年间扰乱了南部非洲。冲突包含祖鲁王国在他们的领袖恰卡（Shaka）领导下的崛起。恰卡采用新的战术，并对划分为"同龄兵团"（age regiments）的年轻战士灌输纪律，成功地统治了该地区，残酷地粉碎了那些没有投降的敌人。① 由此而造成的不稳定迫使大量人口外逃，逃离数可能高达 100 万，甚至 200 万人。有些种族，如恩德贝莱人（Ndebele），最终来到今天的津巴布韦；其他人则在斯威士兰或莫桑比克，甚至更远的地方。巴苏陀人（Basotho）在莫舒舒（Moshoeshoe）的领导下，聚集在莱索托的山地王国。受姆法肯战争影响的难民被迫进入开普殖民地讲科萨语（isiXhosa）的地区。约翰·赖特（John Wright）总结道："在 1760 年之后的大约 70 年时光中，奥兰治河以北和卡拉哈里（Kalahari）以东地区的政治面貌发生了深刻的变化。"② 在几百个小而分散的酋长领地中，出现了大型的中央集权王国，其中以东部的祖鲁王国和西部的恩德贝莱王国最为著名。

　　祖鲁族很快也遭到毁灭性的打击。自从 1838 年 2 月，彼得·雷蒂夫（Piet Retief）和他的队伍在与祖鲁人的土地谈判中被谋杀后，布尔人与祖鲁人的冲突就一直断断续续地进行着。1843 年，英

---

① This version of events is contested. Some historians suggest that English and Indian trade at Delagoa Bay from the 1760s onwards contributed to the *Mfecane*, but this alternative narrative is not widely accepted. See John Wright, ' Turbulent Times: Political Transformations in the North and East, 1760s – 1830s', in *The Cambridge History of South Africa, Volume 1*, p.214.

② Ibid., p.249

国宣布纳塔尔为其殖民地,并将其影响扩大到海岸以外。1879 年,他们袭击了祖鲁人,此时祖鲁人由开芝瓦约(Cetshwayo)所领导。祖鲁人在伊桑德卢瓦纳(Isandlwana)战役取得的初步胜利让英国人大吃一惊,但他们很快就恢复元气并带来增援部队。1879 年 7 月 4 日,开芝瓦约的军队在其首都乌伦迪(Ulundi)被彻底击败。祖鲁王国被分割成十三块领土,并被忠于英国王室的酋长们所瓜分。

黄金和钻石

尽管这些事件很重要,但其重要性也很快被钻石和黄金的陆续发现所掩盖,而这些发现深刻地改变了该地区。人们对在南非进行商业采矿的兴趣由来已久,接着就于 1866 年在金伯利周围发现了钻石。矿业大亨和帝国主义的狂热拥护者塞西尔·罗德斯(Cecil Rhodes)就是在这里发家的。非洲矿工却在此受到了严格管制。从 1856 年起,在开普殖民地违反劳动合同就是犯罪,纳塔尔殖民地和布尔人共和国也很快采纳了这一措施。[1]在钻石矿场,黑人劳工被迫住在围栅(compounds)里,而白人工人却拒绝接受这样的生活条件。[2]至此,多年后正式成为种族隔离制度的轮廓此时初现成形。

---

[1] Charles H. Feinstein, *An Economic History of South Africa*, Cambridge: Cambridge University Press, 2005, p.57.

[2] Hermann Giliomee, *The Afrikaners: Biography of a People*, London: Hurst and Company, 2003, p.290.

随后，人们在 1884 年于德兰士瓦东部地区和威特沃特斯兰德（Witwatersrand）发现了黄金，这些地区位于今约翰内斯堡市周围。白人勘探者从全球各地涌入南非。[1]在德兰士瓦，阿非利卡语（Afrikaans）称呼外国人为"uitlanders"（意为：德兰士瓦非荷兰血统的外国人），他们的人数很快就超过了本地的市民或公民。[2]据估计，到 1899 年英布战争爆发时，德兰士瓦约有 76000 名布尔人和225000 名非荷兰血统的外国人。[3]奥兰治自由邦和德兰士瓦的布尔人共和国对这种外国人的涌入感到不满，然而，工业化和商业经济的发展也决定性地使南部非洲的黑人社会处于更加不利的地位。

矿场需要大量的劳动力。那里有大量的黄金，但矿井却很深，每一吨岩石中的黄金比例也很低，因此，如果要实现盈利，就必须压低工资。[4]随后，进一步的限制措施控制了非洲人的流动，这些措施后来被称为"通行证法"（Pass Laws）。1897 年，矿业协会（Association of Mines）主席乔治·阿尔布（George Albu）向政府调查委员会作出解释——他建议通过"简单地告诉男孩们（非洲劳工）他们的工资减少了"来降低劳动成本。当被问及是否认为应该强迫这些男子离开农村地区去工作时，他回应道："我认为非洲男子应被强迫工作以谋求生计。"[5]

---

① Hermann Giliomee and Bernard Mbenga, *New History of South Africa*, Cape Town: Tafelberg, 2007, p.159.

② Ibid., p.198.

③ D. Hobart Houghton and Jenifer Dagut, *Source Material on the South African Economy: 1860—1970. Vol. 1, 1860—1899*, Cape Town; London: Oxford University Press, p.340.

④ See Duncan Innes, *Anglo American and the Rise of Modern South Africa*, London: Heinemann Educational Books, 1984, p.48 ff. for a discussion of this issue.

⑤ Feinstein, *An Economic History of South Africa*, p.63.

这些事件改变了南非。它的中心地带从开普敦和德班的港口转移到了德兰士瓦和维特瓦特斯兰。在其建国后的十年内，约翰内斯堡作为黄金工业的中心，人口达到 102000 人。[1]采矿业，而非农业，成为经济的核心内容。[2]

"受教育人员"的兴起

殖民扩张和随之而来的对非洲社会的破坏贯穿于整个 19 世纪，但故事还有另一面。非洲人民适应并开始与他们周遭遇到的白人达成妥协。他们成为市场上的农民，与白人农民进行有效竞争。教会学校被建立起来，向民众传播福音和教授基础教育。渐渐地，一个受过教育的、富裕的非洲人阶层出现了。

到 19 世纪 60 年代，教会学校教育产生了一个"受教育人员"（school people）阶层，他们"作为一个独特的社会阶层出现在开普东部地区，并开始为自己发声"。[3]这些"受教育人员"中，有许多人成为未来的年轻领导人：包括非国大的沃尔特·鲁布萨纳（Walter Rubusana）曾在开普东部地区的洛夫代尔神学院（Lovedale Missionary Institute）接受教育。索尔·普拉彻（Sol Plaatje）在 1912 年帮助创立非国大之前，记录下第二次英布战争期间非洲人在梅

[1] Andre Odendaal, *The Founders: The Origins of the ANC and the Struggle for Democracy in South Africa*, Auckland Park: Jacana, 2012, p.189.

[2] In 1860, after two centuries of hard toil, South Africa's farms had produced total exports worth just £2,500,000 a year. By the first half of the 1890s gold exports alone totalled £4,500,000 a year. See Feinstein, *An Economic History of South Africa*, p.100.

[3] Odendaal, *The Founders*, p.24.

富根城战役(Siege of Mafeking)中的经历,他在开普北部地区接受教会学校教育。①非国大首任主席约翰·兰加利巴莱·杜贝(John Langalibalele Dube)曾就读于德班附近的亚当斯学院(Adams College)。②几十年来,传教士们培养了一批受过良好教育的年轻人,他们有能力和信心来领导他们的人民。

1872 年,英国授予开普殖民地管理自己内部事务的权力,从而引发了新的政治意识和政党的发展。非洲选民利用了这一点。1873 年,有 100 名非洲选民在昆斯敦(Queenstown)地区登记,占该选区选民总数的 10%以上。③非洲选民正成为一支不容小觑的力量。到 1886 年,在开普东部地区的六个选区中,非洲人的票数共占 43 %。④白人注意到这一结果,尤其是那些落败的候选人,他们抨击传教士通过鼓励非洲选民来"操纵"选举,并呼吁将非洲人从选民名单上移除。⑤这是一个白人种族主义者在未来岁月里将一次又一次不断重复的主题。

对于刚获得选举权的人来说,在投票箱中投票已开始成为一种表达自己声音的有效手段。伊丽莎白港地方法院的口译员艾萨克·沃乔普(Isaac Wauchope)表达了这一观点:

> 同胞们,你们的牲畜不见了!
>
> 快去救它们! 快救它们!

① Brian Willan, *Sol Plaatje: South African Nationalist, 1876 - 1932*, Berkeley: University of California Press, 1984, p.21.
② Heather Hughes, *The First President: A Life of John L. Dube, Founding President of the ANC*, Auckland Park: Jacana, 2011, pp.30—40.
③ Odendaal, *The Founders*, p.38.
④ Ibid., p.96.
⑤ Ibid., p.100.

不要用后膛枪

而要用笔。

拿起纸墨，

因为那是你的盾牌。

你们的权利要没了！

所以拿起你的笔，

吸上，吸上墨水。

坐在椅子上。

不去修"嗬嗬"（hoho，意为：山地堡垒）

但用你的笔开火。①

　　到 19 世纪末，这个国家已经被彻底改变。大多数非洲人民都被征服了，但新一波"受教育人员"开始组织起来以改善他们的命运。经济已经起飞，采矿业取代农业成为其财富的主要来源。城市在这个国家的中心地带如雨后春笋般涌现出来，这是以前从未有过的。印度人作为契约劳工来到纳塔尔，在巨大的甘蔗种植园中收割甘蔗并开采煤矿。当英国控制着开普殖民地和纳塔尔殖民地时，伦敦又贪婪地盯上了德兰士瓦和奥兰治自由邦这两个布尔人共和国的财富。正是对黄金和钻石控制权的争夺，使英国人和布尔人再次陷入冲突，而且是更血腥的冲突。

---

① Odendaal, *The Founders*, pp. 43—44. The poem was published in *Isigidimi* in June 1882. Hoho is a reference to the mountain refuge from which Mgolombane Sandile resisted the British; he was killed there in 1878.

英布战争(1899—1902)

　　塞西尔·罗德斯和其他矿业巨头长期以来一直对阿非利卡人的统治耿耿于怀。他们辩称自己被德兰士瓦所欺骗;生活在复杂和好斗总统保罗·克鲁格(Paul Kruger)的统治下,他们抱怨自己被剥夺了公民权,同时被课以重税。罗德斯声称,如果德兰士瓦是一个有同情心的政府,那么采矿业每年便可节省250万英镑。[①]由于对英国政府失去耐心,他策划从贝专纳兰(Bechuanaland,今博茨瓦纳)派出罗德西亚(今津巴布韦)的军队发动袭击以推翻克鲁格政府。这次袭击被称为"詹姆森袭击事件"(Jameson Raid),发生于1895年12月29日至1896年1月2日之间。当约翰内斯堡精心安排的起义未能实现时,克鲁格轻而易举地便挫败了这次袭击。这次袭击对罗德斯和英国人来说是一场灾难,但德兰士瓦这一问题不会消失。

　　"英国女王在德兰士瓦的臣民向她请求保护。"1899年5月4日,南非高级专员(High Commissioner for Southern Africa)阿尔弗雷德·米尔纳爵士(Sir Alfred Milner)向伦敦发出一份急报。米尔纳写道:"干预的理由是压倒性的,成千上万英国臣民恐慌地长期处于无助地位,在毋庸置疑的冤屈下苦苦挣扎,徒劳地请求女王陛下的政府予以纠正,这种情况确实在持续不断地削弱大英帝国的影响力和声誉,以及对英国政府在其本国领土内的尊重。"[②]桂

[①] Judd and Surridge, *The Boer War*, p.34.
[②] G. H. L. Le May, *British Supremacy in South Africa*, *1899—1907*, Oxford: Clarendon Press, 1965, p.18.

冠诗人阿尔弗雷德·奥斯汀(Alfred Austin)总结了这一处境:

> 金礁城里有很多女孩,
>
> 那里也有母亲和孩子!
>
> 他们哭喊着,"快来! 可怜可怜我们吧!"
>
> 那么,一个勇敢的男人能做什么呢?①

　　比勒陀利亚和伦敦之间的关系变得越来越糟,但英国却极其自信。一方是英国和它所有的帝国属地,另一方是两个布尔人共和国以及他们少得可怜的总人口。②尽管如此,战争爆发前,两个布尔人共和国还是设法部署了大约 5 万名装备精良、给养充足的士兵,而英国人(他们并没有真正为冲突做好准备)仅有不到 2 万名士兵可供调配。③阿非利卡人用他们的黄金购买了精良的德国毛瑟步枪和现代化的速射火炮。④相比之下,英国军队在战术、领导、制服和人力方面都有缺陷。⑤他们缺乏专业领导,也缺乏组织军队的手段。

　　几周之内,布尔人就击溃了他们的敌人,深入到纳塔尔和开普的英国殖民地中。但英国很快克服了最初的犹豫不决,开始动员

---

① G. H. L. Le May, *British Supremacy in South Africa*, *1899—1907*, Oxford: Clarendon Press, 1965, p.31.

② See J. S. Marais, *The Fall of Kruger's Republic*, Oxford: Clarendon Press, 1961, pp.1—3 for a discussion of this issue.

③ Giliomee and Mbenga, *New History of South Africa*, p.211. In 1897 the British decided to increase the garrison in South Africa to 8,000 men and twenty-four field guns. See Le May, *British Supremacy in South Africa*, p.6.

④ Judd and Surridge, *The Boer War*, pp.91—92.

⑤ Ibid., p.60.

军队,从澳大利亚、加拿大、新西兰和印度抽调士兵。渐渐地,人数上的优势,加上新的战术,使布尔人疲于应付。他们丢掉曾占领的领土,一些布尔人离开战场返回他们的农场。1900 年 6 月 5 日,克鲁格所在的首都比勒陀利亚沦陷。布尔人军队接近瓦解,冲突几乎已经结束。1900 年 5 月 30 日,米尔纳向一位朋友宣称战争已经结束了:"我挽救了英国在南非的地位,我永永远远地把'伟大的阿非利卡民族'彻底打倒了。"①而他的这番话却是大错特错。

由于失去了城镇,布尔人便采取游击战术。布尔突击队在广阔的草原上呈扇形散开,攻击英军的通信线路。作为报复,并且为了切断他们的战士补给,英国人将他们的农场烧成灰烬。仅在奥兰治自由邦,1900 年的前六个月就有 600 个农场被毁。②一幕幕场景令人心碎。马奇・菲利普上尉(Captain L. March Phillipps)对所发生的事情进行了动人的描述:

> 最糟糕的时刻是你第一次去他们房子那里的时候。人们以为我们叫了茶点,其中一个妇女去拿牛奶。然后我们不得不告诉他们我们是来烧毁这个地方的。我根本不知道该往哪看……我们不能消灭荷兰人,也无法大量减少他们的人数。我们做了太多的事情,使得仇恨英国和渴望复仇成为每个荷兰人的首要职责,我们无法有效减少履行这一职责的人员数量。当然,这不仅仅是战争问题。这也是战后国家治理的问题。③

---

① Giliomee, *The Afrikaners*, p.252.
② Judd and Surridge, *The Boer War*, p.191.
③ Ibid., p.193.

英国人在摧毁布尔人的家园后,将他们的妇女和儿童关进集中营,使他们受尽折磨。而他们的非洲仆人则被囚禁在附近,受到更为严厉的对待。集中营成为压迫的代名词,成千上万的人死于疾病和营养不良。[1]在持续的压力下,布尔战士们变得精疲力竭、垂头丧气。他们陆续离开突击队。有一些人则投靠了他们的英国敌人。到战争结束时,有 5000 名布尔人加入英军队伍(其中超过四分之一的阿非利卡人当时曾上过战场)。对此,布尔领导人担心他们的部队会集体投降。[2]

求和的时机终于到来。1902 年 3 月,双方同意进一步会谈。布尔领导人聚集在德兰士瓦的弗里尼欣镇(Vereeniging),商讨他们的条件,其中包括扬・克里斯蒂安・史末资(Jan Christian Smuts)。他曾是一个书生气十足、有时也会体弱多病的孩子,后来成为了一名律师和哲学家,战争已经把他锤炼成了一名坚强果敢的游击队指挥官。[3]史末资曾在英军后方作战;谈判开始时,他正在开普北部地区。他与英军军事指挥官基钦纳总司令(General Kitchener)举行了一次会议。[4]对无情发动战争的基钦纳而言,到了这个阶段,他也深信有必要与布尔人达成协议。[5]这次会议是一个转折点,因为它处理了使双方分歧的关键问题,其中包括非洲人的待遇问题。虽然战争并非是因此而打起来的,但这是史末资提出的第一个问题。他在笔记中这样记录:"原住民将被解除武装,

---

[1] Giliomee, *The Afrikaners*, p.255.

[2] Ibid., pp.260—262.

[3] W. K. Hancock, *Smuts: The Sanguine Years, 1870–1919*, Cambridge: Cambridge University Press, 1962, p.133.

[4] Ibid., p.155.

[5] Andre Wessels(ed.), *Lord Kitchener and the War in South Africa, 1899—1902*, Stroud: Sutton Publishing for the Army Records Society, 2006, p.197.

在自治之前不享有选举权。"在史末资的坚持下,英国人放弃了在德兰士瓦和奥兰治自由邦给予非洲人投票权的建议。正如史末资的传记作者讽刺地指出:"在布尔人方面,投降并不是全部内容。"①

仍有一些阿非利卡人认为他们应该战斗到最后一刻,但是包括路易斯·博塔(Louis Botha)和史末资将军在内的领导层都认为战争已经结束。1902年5月16日,史末资向聚集在弗里尼欣的布尔人发出强烈请求:

> 我们在战场上还有18000人,都是老兵,有了他们,你们几乎可以做任何工作。因此,从军事角度来看,(停战让)我们得以进一步推动我们的事业。此外,我们在这里不是作为一支军队,而是作为一个民族……我们不仅代表我们自己,也代表成千上万死去的人……以及成千上万在敌人集中营中死去的男男女女;我们代表着整个民族的血脉与泪水。②

1902年5月31日,经过多番讨论,和平条款最终被提交给与会的布尔领导人。在与会的60人中,除6人外,其余人都投了赞成票,但并非所有的布尔人都接受这些条款,因为这些条款要求他们签署一份对英国的效忠誓言。一些布尔人决定妥协生活在大英帝国之下,而另一些人则认为妥协是一种背叛,这两类人之间的分裂将在本世纪剩余的时间里困扰阿非利卡人的政治。虽然博塔和史末资与伦敦达成了和解,但其他人却没有。

---

① Hancock, *Smuts: The Sanguine Years*, p.159.
② Ibid., pp.161—162.

南非白人与英国言和

这场战争使南非伤痕累累。布尔军队的损失超过 7000 人。18000 至 28000 名白人妇女和儿童在集中营中丧生，还有成千上万的非洲人也死于集中营，而他们的生活条件则更加恶劣。非洲人的确切死亡数字没有记录。[①]几乎没有一个农场幸免于难；他们的屋顶被毁，门窗被烧成柴火，牲畜被屠杀。战后，英国付给布尔人300 万英镑用于重建国家，但大部分都给了那些早早就投降的人，而不是那些坚持到最后的人。

这的确是一种痛苦的和平，但黑人的命运却更加悲惨。英国人曾承诺保障他们的权利，但当战争结束后，伦敦却有了其他优先事项，其中最重要的是与阿非利卡人达成和解。试图维护自己权利的非洲人和有色人种被迫离开他们在战争期间占领的白人农场，并被赶回去工作；他们有时被英国军队驱赶，而英国人在几个月前曾作为他们的解放者而受到热情欢迎。所有关心此事的人都意识到，英国人和布尔人之间和解的代价将由黑人来承担。

1906 年，德兰士瓦被授予自治权，随后一年，奥兰治自由邦也被授予自治权。白人政治家开始讨论两个布尔人共和国与讲英语

---

① Thomas Pakenham, *The Boer War*, London: Abacus, 1991, p. 572. Others give different figures. Elizabeth van Heyningen quotes the official figures from the monument to the women in the camps at 26, 251 women and children and 1, 676 men, but some have given even higher figures. See Elizabeth van Heyningen, *The Concentration Camps of the Anglo-Boer War: A Social History*, Auckland Park: Jacana, 2013, p. 18.

的开普和纳塔尔殖民地之间的统一问题。1908 年 10 月在德班召开了第一次制宪会议(National Convention),来自南非四个殖民地以及罗德西亚的政治家齐聚一堂。大会的目的是起草一部联邦宪法(Union Constitution)。非洲人向伦敦请愿,但未获批准。尽管到 1909 年,开普殖民地有 14388 名有色人种选民和 6633 名非洲人,占选民总数的 14.8%,但这个国家的未来将完全由白人决定。最后,白人政治家达成妥协:有色人种在开普殖民地将保留其投票权,但在南非其他地区只有白人男性才可以投票。

1909 年 6 月,白人领导人将这一协议带到伦敦进行正式批准,但这一协议对于大多数南非人来说是令人不满的。第二个代表团也来到伦敦。这个代表团是第一次代表所有种族的政治家团体。只有甘地和印度人仍然无动于衷,派出了他们自己的代表团。①在那个时代最开明的白人政治家威廉·施莱纳(William Schreiner)的领导下,团体成员包括他们那代人中最聪明和最优秀的人士。传教士兼作家沃尔特·鲁布萨纳,报纸编辑约翰·坦戈·贾巴武(John Tengo Jabavu)和教育家约翰·兰加利巴莱·杜贝都在其中。

包括博塔和史末资在内的官方代表享受到皇家待遇。他们在议会被盛情款待,并得到国王的接见。而以施莱纳为首的非官方代表只受到了政府官员的礼貌性接待,并且没有得到任何许诺。他们前往议会,但只是应其支持者的邀请,包括新成立的、由凯尔·哈迪(Keir Hardie)领导的工党(Labour Party)。哈迪和他的同事们坚决主张将开普殖民地的非种族性投票权扩大到所有南非人,但收效甚微。最终,博塔、史末资及其同僚们得偿所愿,他们带

---

① Martin Plaut, *Promise and Despair: The First Struggle for a Non-Racial South Africa*, Johannesburg: Jacana, 2016, pp.64—67.

来的联邦宪法几乎没有改变就得到了自由党政府（Liberal Government）的认可。只有一点是英国坚持的：有色人种在开普殖民地的投票权将被载入伴随新宪法而到来的皇室训令（Royal Instructions）中。英国下议院（House of Commons）被告知——对任何试图取消该权利的行为，国王将有效地行使否决权。①

这并不是代表团长途跋涉到英国的唯一结果。关于联邦《宪法》的正式谈判只用了不到两天的时间，但随后又召开了第二次会议。《每日邮报》（*Daily Mail*）报道在英国外交部举行的南非会议（South African Conference）开幕式时解释说吸引这些贵宾来伦敦的原因有两方面："他们必须与政府一起考虑《联合法案》（*Act of Union*）的最终形式，随后与帝国和殖民地当局讨论帝国防御的重要问题。"②防务会议聚集了来自澳大利亚、加拿大、纽芬兰（仍为独立领土）、新西兰和四个南非自治殖民地的高级政客。他们于1909年7月29日至8月19日举行会晤，最终同意白人自治领将分摊不列颠保卫大英帝国的责任。③

防务协议是有代价的。④在"土著人权利"等关键问题上，英国承诺不干涉南非内政。这是一项双方都会遵守的协议，而这却让南非黑人感到非常挫败，他们向英国人提出的请愿从此被礼貌地，

---

① Colonel John Seely, Secretary of State for the Colonies, Clause 35 (Qualifications of Voters), House of Commons Debate, 19 August 1909, https://api.parliament.uk/historic-hansard/commons/1909/aug/19/clause-35-qualifications-of-votes, last accessed 16 April 2019.

② *The Daily Mail*, 19 July 1909.

③ *Imperial Conference, Correspondence and Papers relating to a Conference with Representatives of the Self-Governing Dominions on the Naval and Military Defence of the Empire, 1909*, London: HMSO, 1909, Cmnd 4948.

④ *The Graphic*, 21 August 1909.

但又例行地无视了。所有这些问题今后都将在比勒陀利亚解决，而不是伦敦。

施莱纳代表团中的非洲人，如鲁布萨纳、杜贝和贾巴武，利用他们在伦敦的时间，与已经生活在那里的非洲学生见面。他们讨论了家乡的情况，一致认为迫切需要一个全国性组织来代表所有非洲人的意见。非国大创始成员托马斯·马皮克拉（Thomas Mapikela）后来回忆说，"当时的谈话中提到了伟大的非国大的开端"。①代表们回到南非后，逐渐得到了他们在伦敦遇到的学生的支持。皮克斯利·塞梅（Pixley Seme）就是这群年轻有抱负的南非人中的一员，他们在国外完成法律学业。②

这群年轻、聪明、受过良好教育的人开始在自己的家乡建立组织。他们决心创建一个统一性组织，以对抗白人种族主义所代表的新兴威胁。第三章将讨论他们是如何创立非国大的。

1913年，在第一次世界大战前夕，非洲人的权利被一项新法律严重践踏：即《土著土地法》（Natives Land Act）。该法只为非洲人保留了南非全部土地的7％（后来增加到13％）。尽管有些人对此表示欢迎，认为此法是制止商业农民掠夺土地的一种手段，但它却成为南非最臭名昭著的立法之一。非国大总书记索尔·普拉彻立即明白了《土著土地法》的含义："1913年6月20日，南非土著人在星期五早晨醒来以后，发现自己实际上不是奴隶，而是他出生土地上的贱民。"③普拉彻走访全国各地，遇到一些家庭，他们被赶离曾

---

① Odendaal, *The Founders*, p.438.
② Peter Walshe, *The Rise of African Nationalism in South Africa: The African National Congress, 1912—1952*, London: Hurst and Company, 1970, pp.31—35.
③ Sol Plaatje, *Native Life in South Africa Before and Since the European War and the Boer Rebellion(1916)*, Johannesburg: Ravan Press, 1982, p.21.

工作过的农场；不得不在路上奔波，希望找到新的生息地。有人建议采取某种形式的罢工行动，但这一建议在非国大获得很少的支持，并被否决。

对黑人权利的侵蚀

随着第一次世界大战的逼近，阿非利卡人不得不决定他们是否应该加入他们的老对手（英国），去攻击他们在英布战争期间的前盟友（德国）。一些布尔战争的将军，如博塔和史末资，认为他们已经与伦敦达成了和平协议；其他人则对此表示鄙视。当第一次世界大战爆发时，时任南非联邦总理的博塔立即向伦敦发出电报，表示愿意承担起帝国防御的责任，允许在南非的英国军队重新部署到战争前线。1914 年 8 月 7 日，殖民地大臣（Colonial Secretary）哈考特勋爵（Lord Harcourt）接受了博塔的建议，并询问南非军队是否能够占领邻近的德属西南非洲殖民地（今纳米比亚）的港口。[1]

南非内阁当天开会审议了这一请求。要满足伦敦的愿望并不容易。总理花了三天时间进行劝说，才在内阁中取得赞成参战的一致投票——即使如此，也只是承诺军队将完全由志愿者组成。在政府之外，反对派由另一位布尔战争将军詹姆斯·巴里·赫尔佐格（James Barry Hertzog）领导。他拒绝接受博塔关于讲英语的白人和讲阿非利堪斯语的白人之间的和解政策，因此被排除在内阁之外。随后他与博塔决裂，于 1914 年 1 月组建南非国民党（Na-

---

[1] S. B. Spies, 'The Outbreak of the First World War and the Botha Government', *South African Historical Journal*, vol. 1, no. 1(1969), pp. 47—48.

tional Party)。

当年 8 月,南非军队加入英国,当博塔宣布将派部队进入西南非洲时,发生了一场兵变。马尼·马里茨将领(General Manie Maritz)是一名激进的反英军官,指挥着边境以南的一个地区;他放弃自己的职位并率领部队加入德军——这让德军指挥官大为惊讶。军队由叛变的军官领导奥兰治自由邦和德兰士瓦爆发了一场大规模的叛乱。大约 13000 名阿非利卡人拿起武器反对他们自己的政府。经过艰难的示威和零星的战斗后,叛军才承认失败。

到 1915 年时,博塔才可以自由地指挥西南非洲战役并率领部队进入该地区。经过六个月的艰苦战斗,德国人投降;史末资领导了对坦噶尼喀(今坦桑尼亚)德军的进攻。南非军队被派往欧洲参战。曼迪号蒸汽船(SS Mendi)船上的非洲志愿者被派去挖战壕,该船却于 1917 年 2 月在怀特岛(Isle of Wight)附近被意外撞毁;超 600 人溺水身亡。①得知悲剧发生后,博塔在南非开普敦议会大厦(House of Parliament)带头起立并向遇难人员的勇气和牺牲表示敬意。

博塔于 1919 年去世后由史末资继任,他成为帝国体系中最资深的政治家之一,在第一次和第二次世界大战期间担任英国内阁成员。史末资一直担任总理职务,直到 1924 年 6 月被他更为强硬的对手赫尔佐格赶下台。之后于 1939 年,史末资才再次赢得总理职位——他在第二次世界大战期间一直担任这一职务,直到 1948 年最终败给马兰国民党(National Party)。

当第一次世界大战结束时,南非军队返回祖国,有一些紧迫的

---

① 'The SS Mendi—A Historical Background', SA Navy, http://www.navy.mil.za/newnavy/mendi_history/mendi_hist.htm, last accessed 16 April 2019.

问题开始需要面对。许多一贫如洗的阿非利卡人在英布战争后纷纷涌向城镇。在那里，他们与非洲人、印度人和有色人种劳工竞争工作。一些人加入工会以改善他们的命运。在两次世界大战之间的几年里，矿区的劳资双方发生激烈的冲突，导致 1922 年在约翰内斯堡爆发了全面起义。白人矿工们为自己的权利而战，他们举着横幅宣称："全世界的工人为了南非白人团结起来。"史末资政府动用军队、坦克、重型火炮和飞机，无情地镇压了他们。

矿工们虽然被打败，但两年后他们就报了仇——给史末资带来政治上的失败。1924 年，在南非工党联合政治代表的支持下，由赫尔佐格领导的联盟赢得选举。从此，白人的权利将在就业中占主导地位，就像他们在政治领域一样。通过立法加强白人的地位，规定差别工资和就业保护。赫尔佐格在 1924 年推出一项"文明劳工"政策，将从矿山到铁路的各类工作都留给白人。这对黑人来说是一个沉痛的打击。历史学家菲尔·邦纳（Phil Bonner）总结他们的困境："这使得教学和传教实际上成为向受过教育的非洲人唯一开放的白领就业渠道。"[1]

非洲人的政治权利不但有限，而且也受到打击。1936 年，经过长达十年的鼓动变革，赫尔佐格最终取消了非洲男性在开普殖民地的投票权。4 月 6 日，在白人议员的大声欢呼下，他说服南非议会废除非洲男性在开普殖民地的选举权。[2]自 1836 年以来，这是非

---

① Philip Bonner, 'South African Society and Culture, 1910—1948', in Robert Ross, Anne Kelk Mager and Bill Nasson(eds), *The Cambridge History of South Africa, Volume 2: 1885—1994*, Cambridge: Cambridge University Press, 2011, p.298.

② T. R. H. Davenport, *South Africa: A Modern History*, Toronto; Buffalo: University of Toronto Press, 1987, p.313. Smuts had introduced a convoluted system of representation for Africans beyond the Cape in the 1920s, but it was largely disregarded by Africans.

洲人第一次在南非的任何地区都没有投票权。取而代之的是非洲人通过特殊的白人议员获得有限的议会代表权。一个世纪以来受到珍视和保护的政治权利被取消了。英国曾保证他们的权利将受到国王的保护,但事实证明这一保证毫无价值。

到 20 世纪 30 年代末,战争的阴影再次笼罩世界。南非是否会再次加入英国的防务中? 对史末资来说,这毫无疑问,但赫尔佐格(他领导着联合政府)认为,南非应该对纳粹德国保持中立。最终史末资赢得了这场辩论。1939 年 9 月,赫尔佐格辞职,史末资再次成为总理。南非军队在埃塞俄比亚、西部沙漠和意大利作战,表现出色。一些阿非利卡人认为与老对手结盟是一种背叛。英布战争遗留下来的痛苦余毒仍挥之不去。一场新法西斯主义运动——即奥瑟瓦·布兰德威格(Ossewa Brandwag)——以抵抗大英帝国,犹太人和资本家为使命而成立。其成员中有些年轻人后来成为国家的领导人:巴尔萨泽·约翰内斯·沃斯特(B. J. Vorster,1966—1978)和彼得·威廉·博塔(P. W. Botha,1978—1989)。①

种族隔离制度

南非人,无论是黑人还是白人,都参加了第二次世界大战。总共有 33.4 万人参战,其中包括大约 21.1 万名白人、7.7 万名非洲人和 4.6 万名有色人种和印度人。共有 1.1 万多人丧生。与上一次

① 'The Leader of the Ossewa Brandwag: Johannes Frederik Janse van Rensburg', The O'Malley Archive, https://omalley.nelsonmandela.org/omalley/index.php/site/q/03lv02424/04lv02730/05lv02996/06lv03000.htm, last accessed 16 April 2019.

世界大战一样,大多数服役的白人讲英语。战后,黑人部队再次希望他们的忠诚能得到回报,但他们又一次失望了。

当战争结束时,政治变革即将到来。半个世纪以来兴起的阿非利卡民族主义开花结果。阿非利卡人采取措施以加强他们的地位。这些措施中有些是经济方面的,如成立一系列互助组织,处理从保险到殡葬协会的一切事务。其他措施则是建立直接的政治组织,包括组建一个秘密社团——兄弟会(Broederbond),该组织在幕后协调战略。一些左翼军人惊恐地发现他们在战争期间与之斗争的法西斯主义在自己国家重新抬头,于是他们加入了"斯普林博克军团"(Springbok Legion),在一段时间之后,抵抗运动逐渐平息下来。①

1948 年,史末资在大选中以微弱的劣势输给了完全由阿非利卡人组成的马兰国民党(Afrikaner National Party)。阿非利卡人坚信自己的时代已经到来,因此决心推翻讲英语的精英,因为他们控制经济并管理大部分公务员。阿非利卡人发起的计划旨在让白人永远掌握权力。在许多现行的种族主义法律的基础上,他们引入了一种更正式的歧视制度:种族隔离制度。

"种族隔离"一词可以追溯到 1929 年,当时它建议每个种族都应该各司其事。②到了 20 世纪 40 年代,它已经具有更多的压迫性含义:

> 它的前提是黑人和有色人种是不同的,不是因为他们贫

---

① 'A History of the Springbok Legion', South African History Online, https://www. sahistory. org. za/article/history-springbok-legion, last accessed 16 April 2019.
② Giliomee, *The Afrikaners*, p.454.

穷,而是因为他们在种族上是不同的。种族隔离作为一种制度所传达的信息具有攻击性和淫秽性:即黑人和有色人种在社会上是低等的,在道德上是不健全的,智力上是不发达的以及在性方面是不适合建立亲密关系的。①

虽然这些口号在1948年的选举中没有被使用,但纳尔逊·曼德拉对种族隔离制度已经有了一定的判断,当时他宣称马兰国民党(National Party)的目标是"黑鬼归位"和"苦力(印度人)滚蛋"。②

非国大对种族主义不断高涨的浪潮保持着强有力的、但合乎宪法的反抗。但现在它采用了新的抵抗形式。战争期间,一些年轻人加入该党,包括纳尔逊·曼德拉,奥利弗·坦博(Oliver Tambo)和沃尔特·西苏鲁(Walter Sisulu)。他们于1944年成立非洲人国民大会青年联盟(Congress Youth League,下称"非国大青年联盟"或"青年联盟"),采取了比其前辈更为激进的立场。他们呼吁"从地中海到印度洋和大西洋范围内"的泛非团结;并对其认为的非国大前任领导层的胆怯进行了尖锐的批评。③当马兰国民党(National Party)赢得1948年大选时,曼德拉感到"震惊和沮丧",但奥利弗·坦博的反应却很冷静,他说:"现在我们清楚地知道我们的敌人是谁了。"④非国大青年联盟开始起草一份"行动纲领",承诺非国大将采取激进的斗争策略——罢工,抵制和民众抗争。

---

① Giliomee, *The Afrikaners*, p.470.
② Nelson Mandela, *Long Walk to Freedom*, London: Little Brown, 1994, p.104.
③ Tom Lodge, *Mandela: A Critical Life*, Oxford: Oxford University Press, 2006, p.36.
④ Ibid., p.43.

到 1950 年,曼德拉被增选为非国大全国执行委员会(National Executive Committee)委员。起初,他和青年联盟的其他成员反对与南非的其他运动合作,包括印度团体和南非共产党。渐渐地,他们的立场变得柔和。1950 年 5 月 1 日,警察在南非共产党的"自由日"集会上杀害 18 人。到 1951 年,曼德拉改变了自己的立场,并在演讲中引用马克思的语录。虽然他一直否认自己已成为一名共产党员,但他确实与南非共产党密切合作,并可能确实已成为共产党员。①南非共产党(成立于 1921 年)于 1950 年被取缔,并自行解散。许多成员流亡海外,有些人在英国定居,在那里他们成为反对种族隔离运动(Anti-Apartheid Movement)的骨干。其他人则留在南非,1953 年,该党作为一个地下组织得以恢复。

尽管马兰国民党(National Party)遭到反对,但其政府还是出台了种族隔离立法,直到它管制了生活的方方面面。第一部法律是 1950 年的《不道德行为修正法》(*Immorality Amendment Act*),该法禁止黑人和白人之间的一切性行为。警察会在深夜突击检查卧室将人们分开。它甚至新增了一项规定——防止"非白人"女性坐在由白人男性驾驶的汽车前排座位上,以防发生"不道德"行为。到 20 世纪 60 年代,没有一张公园长椅不被指定为"黑人的"或"白人的";没有任何一个车站、厕所或游泳池的入口不被种族隔离化。其目的是尽可能地将国家的不同"种族"在生活的各个领域分割开。这被称为"小规模种族隔离"。

尽管这些措施很严厉,但更具破坏性的是所谓的"大规模种族

---

① This remains a controversial, contested question. See Stephen Ellis, *External Mission: The ANC in Exile, 1960—1990*, London: Hurst and Company, 2012, p. 22 for a discussion of the issue.

隔离"。该制度将 1913 年以来为非洲人保留的零星土地重新命名为"家园"（homeland，即黑人定居地）。在贫穷和经济停滞的落后地区，"家园"注定要成为南非境内的"独立国家"。所有的非洲人无论他们实际居住在哪里，最终都会被分配到"家园"土地上。尽管南非 2300 万非洲黑人中只有 1100 万生活在"家园"中，但占人口 70％的非洲人被认为是这些国家的公民。流入控制法规定了黑人的流动，要求任何 16 岁以上的人都要按指纹，并携带包含其身份证和就业记录的"通行证"（passbook）。警察可以在任何时候要求出示通行证。黑人乡镇经常被突击检查。任何没有合法证件的人都会被监禁或被"遣返"回他们指定的"家园"。

南非人对种族隔离的目的不抱任何错误幻想。总理汉斯·斯揣敦（Hans Strijdom，1954—1958）以残酷的方式清楚地阐明了这一点：

> 我确定，今天的白人拥有至高无上的权力（baasskap）、权威和统治地位，因为这个国家的选举法将投票权交到了他们的手中……而选举法没有给当地人获得权力的丝毫机会，无论是基于功绩还是任何其他理由……这种权力归属于白人，因此白人才是主人。①

恢复活动的非国大拒绝接受这样的政策。20 世纪 50 年代，该党发起了对抗种族隔离制度的"蔑视不公正法运动"（Defiance Campaign）。该运动于 1952 年 6 月 26 日开始，其参与者发誓蔑视

---

① Feinstein, *An Economic History of South Africa*, p.151.

一切不公正的法律。该运动将非国大与其他政党联系在一起。这些政党包括民主人士大会（Congress of Democrats，其中许多人是南非共产党的秘密成员），以及印度人和有色人种等盟友。到12月，共有8000多人被捕。[①]1955年举行的第一次人民大会集会（Congress of the People）将这一分散的运动团结起来。该大会汇集了来自全国各地的意见，最终正式通过为《自由宪章》（*Freedom Charter*）。该宪章致力于南非的基本自由，以一句著名的誓言为开篇："我们南非人民，向我们的国家和全世界宣布：南非属于所有生活在这里的人民，黑人和白人……"它包含非国大的核心原则，至今仍是其决定性的理念。

政府的反应并没有耽搁太久。警方逮捕156名大会领导人，他们被指控犯有叛国罪。该案引起轰动，然而经过漫长的审判，所有的被告于1961年3月29日被判无罪。法官总结道：

> 本法庭不可能得出这样的结论：即非洲人国民大会已经制定好或采取了以暴力推翻国家的政策，也就是说，在这个意义上，群众必须准备好或有条件地对国家实施直接的暴力行为。[②]

然而这位法官所知道的并不能代表全部的真相。到1960年7月，南非共产党成员已经前往莫斯科，然后是北京。[③]他们见到

---

① 'Defiance Campaign 1952', South African History Online, http://www.sahistory.org.za/topic/defiance-campaign-1952, last accessed 16 April 2019.

② 'Treason Trial 1956 - 1961', South Africa History Online, https://www.sahistory.org.za/article/treason-trial-1956-1961, last accessed 16 April 2019.

③ Ellis, 'Chapter One: Call to Arms', in *External Mission*, pp. 1—39.

毛泽东,取得了他对发动武装斗争的支持。1960 年 12 月 25 日,南非共产党在约翰内斯堡郊区召开了一次会议。共有 25 人参加会议,其中包括非国大领导人曼德拉、西苏鲁和戈万·姆贝基(Govan Mbeki)。他们一致投票赞成从非暴力抗争转向武装抵抗,并在决议通过后将其付之一炬。在 1961 年 6 月的一次会议上,非国大全国执行委员会同意按照南非共产党六个月前采取的路线组建一个军事组织,即民族之矛(Umkhonto We Sizwe)。1961 年 12 月,"民族之矛"开始对经济和象征性目标开展一系列破坏行动,但都没有危及人命。此后两年,近 200 个目标被打击。

此时在另一政党——泛非主义者大会(Pan Africanist Congress,PAC,下称"泛非大")的领导下发生了一起事件。泛非大脱离非国大以对抗南非共产党的影响以及《自由宪章》中的意识形态因素。在有感召力的罗伯特·索布克韦(Robert Sobukwe)的领导下,他们决定抗议所有非洲人都必须携带的,令人憎恨的"通行证"。1960 年 3 月 21 日,数千人聚集在沙佩维尔的警察局。双方僵持一段时间后,人群中发出一声枪响,警察便使用自动武器开火了。警察局周围的场地上散落着尸体:69 人死亡,近 200 人受伤。这场大屠杀在全世界引起强烈抗议:成千上万的伦敦人挤满特拉法加广场。作为回应,南非政府宣布非国大和泛非大为非法组织。如之前的南非共产党一样,这些组织转入地下,流亡国外,试图在周边国家继续战斗。他们在坦桑尼亚和安哥拉建立营地,开展训练,将热血分子培训为战斗人员。非洲统一组织(Organisation of African Unity)尽其所能支持抵抗运动;苏联和东德提供武器和训练;瑞典人提供资金。起初的非暴力抗争已转变为游击战争。南非政府的回应是在整个南部非洲发动突袭,打击叛军基地并暗杀其领导人。

在南非国内,非国大为生存而苦苦挣扎。纳尔逊·曼德拉开始逃亡,但于 1962 年 8 月 5 日被捕。1963 年 7 月 11 日,警察在突袭约翰内斯堡郊区瑞沃尼亚(Rivonia)的非国大总部时逮捕了其他一些人。基于这次突袭的证据,曼德拉被指控犯有蓄意破坏罪,并被送上法庭。他在被告席上发表了著名的讲话:

> 在我有生之年,我一直致力于非洲人民的这场斗争。我曾为反对白人统治而斗争,也曾为反对黑人统治而斗争。我怀有一个民主和自由社会的理想,在这个社会中,所有人都和睦相处,机会均等。这是一个我希望为之而活着并实现的理想。此外,如果需要的话,这也是我准备为之而牺牲的理想。[①]

检方曾请求判处曼德拉死刑,但法官驳回了这一请求,这让被告们感到惊讶。曼德拉和他的同案被告被认定有罪并被判处终身监禁。

曼德拉在狱中度过 27 年,其中大部分时间在开普敦视野范围内的罗本岛(Robben Island)。随着非国大和其他运动被取缔,种族隔离政府的统治到达巅峰。在 20 世纪 60 年代,白人统治的地平线上似乎没有什么乌云。然而,这些力量已经形成,它将最终导致种族隔离制度的消亡。首先是黑人工会运动的重新兴起。该运动始于 1973 年,当时德班地区的工人自发地发起罢工浪潮。工人们

---

① 'I am prepared to die', The Nelson Mandela Foundation, 20 April 2011, https:// www. nelsonmandela. org/news/entry/i-am-prepared-to-die, last accessed 17 April 2019.

开始向管理层施压，要求获得维持生计的工资。罢工成功后赢得了经济利益和工会认可。渐渐地，黑人、有色人种和印度人社区重燃希望。人们呼吁提出更广泛的政治要求。

第二个发展是南非周边白人统治的国家中出现了反殖民运动，这些国家以前曾充当过比勒陀利亚的缓冲区。安哥拉、莫桑比克和罗德西亚的抵抗力量逐渐壮大。南非试图通过在整个南部非洲发动袭击来对抗这种局面。随后该袭击限制了非国大发展其武装斗争的能力，其大部分战士在营地中煎熬，而不是向比勒陀利亚进军。到20世纪80年代末，非国大承认它无法加强对种族隔离政府的军事进攻。正如非国大秘书长阿尔弗雷德·恩佐（Alfred Nzo）在1989年公开承认的那样："我们没有能力以任何有意义的方式加强武装斗争。"①

虽然游击队对南非军队的攻势进展甚微，但对周围国家的白人政府却取得了成功。1974年，安哥拉和莫桑比克的战士们削弱了葡萄牙政府继续进行抵抗的意愿。同时，葡萄牙军队决定在国内发动政变，随后葡属殖民地获得独立。尽管如此，由于南非的侵略，安哥拉和莫桑比克继续遭受苦难。1987—1988年，军事入侵在安哥拉南部奎托夸纳瓦莱（Cuito Cuanavale）镇附近的战斗中达到顶峰。支持安哥拉人的古巴军队设法让南非军队陷入困境，从而使比勒陀利亚无法取得决定性的胜利。当包括飞机和坦克在内的无可替代的装备也丧失后，南非军队才撤退到纳米比亚。南非军事力量的局限性已经凸显出来。

在津巴布韦，由约书亚·恩科莫（Joshua Nkomo）和罗伯特·

---

① Lodge, *Mandela*, p.171.

穆加贝(Robert Mugabe)领导的两大解放运动正与白人统治做斗争。到 1979 年,总理伊恩·史密斯(Ian Smith)终于确信他无法赢得这场战争。在伦敦经过漫长的谈判后,双方达成协议,并于 1979年和 1980 年举行选举;穆加贝最终赢得选举。现在,在南非的边界上出现了独立的非洲国家。南非政府派出情报人员前往哈拉雷,以了解可从中吸取的经验教训。他们的报告中明确指出:尽管白人统治可以在南非持续 15 年或 20 年,但不可能无限期地持续下去。南非安全官员们认为,最好的做法是与非国大开展谈判,看看是否可以达成协议。1984 年至 1989 年间,非国大与政府之间举行了旨在结束种族隔离的秘密会议。大多数会议是在国外举行的。一些会议涉及到释放非国大的因犯,包括曼德拉。会议早期的倡议由商人促成。他们共同为解决方案铺平道路。

南非面临的第三个压力是国际反种族隔离运动(International Anti-Apartheid Movement)的日益强大。虽然该组织最初是一个英国的组织,但后来已具有国际性质。它游说非洲统一组织、不结盟运动(Non-Aligned Movement)和联合国,并取得越来越大的成功。到 20 世纪 70 年代和 80 年代,它已经得到足够多的认可,使南非政府越来越难以在国际场所公开露面。在美国,越来越多的运动阻止大学、工会和城市的养老金用于投资南非公司或者向南非政府提供贷款。

最后,也是最重要的一点,南非国内再次出现公开反抗。这一情况开始于 1976 年,当时约翰内斯堡郊区黑人城镇索韦托的学童走上街头,抗议强制使用阿非利堪斯语教学。他们的和平抗议活动遭到警察的阻挠,警察向他们开枪。超过 100 名,或许多达 200名儿童被射杀。幸存者们要么离开南非,要么重新集结起来继续抵抗。民间组织、教会团体以及学生与新兴的工会运动同仇敌忾。他们一起开始与当局对抗。这些组织于 1983 年 8 月 20 日共同成立了联合民主阵线（United Democratic Front，UDF）。来自约 500 个组织的 10000 人在开普敦的郊区集会。起初他们是无党派人士，后来成为非国大在国内的非官方代表。

20 世纪 80 年代初，面对这些压力，南非政府决定与非国大展开秘密会谈。非国大提出解决任何问题的前提条件是解除对政党的禁令并释放政治犯。最终，当局同意了这些要求。1990 年 2 月 2 日，弗雷德里克·威廉·德克勒克（F. W. de Klerk）总统在议会开幕式上发表讲话："数百万南非人的希望都集中在我们身上，南部非洲的未来取决于我们。我们不敢动摇，也不敢失败。"①紧接着，他宣布曼德拉将被无条件释放。一周后，曼德拉重获自由，在开普敦市政厅的台阶上发表演讲。他举起拳头，向在阳光下等待了数小时的广大群众致意。②他在巨大的欢呼声中说道："朋友们、同志们和南非同胞们，我以和平、民主和全人类自由的名义，向你们大家致敬。我不是作为一名预言家而站在这里，而是作为你们谦卑的公仆，人民的公仆而站在你们面前。"③

---

① 'F. W. de Klerk's speech at the opening of Parliament 2 February 1990', The O'Malley Archive, https://omalley. nelsonmandela. org/omalley/index. php/site/q/03lv02039/04lv02103/05lv02104/06v02105. htm, last accessed 17 April 2019.

② 'South Africa's New Era; Transcript of Mandela's Speech at Cape Town City Hall: "Africa It Is Ours!"', *New York Times*, 12 February 1990, http://www. nytimes. com/1990/02/12/world/south-africa-s-new-era-transcript-mandela-s-speech-cape-town-city-hall-africa-it. html?pagewanted = all, last accessed 17 April 2019.

③ 'Nelson Mandela's address to rally in Cape Town on his release from prison 11 February 1990', South African History Online, https://www. sahistory. org. za/archive/nelson-mandelas-address-rally-cape-town-his-release-prison-11-february-1990, last accessed 17 April 2019.

　　种族隔离制度实际上已经结束。尽管双方还需要进行数月的艰难谈判,以达成一个正式的解决方案并制定一部新的宪法,但合法政府的衣钵已传承下去。1994 年,德克勒克总统在经过激烈竞争的(有时甚至是血腥的)选举后,正式将权力移交给曼德拉;白人统治的时代结束了。南非终于成为一个成熟的民主国家,由全体人民共享。虽然几个世纪以来的政治压迫已经被消除了,但遗留的问题依然存在。

第三章

非洲人国民大会

　　当选举官员宣读计票结果时,雅各布·祖马总统扶着桌子让自己保持镇定。这一次,这位中间名为盖德莱伊莱基萨(Gedley-ihlekisa)的男士笑不出来,也没有鼓掌,这一场景被他的中间名所印证——伤害你的人就是与你同笑的人。[1]他被耍得团团转。当时正好是 2017 年圣诞节前一周,西里尔·拉马福萨(Cyril Ramaphosa)刚刚把祖马从该党主席的位置上赶下台。他以清理贪污的名义参选,宣称这些贪污行为玷污了现任总统的统治,他的这一出发点可能意味着坐牢。

　　拉马福萨仅以微弱优势获胜。他的支持者共有 2440 人,其人数仅比那些将祖马的第一人选作为他们的支持者并为其投票的人数多 179 人,而祖马的第一人选是非洲联盟委员会(African Union Commission)前主席恩科萨扎娜·德拉米尼·祖马(Nkosazana

① Phumla Mkize, 'Stress is for whites—Zuma', *The Sowetan*, 16 April 2014, https://www.pressreader.com/south-africa/sowetan/20140416/282089159757889, last accessed 17 April 2019.

Dlamini Zuma），她是祖马的前妻，也是祖马大约二十几个孩子中四个孩子的母亲。她在落选时比祖马有风度，她走上舞台，用拥抱和微笑向拉马福萨表示祝贺。两个月后，她被拉马福萨政府纳入内阁，担任总统府部长，负责精简政府这项不受欢迎的工作。

拉马福萨需要尽可能多的帮助。该党的新领导结构——六位高级官员以及有权势的、多达 80 人的全国执行委员会委员——只略微偏向于他，而维护他的权威以完成他设想的清理工作并不容易。

争论和阴谋一直是非洲最古老的解放运动的一部分，但自 1994 年非国大上台以来，成为该党最高领导人所带来的好处已经变得和之前支持非国大运动所带来的风险一样巨大。当时，支持非国大可能会让你失去生命。现在，支持非国大可以给你带来财富。然而，由于该党在 2016 年获得的选票较少，其在政府中的职位数量也有所减少，竞争也变得更加激烈。在全国九个都市圈中，非国大已经在其中三个地区失去影响力，也就不再能不受限制地获得预算，而这些预算中的资金经常被充足地分配给政党活动和赞助网络。

组织内的意识形态之争也一直很激烈，该组织是由马克思主义者和资本家一起组成的杂牌军，因反对种族隔离的共同目标而团结在一起。尽管它仍称呼自己是一个"广纳众议的政党"，但却经常被发现宣讲的内容自相矛盾，而且它的"参会者"经常争吵不休。这个仍然怀旧地认为自己是一场解放运动的政党在一连串的危机之后，还在不断地进行革新。人们经常呼吁的解决方法是回归党的根源和传统，但事实是，该党的历史橱柜里不仅装满了荣耀，还有骷髅。

尽管如此,非国大已经成功地将其历史粉饰得完美无缺,其领导人讲述的故事塑造了共同奋斗的神话。比如,非国大成功地让全世界以及大多数南非人相信,它是为南非带来解放的政党。然而,历史远比这复杂得多。

非国大把自己标榜为穷人的拥护者,其领导人的言辞中也有很多承诺。即使到了今天,它的创始人和领导人也都是精英。20世纪 20 年代和 30 年代,该党有些奄奄一息;但到了 20 世纪 40 年代,它在争取政治权利和正义的斗争中成为一个越来越激进的行动者。20 世纪 50 年代,它是反抗种族隔离运动背后的一股动员力量;但到了 20 世纪 60 年代和 70 年代,当武装斗争发展壮大时,它却在流亡和牢狱中运转。到 20 世纪 90 年代,它被解禁并作为一个群众性政党运作,直到 1994 年后成为一个麻烦不断的执政党。①

解放运动的兴起:1912—1937

当 2012 年 1 月 8 日午夜钟声敲响时,一群最知名的酋长、南非和非洲领导人挤满了布隆方丹的小型瓦伊霍克卫斯理教堂(Waaihoek Wesleyan Church)。整整一个世纪之前,来自全国各地的酋长和社区领袖聚集在同一个地方成立了南非土著人国民大会(South African Native National Congress,SANNC),当晚的庆祝活动还包括祖马点燃蜡烛的仪式。

---

① Anthony Butler, *The Idea of the ANC*, Auckland Park: Jacana, 2012, p.10.

在过去的一个世纪里，非国大已经成长为一支重要的力量，而这座教堂却被遗忘了，教堂在被政府买下并为百年纪念活动进行修缮之前，它已是城市工业区内的一家钣金锻造机构了。巨大的横幅上印有非国大历任主席的面孔——以及百年纪念活动时的领导人祖马——装饰着教堂所在地附近电站的三个大型冷却塔。庆祝活动结束后不久，它们又被遗忘，变得破烂不堪。

非国大的成立是对 1910 年设立南非联邦的直接回应，该联邦将英国人和阿非利卡人联合起来，但给予黑人的权利却少得可怜。在这之前，从 1652 年荷兰人定居开始，黑人反抗殖民主义的历史由来已久。[1]

出生于夸祖鲁-纳塔尔省的 30 岁律师皮克斯利·卡·伊萨卡·塞梅，曾在英美学习 12 年，1911 年他刚回国后不久就发出了非洲应该团结的号召。他宣称"这个次大陆的无知种族"必须面对他们历史上的分裂：

> 种族主义的恶魔，科萨人与芬果人（Fingo）世仇的反常现象，祖鲁人和通加人（Tongaas）[原文如此] 之间存在的仇恨、巴苏陀人和所有其他土著人之间存在的敌意都必须被埋葬和遗忘；我们为此已流了足够多的鲜血！我们是一个民族。这些分裂、猜疑正是我们今天所有苦难、所有落后与无知的根源。[2]

---

[1] Prince Mashele and Mzukisi Qobo, *The Fall of the ANC: What Next?*, Johannesburg: Picador Africa, 2014, p.2.

[2] Bongani Ngqulunga, *The Man Who Founded the ANC: A Biography of Pixley ka Isaka Seme*, Cape Town: Penguin Random House South Africa, 2017.

几个月后,南非土著人国民大会成立了,最初是一个只针对黑人男性的精英俱乐部。①来自夸祖鲁-纳塔尔的教师、记者和牧师约翰·兰加利巴莱·杜贝是第一任主席,他在 1914 年的第一次重大活动中,派出一个代表团前往伦敦,抗议如今臭名昭著的 1913 年《土著土地法》,该法将 93% 的土地分配给白人,并强迫黑人进入保留地。英国政府对此无动于衷。②

杜贝在提交给总理路易斯·博塔的反对该法案的请愿书中明显接受了种族隔离,这使他丧失了自己的主席地位。1917 年,他的领导位置被来自林波波省的教师、记者和世俗传教士塞法科·马波戈·马加托(Sefako Mapogo Makgatho)所取代。③

当时也有一些女性领导人同情南非土著人国民大会的事业,但她们直到很久以后才得到认可。其中最著名的一位是夏洛特·马克西克(Charlotte Maxeke),她于 1913 年带领 800 名妇女在自由邦省游行,使得该省取消了妇女通行证法,并且她还于 1918 年组织了班图妇女联盟(Bantu Women's League)。④

1923 年,南非土著人国民大会更名为非洲人国民大会,并通过了最早的《人权法案》(*Bill of Rights*),其中规定:"作为人类的一员,南非联邦内的班图居民在他们父辈的这片土地上拥有无可争议的居住权。"⑤第二年,分离出来的阿非利卡白人国民党(Afrikaner Na-

---

① 'Formation of the South African Native National Congress', South African History Online, https://www.sahistory.org.za/dated-event/formation-south-african-native-national-congress, last accessed 26 December 2018.
② Renier Schoeman and Daryl Swanepoel, *Unity in Diversity: 100 Years of ANC Leadership(1912－2012)*, Johannesburg: BM Books, 2012, p.23.
③ Ibid., p.19.
④ Ibid., p.26.
⑤ Ibid., pp.47—52.

tional Party)上台执政,非国大针对他们出台的许多种族主义法律发起了无效的抗议活动。①

像克莱门茨·卡达里(Clements Kadalie)的工商工人联盟(Industrial and Commercial Workers' Union,ICU)这样的工会在第一次世界大战后更能成功地将人们团结在遭受通货膨胀和低工资影响的工人阶级周围。②1921 年,后来成为非国大重要盟友的南非共产党(Communist Party of South Africa,SACP)在罢工运动中成立。它是南非第一批非种族政治组织之一。③

在政治上缺乏成功意味着非国大在 1927 年选出了一位更为激进的主席。约西亚·参夏纳·古梅德(Josiah Tshangana Gumede)做过教师、商人和记者,曾在苏联待过一段时间,在那里他看到了"即将到来的新世界",但他与南非共产党的紧密合作并没有在非国大获得多大的吸引力。1930 年,温和的塞梅接任。④艾伯特·卢图利酋长(Chief Albert Luthuli)后来评论说:当时的非国大衰落"到近乎全然死气沉沉"。⑤

行动起来,让妇女参与进来: 20 世纪 40 年代至 20 世纪 60 年代

根据非国大 1943 年党章规定,妇女终于被纳入斗争中;1927

---

① 'Continued resistance and internal criticism 1920s and 1930s', South African History Online, https://www. sahistory. org. za/topic/continued-resistance-and-internal-criticism-1920s-and-1930s, last accessed 26 December 2018.

② Schoeman and Swanepoel, *Unity in Diversity*, p. 45.

③ Ibid., p. 45.

④ Ibid., p. 73.

⑤ Ibid., p. 78.

年加入工商工人联盟的裁缝艾达·曼特瓦娜（Ida Mntwana）成为非国大妇女联盟（ANC Women's League）的第一任主席。[1]在来自前特兰斯凯（Transkei）的教师和医生阿尔弗雷德·旭玛（Alfred Xuma）的领导下，非国大采取了更为激进的转变。旭玛仍然是一个温和派，他将纳尔逊·曼德拉、沃尔特·西苏鲁和奥利弗·坦博这样的激进分子也带入到斗争中。他们于 1944 年成立了非国大青年联盟，并避免了诸如请愿这样的礼貌性抗议方式。[2]新团队相信非洲人只有通过自己的努力才能获得自由。

1948 年马兰国民党以其种族隔离政策掌权后，非国大加强了政治抵抗。1949 年，詹姆斯·莫罗卡（James Moroka）担任主席时，非国大采纳了青年联盟的行动纲领，此举引发了对政府的公然反抗。[3]

1952 年，来自夸祖鲁-纳塔尔省赫鲁特维尔市（Groutville）的教师艾伯特·卢图利酋长成为非国大主席；同年，他组织了蔑视不公正法运动。由于政府颁布了更严厉的安全法，他于 1953 年初由于《镇压共产主义条例》（*Suppression of Communism Act*）而被封禁。[4]

1955 年 6 月 26 日，一场由 3000 人组成的集会通过了《自由宪章》。这份文件是南非现代宪法的一个粗略前身，而在现代宪法中则放弃了宪章中关于工业国有化和土地重新分配的内容；这一调整仍然被一些人在辩论中频繁引用，他们认为非国大对民主南非

---

[1] Schoeman and Swanepoel, *Unity in Diversity*, p. 118 and p. 130.

[2] Ibid., p. 112.

[3] Ibid., p. 146.

[4] 'ANC and the early development of apartheid 1948 - 1950s', South African History Online, https://www.sahistory.org.za/topic/anc-and-early-development-apartheid-1948-1950s, last accessed 26 December 2018.

做出了过多让步。非国大 156 名成员因"叛国罪"被捕,随后被无罪释放,但该党也因这次逮捕而受到严重干扰。①

妇女团体在 20 世纪 50 年代的运动中也发挥了积极作用。曼特瓦娜宣称:妇女在厨房忙碌以及照顾孩子的日子已经一去不复返了。今天,她们与男人们在通往自由的道路上一起并肩前行。②1956 年,非国大妇女联盟是领导反对通行证法的妇女游行组织之一,有 2 万名妇女高唱着《任凭风吹浪打,妇女坚如磐石》(wathint' abafazi, wathint' imbokodo)。这次游行使得 8 月 9 日被定为妇女节以示纪念。

1959 年,关于《自由宪章》中多种族态度和南非共产党作用的内部分歧导致泛非主义者大会脱离了非国大。泛非主义者大会带头组织了反通行证抗议活动,导致 1960 年 3 月 21 日沙佩维尔 69 人被屠杀,该事件在 1976 年 6 月 16 日的索韦托青年起义中发挥了重要作用。两者都是反种族隔离斗争的转折点。沙佩维尔屠杀后,非国大和泛非主义者大会都被取缔,被迫转入地下进行武装斗争。③对非国大而言,这是一个士气低落、混乱不堪的时期,当时许多组织的兴起填补了它在国内留下的真空。④

转入地下:20 世纪 60 年代

从蔑视不公正法运动中脱颖而出的反种族隔离运动活动家愈

---

① 'ANC and the early development of apartheid 1948 – 1950s', South African History Online, https://www.sahistory.org.za/topic/anc-and-early-development-apartheid-1948-1950s, last accessed 26 December 2018.

② Schoeman and Swanepoel, *Unity in Diversity*, p.137.

③ Ibid., p.170.

④ Raymond Suttner, *The ANC Underground in South Africa, 1950—1976*, Auckland Park: Jacana, 2008, p.32.

发勇敢。沃尔特·西苏鲁说道:"这是一个新局面的开始,它甚至能让一个人满怀信心地面对死刑。"①

1961 年 12 月 16 日,非国大的军事组织——民族之矛成立,曼德拉出任第一任总司令。一些非国大领导人,如 1960 年获得诺贝尔和平奖的卢图利,仍然致力于非暴力,但这种立场使他在非国大中受到排挤。②

在接下来的 18 个月里,民族之矛进行了 200 次破坏活动(在此期间还有 200 次破坏活动由其他组织执行),其成员前往中国、苏联、东德和坦桑尼亚等地进行海外军事训练。③非国大利用歌曲、口号和标志宣示民族之矛的强大力量,但实际上它并不是那么装备精良,也不那么成功,在它的一些流亡训练营中,践踏人权和部族主义的情况盛行。④

曼德拉远赴海外为民族之矛争取支持,1962 年他刚回国不久就遭逮捕;他与许多其他非国大领导人一起被指控犯有蓄意破坏罪。他们面临死刑,但却被判处终身监禁。虽然瑞沃尼亚审判(Rivonia Trial)给这些人提供了一个伟大的政治平台,但却使非国大的地下组织遭到严重削弱。⑤

有关秘密地下组织的记录并不多,但众所周知,这些行动是由流亡者策划和提供保障的。⑥此种生活远非正常,无论是高尚的行

---

① Raymond Suttner, *The ANC Underground in South Africa, 1950—1976*, Auckland Park: Jacana, 2008, p.22.

② Stephen Ellis, *External Mission: The ANC in Exile, 1960—1990*, London: Hurst and Company, 2012, pp.25—26.

③ Schoeman and Swanepoel, *Unity in Diversity*, p.172; Ellis, *External Mission*.

④ Mashele and Qobo, *The Fall of the ANC*, p.74.

⑤ Schoeman and Swanepoel, *Unity in Diversity*, p.174.

⑥ Suttner, *The ANC Underground*, p.7 and p.1.

为还是滥用职权都发生在秘密的掩盖之下。①例如,甚至最高指挥部内部也出现了纪律涣散和腐败事件,捐款被挪用、非法汽车交易、毒品走私和钻石交易在一些非国大的训练营里变得司空见惯。②毕竟,反对种族隔离的斗争本身就是一种"犯罪"。

在此期间,非国大利用文化和形象宣传使自身在人们心目中保持活力,这种对党组织的认同感甚至持续到今天。③非国大将自己包装成人民解放运动先驱,该运动与大多数黑人的愿望紧密相连。④

诸如"自由广播电台"(Radio Freedom)这样的媒体在国外运营,以及该党的定期刊物《塞查巴》(Sechaba)刊登非国大反对种族隔离宣传和谣言的消息。⑤而像开普敦沿海罗本岛这样的监狱变成非正式的政治教育学校,培养了新一代的领导人,带领该党进入下一个 20 年。⑥

有些事情则在流亡中支离破碎。1967 年,卢图利去世后,坦博接掌大权。他是一名来自东开普省庞多兰(Pondoland)的数学和科学教师,但在 1960 年离开南非后,流亡生活在伦敦的穆斯韦尔山(Muswell Hill)。⑦当非洲和欧洲的流亡者之间正在争夺地盘的时候,坦博在伦敦设立了一个非国大办事处。⑧

王基城战役(Wankie Campaign)的失败也导致了民族之矛内部的不和。在坦桑尼亚营地,士兵们变得不耐烦,逃兵和不端行为

---

① Suttner, *The ANC Underground*, p.3.
② Ellis, *External Mission*, pp.82—83.
③ Mashele and Qobo, *The Fall of the ANC*, p.75.
④ Ibid., p.74.
⑤ Suttner, *The ANC Underground*, p.68.
⑥ Ibid., p.159.
⑦ Schoeman and Swanepoel, *Unity in Diversity*, p.208.
⑧ Ellis, *External Mission*.

的情况重新出现。这场战役就是为了回应这种情况才组织起来的。①由克里斯·哈尼（Chris Hani）率领的民族之矛的精锐卢图利支队（Luthuli Detachment）被派往罗德西亚，在那里他们与约书亚·恩科莫领导的津巴布韦人民革命军（Zimbabwe People's Revolutionary Army）并肩作战，对抗罗德西亚和南非军队。他们本应在战役结束后穿越到南非，但由于此次任务计划不周，许多人丧生。尽管行动失败了，非国大仍然把那些参加战役的人视为英雄。

　　然而，哈尼对领导层处理这场战役的方式感到不满，这引发了非国大内部大规模的派系斗争。哈尼起草了一份备忘录，概述了他和其他同志的不满；1969 年在坦桑尼亚莫罗戈罗（Morogoro）召开的非国大会议上讨论了该备忘录。②此时，非国大试图重组和重振其组织。它成立了革命委员会（Revolutionary Council）来协调南非的斗争，并向白人开放其成员资格，这一立场受到了南非共产党的极力游说。③

新一代活动家：1970—1990

　　20 世纪 70 年代开始了一轮要求增加工资的罢工潮；而由史蒂夫·比科（Steve Biko）领导的南非学生组织（South African Students' Organisation）也发起了学生抵制运动，比科还开创了黑

---

① The South African Democracy Education Trust, *The Road to Democracy in South Africa: Volume 1(1960—1970)*, Pretoria: Unisa Press, 2010, p.490.

② Ellis, *External Mission*.

③ Schoeman and Swanepoel, *Unity in Diversity*, p.212; Mashele and Qobo, *The Fall of the ANC*, p.111.

人觉醒运动(Black Consciousness Movement)。后者于 1973 年被禁。①1976 年在索韦托遭到警察残酷镇压的学生抗议活动改变了南非的历史进程,但与非国大结盟的组织在这些事件中的作用仍然存在争议。②

抗议活动的确造就了新一代的非国大活动家,而民族之矛的破坏行动在此之后也有所增加。③政府发言人普姆拉·威廉姆斯(Phumla Williams)在当时还是一名 16 岁的学生,在回忆起 40 年前的这些事件时说,她的行动主义是由抗议活动激发的。"我开始意识到,非洲儿童的教育被设计为不如南非的其他种族,在这种情况下,除非我采取行动,否则我接受教育的条件不太可能改变。"两年后,她离开南非加入了斯威士兰的非国大。④

1977 年,史蒂夫·比科在警方拘留期间死亡后,另一次安全管制导致超过十八家组织和两家报纸被禁。为了填补这一空白,一些社区组织应运而生,其中最重要的是 1983 年成立的联合民主阵线。该组织在南非代表非国大,最初的重点是反对引入三院制议会(Tricameral Parliament)制度,该制度将白人、有色人种和印度人代表分开,并将黑人完全排除在外。工会于 1985 年联合起来成立了南非工会大会(科萨图,Congress of South African Trade

---

① Schoeman and Swanepoel, *Unity in Diversity*, p. 214.

② 'South African Students Movement (SASM)', South African History Online, https://www.sahistory.org.za/article/south-african-students-movement-sasm, last accessed 27 December 2018.

③ Schoeman and Swanepoel, *Unity in Diversity*, p. 214.

④ Basia Cummings, Matthew Holmes and *Guardian readers*, '"My activism started then": the Soweto uprising remembered', *The Guardian*, https://www.theguardian.com/world/2016/jun/16/my-activism-started-then-the-soweto-uprising-remembered, last accessed 5 January 2019.

Unions，Cosatu），为工人的权利和民主而斗争，并与联合民主阵线结盟，形成了群众民主运动（Mass Democratic Movement）。①

在一连串的抗议和暴力事件发生后，1985 年，政府提出释放曼德拉，条件是他拒绝将暴力作为政治武器，但遭到非国大和曼德拉的拒绝。后来，曼德拉与政府代表就谈判的可能性进行了秘密会谈，但出于担心其他领导人的反对，所以经常不与他们协商。②

在暴力事件发生后，1985 年国家还宣布进入紧急状态，并在此后持续了十年之久。在此期间，数万人未经审判就被拘留，政治集会被禁止，还发生了法外暗杀。③许多人还死于所谓的"黑吃黑"暴力，非国大认为种族隔离政府对其政治对手因卡塔自由党（Inkatha Freedom Party，IFP）的支持暗中助长了这种暴力。④因卡塔自由党对此予以否认。

到 1989 年德克勒克接任总统时，国家已到达崩溃边缘，改革是唯一的选择。他释放了瑞沃尼亚被审判者（Rivonia Trialist），并于 1990 年 2 月 2 日宣布解除对非国大、泛非主义者大会和南非共产党的禁令，还释放了曼德拉。同年，非国大中止了武装斗争，但一些领导人，如克里斯·哈尼对此表示不满，因为他们认为非国大内部没有进行协商。⑤

---

① Schoeman and Swanepoel, *Unity in Diversity*, p.214.
② 'Armed struggle, the anti-apartheid struggle accelerates 1984-1990', South African History Online, https://www.sahistory.org.za/topic/armed-struggle-anti-apartheid-struggle-accelerates-1984-1990, last accessed 28 December 2018.
③ Schoeman and Swanepoel, *Unity in Diversity*, p.21.
④ 'Armed struggle, the anti-apartheid struggle accelerates', South African History Online.
⑤ HSRC Press, '"I was angry and bitter": Chris Hani on the ANC's Decision to Suspend the Armed Struggle', *Sunday Times*, http://hsrcpress.bookslive.co.za/blog/2015/01/08/i-was-angry-and-bitter-chris-hani-on-the-ancs-decision-to-suspend-the-armed-struggle/, last accessed 29 December 2018.

获释后不久,曼德拉便在坦博病倒后成为非国大主席。[1]在南非和国际上,这位来自特兰斯凯农村的律师成为种族和解和宽恕的代言人。尽管自他 2013 年去世以来,他的政治遗产变得更加复杂,但各类政党仍然在竞选活动中使用他的名望。一些年轻的南非黑人指责他向白人资本家的势力屈服,而更倾向于尊崇他的前妻温妮·马迪基泽拉-曼德拉(Winnie Madikizela-Mandela)。

这背后的政治虽然很复杂,但它反映了南非人对弱势群体的尊重,也反映了他们对二十多年来民主进程的高度失望。在她晚年的大部分时间里,马迪基泽拉-曼德拉因其激进主义和被指控在谋杀 15 岁的活动家斯托皮·塞佩(Stompie Seipei)的事件中起了作用而被妖魔化;但她也是许多普通人的象征,当其他人流亡或身处监狱时,正是这些普通人在国内坚守阵地,忍受种族隔离制度的不公正。

出生于流亡途中,父母都是斗争者的西松克·姆西曼(Sisonke Msimang)在 2018 年马迪基泽拉·曼德拉去世后不久于《华盛顿邮报》(*The Washington Post*)上撰文:"马迪基泽拉-曼德拉是种族隔离政权在镇压活动家时主导南非局势的复杂政治的一部分。她深陷于走私枪支和其他违禁品出入境的丑闻中,曾多次被监禁、拘留和放逐。""与非国大党的许多其他领导人和成员一样,马迪基泽拉-曼德拉的处境艰难,既要领导一场革命,又要应对强烈的个人创伤。"曼德拉入狱期间,她在监狱外"做了许多工作让(曼德拉)的名字和故事得以流传下去"。[2]马迪基泽拉-曼德拉后来写道:

---

[1] 'Armed struggle, the anti-apartheid struggle accelerates', South African History Online.

[2] Sisonke Msimang, 'Winnie Mandela's legacy: a renewed militancy in South Africa', *The Washington Post*, 4 April 2018, https://www. washingtonpost. com/news/ global-opinions/wp/2018/04/04/winnie-mandelas-legacy-a-renewed-militancy-in-south-af-rica/?utm_term = .3c61772e3776, last accessed 28 December 2018.

"我们那时是马前卒。"而曼德拉则在狱中享受着较为安逸的舒适感。①

流亡归来:20 世纪 90 年代初

曼德拉获释后,政治暴力仍然是谈判的一大障碍,在 1991 年至 1994 年期间,几乎有 1 万人被杀害。其中很大一部分是由政府推动的。②最终,在 1991 年年底,多党会谈在民主南非大会(Convention for a Democratic South Africa)上发起,但在 1992 年 6 月 17 日,与因卡塔自由党结盟的旅馆居民突袭了谈判中心西南约 90 公里处的博伊帕通(Boipatong)镇,杀死 39 人,导致非国大退出会谈。愤怒的曼德拉对人群说:"我确信我们面对的不再是人,而是野兽。"③

就在谈判重回正轨时,克里斯·哈尼被暗杀,使国家重新陷入危机边缘。经过娴熟的领导和大量的谈判,最终才产生一部临时宪法,指导南非在 1994 年举行了第一次民主选举。④

---

① Winnie Madikizela-Mandela, *491 Days: Prisoner Number 1323/69*, Johannesburg: Picador Africa, 2013, pp. 234—235.
② Schoeman and Swanepoel, *Unity in Diversity*, p. 217.
③ 'Boipatong massacre—17 June 1992', South African History Online, https://www.sahistory.org.za/topic/boipatong-massacre-17-june-1992, last accessed 29 December 2018.
④ Allister Sparks, *Beyond the Miracle: Inside the New South Africa*, London: Profile Books, 2003, p. 262.

对新南非的治理:1994—2007

南非于 1994 年 4 月 27 日举行的首次民主选举也是解放运动首次参与的竞选,此时该运动已走过 72 年征程。诸如"现在是时候了"(Sekunjalo ke nako)和"为所有人创造更美好的生活"等竞选口号,以及对就业、住房和平等权利的承诺,说服了 62.6％的选民,他们耐心地排起长长的蛇形队伍,成为了当天的标志性事件,也赋予执政党团结国家之政府责任,此次选举中国民党和因卡塔自由党也有代表参加。非国大在 9 个省份中的 7 个省赢得政权,西开普省归国民党,夸祖鲁-纳塔尔省则被因卡塔自由党夺走,非国大对两党在竞选期间的暴行和所谓的违规行为提出尖锐指控。①

曼德拉担任总统期间,重点关注从种族隔离制度向民主与和解的和平过渡。1995 年在南非举行橄榄球世界杯(Rugby World Cup)期间,他所穿的斯普林博克队(Springbok)橄榄球衫是和平过渡的一个重要象征。在一个政治决定生活各方面都需要隔离的国度,橄榄球在过去和现在都不仅仅是一项运动,并且斯普林博克队已经成为种族隔离制度的象征之一。曼德拉通过这一行动,向那些可能对新政府的善意感到不信任的白人抛出了橄榄枝。

除了这些宏大的姿态之外,非国大在治理国家世俗事务方面的准备不足,尽管它在 1994 年之前就宣称自己已经"准备好治理国家"。然而,履行其在《重建与发展计划》(*Reconstruction and*

---

① Schoeman and Swanepoel, *Unity in Diversity*, p.251.

Development Programme，RDP）中作出的承诺清单相较于组织抗议活动和地下生存又截然不同。《重建与发展计划》设定了雄心勃勃的目标，但在如何实施这方面却软弱无力。①

更糟糕的是，种族隔离政府让国家处于破产状态，而非国大在他们的计划中却没有考虑到这一点。曾在过渡执行委员会（Transitional Executive Committee）任职的马克·马哈拉吉（Mac Maharaj）说，"没有资金进行'社会主义试验'"，该委员会在选举前管理国家。②

即使有体制记忆可供借鉴，但也是有缺陷的，况且官僚们也不合作。已故资深记者阿里斯特·斯帕克斯（Allister Sparks）写道："大多数南非白人认为——许多人现在仍然认为——撇开种族隔离不谈，南非一直是由白人政权有效管理的；而现在，就像非洲其他地区一样，南非在一个黑人政权的统治下正走向灭亡。然而，实际情况却恰恰相反。"③主要由白人、阿非利卡男性组成的"僵化官僚机构"并不愿帮助制定符合新体制的政策。④

执政两年后，《增长、就业和再分配计划》（*Growth，Employment and Redistribution programme*，GEAR）意味着从"再分配优先"到"增长优先"的《重建与发展计划》的转变。⑤非国大最初支持国有化的左翼社会主义（Left-wing socialist）立场发生了急速转变，转而强调自由市场。这一新自由主义方向的转变是由当时的副总统塔博·姆贝基（Thabo Mbeki）策划的，他负责经济政策，而曼德拉则

---

① Sparks, *Beyond the Miracle*，p. 192.
② Ibid., p. 188.
③ Ibid., p. 189.
④ Ibid., pp. 190 - 191.
⑤ Mashele and Qobo, *The Fall of the ANC*, pp. 5—7.

致力于国家建设；即便在十多年后人们投票将姆贝基赶下台时，非国大党内的左翼批评家（leftist critics）对新自由主义方向的转变仍记忆犹新。

姆贝基于 1991 年当选为非国大副主席（超过了当时也是热门人选的拉马福萨），并于 1997 年成为主席。[1]1999 年，在曼德拉退休后，他成为南非总统；他只担任过一届总统（《宪法》允许最多两届）。迄今为止，这是 1994 年后非国大所经历的唯一一次无缝过渡。姆贝基和雅各布·祖马都在任期结束前被迫辞职。

对执政的非国大最激烈的反对大多不是来自其他政党，而是来自其左翼联盟伙伴。科萨图继续其通过罢工来实现政治目的的策略；它最近的一些最重要的行动是反对其在非国大的盟友在豪登省的高速公路上征收电子通行费。由于对非国大的新自由主义倾向感到不满，该组织于 2003 年决定，如果非国大在政治上不向左转，它将于 2015 年独自行动。[2]然而，科萨图从未独自行动过，因为那时它已经在卷入非国大内讧的压力下开始瓦解。警察在尘土飞扬的西北省马里卡纳（Marikana）定居点屠杀了 34 名罢工矿工，并成立了新的工会作为科萨图的替代，科萨图被指责陷于权力舒适区，大大削弱了他们的力量。他们中的许多领导人，其中一些人是被选入政府的，更愿意把"野兽"留在身边，因为这会带来物质利益。这些利益也给非国大带来好处，特别是在选举期间，那时科萨

---

[1] Ray Hartley, 'How Ramaphosa nearly became Nelson Mandela's deputy', *Sunday Times*, 12 November 2017, https://www.timeslive.co.za/sunday-times/news/2017-11-11-how-ramaphosa-nearly-became-nelson-mandelas-deputy/, last accessed 18 April 2019.

[2] William Mervin Gumede, *Thabo Mbeki and the Battle for the Soul of the ANC*, Cape Town: Zebra Press, 2005, p.341.

图有现成的机构为其盟友竞选。

姆贝基的总统任期:1999—2007

姆贝基成为总统后受到建制派(the Establishment)的欢迎。在他的领导下,非国大的得票率有所上升,1999 年达到 66.35％,并于 2004 年再次达到 69.69％ 的历史新高。急剧衰落的国民党于 2001 年与非国大合并。这个执政了近半个世纪的政党已经不复存在。

姆贝基的任期并非没有争议。他担任总统还不到一年时间,就对当时被广泛接受的传统医学观点提出了质疑,即艾滋病病毒是艾滋病的直接原因。他的观点为持不同政见的科学家赋予"活力"——其中许多人在互联网上发表文章——他还遭到了来自科萨图和艾滋病活动家的强烈反对。然而,姆贝基对艾滋病的看法得到了非国大内部的大力支持——这些人中包括昔日的煽动者,非国大青年联盟领导人彼得·莫卡巴(Peter Mokaba),他本人于 2002 年死于艾滋病。①

还有一个问题是津巴布韦。姆贝基对这个邻国采取的"静悄悄外交政策"(Quiet Diplomacy)——意味着他从未在公开场合批评过时任总统罗伯特·穆加贝——这一外交政策在津巴布韦面临危机,其公民跨越边境寻求生计和安全之时似乎显得力不从心。

外交是姆贝基的工作重点。在他担任总统的大部分时间里,

① Sparks, *Beyond the Miracle*, pp. 264—266.

都在努力使南非在种族隔离期间被孤立多年后重新融入国际社会和非洲大陆。[①]许多人称赞他的"非洲复兴"（African Renaissance）思想——设想解放后非洲政治、经济和文化的复兴，但人们对其不关注内政颇有微词。

姆贝基在其下属中的绰号是"酋长"，对不同意见也极不耐烦。在一个由执政党就工作部署发号施令的体制下，许多人因此而闭口不谈以保住自己的工作。

如果说曼德拉是和解者，那么姆贝基的总统任期就是要把非国大转变为一个治理有方的现代政党。正如该党秘书长卡莱马·莫特兰蒂（Kgalema Motlanthe）于 2002 年提交给在斯泰伦博斯（Stellenbosch）召开的非国大会议报告中所指出的那样：处理腐败是一个问题。他写道："几乎每一个政府项目的构想都是因为它为某些人提供了赚钱机会。非国大的很多问题都是由这个原因导致的。"[②]

反腐败斗争本身也变得政治化。姆贝基的任职生涯因政府数十亿兰特的军火交易而遭到玷污；正是这笔军火交易和其他合同引起了选择性起诉，而那些抵制他们认为是选择性起诉的人最终聚集在雅各布·祖马周围，将姆贝基赶下了台。[③]其中一些人在与祖马闹翻后，又重新集结在西里尔·拉马福萨身后。

获得价值 48 亿美元的"战略防御一揽子计划"（Strategic De-

---

① Sifiso Mxolisi Ndlovu and Miranda Strydom(eds), *The Thabo Mbeki I Know*, Johannesburg: Picador Africa, 2016, p.346.

② Kgolane Rudolph Phala, 'The Future of the ANC as a Ruling Party', *Umrabulo*, vol. 42, 2016, https://anc1912. org. za/docs/umrabulo_42_2016_ebook. pdf, last accessed 18 April 2019.

③ See also Chapter Five on the apartheid legacy and corruption.

fence Package)是在曼德拉担任总统期间发生的,但最终在姆贝基的领导下于 1999 年完成。非国大前议员安德鲁·范斯坦(Andrew Feinstein)认为这是"非国大失去道德准则的时刻",当大量公共资金在交易的回扣中转手后,一些人认为南非并不需要这笔交易。①这个问题的复杂性意味着非国大从未拿出足够的政治意愿来全面解决这个问题。经过反腐败活动家多年的游说,祖马在 2011 年确实任命了一个调查委员会,但该委员会在为政界要人开脱罪责后便被认为是一个洗白委员会。

在意识形态层面,姆贝基的市场友好型经济政策促使科萨图和南非共产党联合起来支持祖马,希望他可以与左翼人士站在一起。科萨图总书记兹韦林齐玛·瓦维(Zwelinzima Vavi)在为祖马竞选时,曾说过一句名言:"祖马就是一场无法阻挡的海啸,但他却并不知道祖马这个人以后会对国家造成什么样的破坏。"②瓦维本人后来失宠,并在竞选中反对祖马。

此外,姆贝基的集中式领导风格也存在问题,这种风格表现出他对党的不尊重。对他而言,如果这是一次试图把工会成员、资本家、自由主义者和共产党员等不同人士拉拢到一起的尝试,效果却适得其反。2005 年,法院发现祖马与他的前财政顾问沙比尔·谢赫(Schabir Shaik)存在腐败关系,姆贝基便解除了祖马的副总统职务,事态在此发展到紧要关头。几周后,由来自全国各地的约 4000

---

① 'The Arms Deal: What You Need to Know', Corruption Watch, 22 January 2014, https://www.corruptionwatch.org.za/the-arms-deal-what-you-need-to-know-2/, last accessed 6 January 2019.

② 'Address by Zwelinzima Vavi, to the ANC Victory Celebrations', Congress of South African Trade Unions, 23 April 2009, http://www.cosatu.org.za/show.php?ID= 199, last accessed 19 February 2019.

名党代表组成的非国大全国总委员会（National General Council）发动叛乱，拒绝让祖马辞去党内副主席的职务。

那些支持姆贝基的人评论了党性的变化。姆贝基的总干事（Director-general）弗兰克·奇卡内（Frank Chikane）回忆说，有一种"行为与我多年来所熟知的非国大完全不同。大家所使用的语言是不友好的，彼此间的行为就像是敌人而不是战友，人们随时准备撒谎，或支持明显不合逻辑，或在意识形态上不合理的立场"。①

祖马和姆贝基选择不动声色地面对这场危机。三个月后，他们在提交给全国执行委员会的一份声明中说道："我们希望声明的是只有一个非国大，因此我们反对要求个人选择立场的观点；基于绝对错误的断言才会得出'我们在运动中领导两个派别'的结论。"②

2006 年，祖马被指控（后被宣告无罪）强奸了一位艾滋病病毒呈阳性的女子，而该女子是其战友的成年女儿。一夫多妻制的祖马还与其未迎娶的女人育有许多孩子，他的性剥削是众所周知的，但他的支持者仍然将此归咎于姆贝基一方为他设下了"美人计"。

2007 年 12 月 16 日起，在林波波省北部的波罗克瓦尼（Polokwane）举行了为期四天的非国大会议，姆贝基在会上被赶下台。在南非，这一天被称为"和解日"，但集会上发生的事情根本不是和解。两年前在全国总委员会上令奇卡内感到震惊的行为被放大了。每当与姆贝基结盟的政党领导人走上台时，祖马的支持者都会使用他那首重新演奏的、充满挑衅意味的老式斗争歌曲——《带

---

① Frank Chikane, *Eight Days in September: The Removal of Thabo Mbeki*, Johannesburg: Picador Africa, 2012, p.100.
② Schoeman and Swanepoel, *Unity in Diversity*, p.284.

上我的机枪》('*Awuleth*' *Umshini Wami*)，并将其作为自己的标志性曲调。

姆贝基以 1505 票输给了祖马的 2329 票，这一结果让他的许多竞选者感到突然和震惊，他们对迫在眉睫的失败视而不见。所有与姆贝基结盟的人也遭投票淘汰。

非国大接下来的振兴和团结自身计划只不过是表面文章，因为它对姆贝基的解雇导致党内分裂，解雇决定由党内 86 位最高领导人在深夜作出，其依据是法院裁决祖马的腐败案涉及政治干预。2008 年，一些最不满的姆贝基支持者组建了人民大会党(Congress of the People, COPE)，这是自 1959 年泛非主义者大会成立以来最严重的一次分裂。四年后，祖马事件的余波导致非国大青年联盟领导人朱利叶斯·马勒马(Julius Malema)成立了经济自由斗士党(Economic Freedom Fighters, EFF)，之前他是祖马最有力的支持者之一，而如今该党是南非的第二大反对党。

姆贝基在电视上提出辞呈，他告诉全国人民："52 年来，我一直是非洲人国民大会党的忠实成员。我仍然是非国大的一员，所以我尊重它的决定。正因如此，我才决定辞去共和国总统的职务。"①

非国大副主席卡莱马·莫特兰蒂因很少发表有争议的观点而受到两派的高度尊敬，因而被任命为临时总统。同时，马勒马在 2009 年初主导了一项进程，即国家检察院(National Prosecuting Authority)于 4 月 22 日选举前不久撤销了对祖马的腐败指控。9

---

① 'President Thabo Mbeki Resigns', News24, 22 September 2008, https://www. news24.com/SouthAfrica/News/Mbekis-address-Full-text-20080921-2, last accessed 18 April 2019.

年后，一家法院裁定，检察机关撤销腐败指控的决定是不合理的，相应指控应被恢复。

失去纯真：祖马时代

祖马担任领导人后，非国大的得票率首次下降。然而，它在夸祖鲁-纳塔尔省 16％ 的增幅足以掩盖该党在其他八个省的失利。①

在距离姆贝基儿时家乡不远的东伦敦（East London）的东开普地铁举行的一场大型选举集会上，祖马承诺在全球经济衰退冲击南非之际，为民众提供"体面的工作"和大规模的社会福利。但这些承诺并没有产生什么效果。尽管如此，他上任以来首个百日的工作表现不错，股市上涨，南非人普遍对他的聆听方式感到满意。最初，与议会中反对派的关系也有所改善。祖马任命了一个国家计划委员会（National Planning Commission），负责起草《国家发展计划》（*National Development Plan*），该计划于 2012 年作为非国大政策予以通过。然而，左翼人士反对旨在缓解青年失业的更为宽松的劳动力市场规定。

从消极方面来看，祖马将内阁扩大到 34 名重要成员（后来为 35 名）招致了批评，而这表面上是为了容纳科萨图和南非共产党领导人。在姆贝基任期快结束时开始增多的服务提供业的抗议活动更加活跃了，并且仇外的暴力事件也随之增加。

随着政策陷入困境，腐败和行政失当变得更加肆无忌惮。在

---

① Ray Hartley, *Ragged Glory: The Rainbow Nation in Black and White*, Johannesburg; Cape Town: Jonathan Ball, 2014, p.211.

祖马担任总统之初,有消息称他动用了数百万兰特的国家资金,用于改善他在夸祖鲁-纳塔尔省农村地区的恩坎德拉(Nkandla)宅邸。这些费用远远超出了他有权获得的安全改善资金,其成本也高于他之前的任何一位总统。然而,当反对派攻击他时,非国大议员们却团结在他周围。

2013年4月,发生了一件让饱受耻辱困扰的民众更加愤慨的事情。一架载有婚礼宾客的私人飞机降落在沃特克洛夫空军基地。这架飞机属于印度商业家族——古普塔家族(Guptas),祖马默许授权私人飞机使用军事基地,这实属罕见。古普塔家族的员工宣称这是一场"世纪婚礼",其奢华程度令人发指,耗资数百万,而南非的纳税人却要为此买单。[①]打在南非人脸上的最后一记耳光是古普塔家族貌似坚持只允许白人当侍应生。[②]

祖马与古普塔兄弟的友谊也开始招致非国大内部的批评,古普塔兄弟是1993年从印度来到南非的商业家族,他们与政客们结成战略伙伴关系。在勒斯滕堡(Rustenburg)举行的非国大2011年地方政府选举宣言发布会上,马勒马代表非国大青年联盟发言说道:"当一些家族正在剥削这个国家的资源,并以自由的名义中饱私囊时,当那些担任政治职务的人滥用权力帮助朋友时,年轻人必须站起来捍卫非国大。"在这次活动中,为祖马站台

---

① '♯GuptaLeaks: How Sun City had to fight the Guptas for wedding payment', News24, 6 June 2017, https://www.news24.com/SouthAfrica/News/guptaleaks-how-sun-city-had-to-fight-the-guptas-for-wedding-payment-20170606, last accessed 19 February 2019.

② Scorpio and amaBhungane, '♯GuptaLeaks: Emails offer further proof of Gupta racist attitudes', *Daily Maverick*, 9 June 2017, https://www.dailymaverick.co.za/article/2017-06-09-scorpio-and-amabhungane-guptaleaks-emails-offer-further-proof-of-gupta-racist-attitudes/, last accessed 19 February 2019.

的人群几乎没有填满前一年前为世界杯足球赛建造的体育场的一半。①

2012年1月,非国大在布隆方丹(也被称为曼冈,大都会名)举行的百年庆典活动,对祖马来说喜忧参半。人群中有一些持不同意见的人对他做出足球比赛中的换人手势。尽管如此,来自非洲大陆的许多领导人参加了庆典,姆贝基甚至在被赶下总统宝座后也首次露面。

非国大的百年大庆是其政府的低谷期。在总部位于伦敦的隆明公司(Lonmin)所经营的马里卡纳矿场中,34名抗议矿工遭到警察的屠杀,该事件是自1994年种族隔离制度结束以来最残酷的国家暴力行为之一。马勒马迅速进入事件发生后的政治真空地带,以期利用矿工们的愤怒情绪。

拉马福萨当时是隆明公司的非执行董事,他在一封电子邮件被披露后因其在屠杀事件中所起的作用而受到批评,邮件中他呼吁对矿工们采取"相应的行动"。他澄清说:"对矿工们采取的行动意味着逮捕,而不是处决。"②这一事件并没有妨碍他在四个月后当选为非国大副主席。

正是在这个时候,祖马在工会中的盟友们意识到他不是他们想要的左翼路线救世主,随后也开始反对他。瓦维在马里卡纳事件一个月后的科萨图大会上表示,祖马的非国大是一个"被派系主

---

① Carien du Plessis and Andisiwe Makinana, 'Malema takes a swipe at Gupta family', Independent Online, 28 February 2011, https://www.iol.co.za/news/politics/malema-takes-a-swipe-at-gupta-family-1033211, last accessed 2 January 2019.

② Ray Hartley, 'Book Extract: Ramaphosa and the massacre at Marikana', News24, 26 November 2017, https://www.news24.com/Books/book-extract-ramaphosa-and-the-massacre-at-marikana-20171126-2, last accessed 3 January 2019.

义，政治赞助和腐败所败坏"的组织。他还补充说，那些质疑党内滥用权力的人"发现自己的生命日益处于危险之中"。第二年，瓦维被指控对一名同事进行性骚扰，随后遭到免职。如果他仍然享有来自高层的政治保护，这种情况可能不会发生，并且他声称这些指控完全出于政治动机。①

非国大中的传统主义者和前流亡人士也对祖马表示失望，但他就像扳不倒的总统一样，没有什么可以难住他。2012 年 12 月，他在布隆方丹召开的非国大全国会议（National Conference）上轻松连任，而他的副手和挑战者莫特兰蒂则一败涂地。

2014 年，由于针对非国大领导人腐败的指控层出不穷，非国大的选票份额有所下降。然而，在"团结起来，我们就能推动南非前进"的竞选口号下，非国大仍然获得了 62.15% 的选票。一些选票流向了首次参选的经济自由斗士党（6.35%）和民主联盟（Democratic Alliance），后者获得了 5 个多百分点，达到 22.23% 的得票率。

拉马福萨结束了他未竟的商业兴趣，并取代莫特兰蒂成为南非的副总统。他保持着相对低调的姿态——有人说他没骨气——直到 2017 年 12 月该党全国会议召开前的几个月里才开始公开反对祖马政府的滥用职权。

尽管 2018 年在其中一个政党退出反对派执政联盟后，非国大又重新夺回伊丽莎白港，但是在 2016 年的地方政府选举中，非国大控制的七个大都会中有三个被反对派联盟控制（民主联盟当时掌控着开普敦）。这次失利对非国大来说是一次耻辱性的打击，尤其是因为南非最大和最成功的大都会，如约翰内斯堡，现在已

---

① Hartley, *Ragged Glory*, p. 234.

经脱离了它的控制。非国大在此地面临着被降级为农村政党的风险。虽然地方选举结果往往有利于反对党，但非国大也只获得了53.91％的总票数。

这些大都市圈的非国大领导人，特别是豪登省的领导人，指责祖马是他们的祸根，并开始要求他下台。然而，祖马五次都挺过了议会要罢免其权力的危机——他得到了大多数非国大议员的帮助，这些议员作为一个政党团结起来，也许他们也担心自身的职位不保。

2017 年，当古普塔兄弟及其商业伙伴发送的大量电子邮件被泄露给《独行者日报》（*Daily Maverick*）和屎壳郎调查机构（amaBhungane）的调查记者时，祖马作为"不倒翁总统"的命运之潮才开始发生转变。许多先前准备支持祖马以保护非国大的人现在有了新的想法。证据所揭露的事实证明祖马和古普塔家族的厚颜无耻，他们越来越难以将腐败报告当作阴谋论而一笑置之了。

如果祖马想作为非国大主席竞选第三个任期——虽然非国大宪法中并没有任何规定能阻止他，而且有传言说他正考虑这样做——那泄露的电子邮件可能说服他不要这样做。他退居一旁并公开支持非洲联盟委员会前主席恩科萨扎娜·德拉米尼·祖马。作为祖马的第二任妻子，她于结婚第 16 年后的 1998 年离婚；他们一起育有 4 个孩子。

德拉米尼·祖马的竞选活动强烈关注性别问题以及"经济自由"问题，如若胜选，她将成为非国大和南非的第一位女总统；她强调大多数南非黑人仍然贫困的事实。姆普马兰加省非国大主席兼省长，戴维·马布扎（David Mabuza）在最后一刻出人意料的逆转意味着德拉米尼·祖马以 179 票之差落败；她原以为马布扎站在自己这边,但在该党选举开始前几个小时,他要求他的支持者给拉马福萨投票。马布扎如今身处拥王者的权势地位,他成为了拉马福萨的副手。这意味着,一个在本省审查过许多弊政和赞助政治的人有望成为南非下一任总统。①

---

① *The New York Times* put this in perspective in a damning article: Norimitsu Onishi and Selam Gebrekidan, 'South Africa Vows to End Corruption. Are Its New Leaders Part of the Problem?', *New York Times*, 4 August 2018, https://www.nytimes.com/2018/08/04/world/africa/south-africa-anc-david-mabuza.html, last accessed 19 February 2019.

第四章

政治反对派

1990 年 2 月 2 日对非洲人国民大会的解禁为该运动成为南非的主要政党提供了启动平台。在一个世纪的大部分时间里非国大为民主而战，这赋予了它独特的合法性。在许多非洲黑人心目中，它一直保持着这种地位。但是，伴随权力而来的是傲慢和滥用职权。近年来，非国大已经把自己视为南非稳定不可或缺的因素。雅各布·祖马则走得更远，他辩称自己的统治是天命所归。2011年 2 月 5 日，在姆塔塔（Mthatha）的一次集会上，有人引用总统的话说道：

> 当你把选票投给非国大时，你也在选择上天堂。当你没把票投给非国大时，你应该知道你选择的是那个拿着叉子的人……给人做饭的人。当你拿着非国大的党员证时，你是有福的。当你去世后，彼岸之地使用不同的证件，而当你拥有一张非国大的党员证时，你将被允许进入天堂。
>
> 当（耶稣）来接我们时，我们会发现（那些在彼岸之人）穿

着黑色、绿色和金色的衣服。圣者属于非国大。①

    非国大暗示这只是一个比喻,但祖马对此毫不怀疑,只要他想,就会重复这一说法。在非洲有一个根深蒂固的传统,即反殖民运动一旦上台就自诩为政府的天然政党。整个非洲大陆的政党都把自己描绘成人民希望和抱负的化身。一旦执政,他们倾向于将所有的反对派视为可疑分子——支持这些反对派被看作是一种背叛行为,破坏国家的幸福团结。从1948年到1994年统治南非的国民党也有类似的观点。尽管一个多世纪以来,南非一直是一个运作良好的(尽管有限)民主国家,但政府几乎没有变动。自1948年以来,政府中只有两个政党:国民党和1994年之后的非国大。即便在今天,南非也很难成为一个能为其公民提供真正选择的有效的、民主的政府典范。

民主联盟

    尽管经济自由斗士党在议会和乡镇都进行过声势浩大的抵抗,但最能削弱非国大选举统治地位的反对党还是民主联盟。民主联盟本质上是一个自由主义政党,与国际自由联盟(Liberal In-

---

① Jenni O'Grady, 'Detractors jealous of Zuma wit: ANC', Independent Online, 7 February 2011, https://www.iol.co.za/news/south-africa/gauteng/detractors-jeal-ous-of-zuma-wit-anc-1022653, last accessed 18 April 2019; Ranjeni Munusamy, 'In the name of the Father: Jacob's law on politics and religion', *Daily Maverick*, 9 October 2013, https://www.dailymaverick.co.za/article/2013-10-09-in-the-name-of-the-father-jacobs-law-on-politics-and-religion/, last accessed 18 April 2019.

ternational)有正式联系，也是它的成员。该党的基本理念在其题为《我们的愿景》的目标声明中得到了阐述：

> 我们对南非的愿景是建立一个开放的、机会均等的社会。在这个社会中，所有人都是自由、安全和平等的；在这里所有人都有机会提高自己的生活质量并追寻自己的理想；在这个社会中，每种语言和文化都能得到平等的尊重和认可。①

这一愿景由三个简单的目标赋予实质内容：

1. 法治下的个人自由——一个开放的社会；
2. 机遇与责任——一个机遇社会；
3. 人人完全平等。②

这些声明与非国大的宗旨和目标值得进行比较。如下所示：

> 非国大的主要目标是建立一个统一的、无种族歧视的、无性别歧视的、民主的社会。这意味着尤其是将非洲人以及广大黑人从政治和经济束缚中解放出来。也意味着提高所有南非人的生活质量，特别是穷人的生活质量。为实现这一目标而进行的斗争被称为民族民主革命（National Democratic Revolution）。③

---

① 'Our Vision', Democratic Alliance KwaZulu-Natal, http://www.dakzn.org.za/our-vision/, last accessed 18 April 2019.
② Ibid.
③ 'What is the ANC?', African National Congress Eastern Cape, http://anceastern-cape.org.za/about/what-is-the-anc/, last accessed 18 April 2019.

接着,非国大对上述内容的详尽阐述包括1955年的《自由宪章》,该宪章也被非国大描述为党的"基本政策文件"。①

两种声明截然相反。民主联盟不分种族或信仰,提供自由和机会。非国大的愿景则侧重于非洲大多数人和穷人的需求。无需提供文本分析,逐条比较各党的政策,其政治倾向已然显而易见。

非国大是一个民族主义政党,此类政党存在于非洲的大部分地区。它领导了反对白人统治的斗争,并且不得不吸引最广泛的选民群体。自种族隔离制度结束以来,它一直将自己定位为一个中左翼政党,为有需要的人提供社会福利。事实上,根据2011年的预算,经济学家迈克·舒斯勒(Mike Schussler)将南非描述为"世界上最大的福利国家"。政府对此毫无歉意,当时的社会发展部(Social Development)部长,埃德娜·莫莱瓦(Edna Molewa)为福利制度辩护,她说:"当人们遭受痛苦,忍饥挨饿的时候,政府很难闭上眼睛而(不)去看他们。"②全国大约有三分之一的公民从政府领取某种形式的社会福利金(Social welfare payment)。③儿童抚养补助金(Child support grant)所占比例最高,有900多万受益者。老年补助金(Old age grants)是第二高的类别。

对于南非来说,这是否是一个正确的方向有待讨论,但民主联盟在其早期有一种截然不同的看法。在介绍所谓的"另类"预算

---

① 'What is the ANC?', African National Congress Eastern Cape, http://anceastern-cape.org.za/about/what-is-the-anc/, last accessed 18 April 2019.
② 'Minister defends welfare system', News24, 23 February 2010, http://www.news24.com/SouthAfrica/News/Minister-defends-welfare-system-20100223, last accessed 18 April 2019.
③ Jannie Rossouw, 'Why social grants matter in South Africa: they support 33% of the nation', The Conversation, 16 February 2017, https://theconversation.com/why-social-grants-matter-in-south-africa-they-support-33-of-the-nation-73087.

时,该党表示:

> 按照目前的加速率,社会保障网正变得越来越难以负担,并挤占了其他优先事项。民主联盟认为,一个有爱心的社会必须表明它对弱势成员的支持,包括老年人、残疾人、青年人和失业人员。社会保障网的问题不在于它的慷慨,而在于它支持了太多的受助者。
>
> 社会保障制度在无法进入正式经济领域的社会弱势成员背后设置了一张安全网。任何一种社会支出的目的都必须是赋予尽可能多的公民权利以帮助他们长期自助。在非国大的发展型国家(Developmental State)模式中,社会保障创造了一种救济体系。这反过来又滋生了对国家的依赖和资助文化,并且破坏了利用社会保障制度获得更长期利益的潜力。①

其含意很清楚:减少福利受助者,结束资助和救济制度。这就是国际上中右翼政党提出的经典方案。然而,为了扩大其支持者的基础,吸收更多的黑人选民,民主联盟后来接受了社会补助金制度,现在它的立场在原则上与非国大的没有太大区别。

近年来,随着慕斯·迈马内(Mmusi Maimane)接管民主联盟的领导权,对平等和机会的强调已经有所淡化,但并未被消除。在

---

① Democratic Alliance, 'Alternative Budget 2011/2012: A Budget to Address Poverty', February 2011, https://docs.google.com/viewer?a=v&pid=explorer&chrome=true&srcid=0B_-slGu8-FTxYmE0OTE1ZmYtZmNjOS00OGRkLTk2NmUtM2E1ZGQ2OTZlNmE4&hl=en, last accessed 18 April 2019.

一个超过四分之一的公民失业、贫困普遍存在的国家,告诉人民继续生活下去并享受"机遇社会"的好处并不是一种可以用来赢得选票的、讨人喜欢的政治纲领。

民主联盟所面临的挑战

民主联盟的实力和影响力逐渐增强,但在国外却鲜为人知,这就是为什么值得对它进行深入研究的原因。2006 年,民主联盟通过组建复杂的多党联盟,取代非国大而执掌开普敦市。随后在 2009 年控制西开普省——这是非国大第一次输给反对派一个省。在西开普省,民主联盟赢得了 51.46% 的选票,将仅有 31.55% 支持率的非国大挤到第二位。[1]该党领导人海伦·齐勒(Helen Zille)欣喜若狂。她告诉英国广播公司:"这个结果对南非非常有利,对民主非常有利……民主联盟的支持率在全国范围内增长了 30% 以上,我们在西开普省的选票增加了一倍,我们赢得了该省,这种感觉太美妙了。"[2]

而这次失利对还不习惯在选举中被抛弃的非国大来说则是一次猛烈打击。这有损于他们对自己政党更美好的憧憬,因为他们认为自己的政党天生就是执政党。非国大及其盟友开始发动攻势。他们抨击齐勒的内阁人选,在她的内阁中除了她自己以外,其余成员均为男性。工会运动宣布西开普省将由一名"柔弱无力的

---

[1] Ibid., Table 45.

[2] 'ANC is denied two-thirds majority', BBC News, 25 April 2009, http://news.bbc.co.uk/1/hi/world/africa/8017713.stm, last accessed 18 April 2019.

男性"行政官来管理。①齐勒从来不是一个能被人抓住把柄的人,她以同样的方式作出回应。她告诉《索韦托人报》(*The Sowetan*),她不会从非国大或其盟友那里接受有关性别歧视的教训。报道援引她的话说:"祖马是一个自认为具有强烈性别歧视观点的好色之徒,他与一名艾滋病病毒呈阳性的女性发生的无保护措施的性行为使他所有的妻子处于危险之中。"②

这番话不仅是事实(祖马在强奸案审判中承认了这一点),还触动了非国大最痛的神经。当时,祖马刚刚赢得总统大选,正处于人气旺盛的时期。非国大青年联盟指责齐勒只任命男性,以便她可以与她的"男友和男妾""处处留情"。民族之矛的退伍军人协会(Umkhonto we Sizwe's Military Veterans' Association)威胁说,如果齐勒继续侮辱这位新当选的总统,他们将出兵西开普省,让那里"无法治理"。③齐勒本人抱怨说,她的言论被断章取义,她所说的只是为回应针对她的性诽谤。

当月晚些时候,当她见到祖马总统时,齐勒利用这个机会试图平息此事。她说:"在与祖马总统的一次谈话中……我请他将西开普省视为一个机会,而不是一个威胁。我告诉他,当我们提出替代方案来解决我们国家一些最紧迫的问题时,我们将始终本着诚意,

---

① Ben Maclennan, 'ANC slams "pale male" Cape executive', *Mail & Guardian*, 9 May 2009, https://mg.co.za/article/2009-05-09-anc-slams-pale-male-cape-executive, last accessed 18 April 2019.

② Anna Majavu, 'Zuma put wives at risk of HIV—Zille', *The Sowetan*, 12 May 2009, https://www.sowetanlive.co.za/news/2009-05-12-zuma-put-wives-at-risk-of-hiv-zille/, last accessed 18 April 2019.

③ Carien du Plessis, Xolani Mbanjwa, Siyabonga Mkhwanazi and SAPA, 'Zille receives "reprimand of sorts" from DA', Independent Online, 14 May 2009, https://www.iol.co.za/news/politics/zille-receives-reprimand-of-sorts-from-da-443264, last accessed 18 April 2019.

以全体人民的利益行事。我说我们需要空间来实施它们。"①

　　这起事件本身虽然微不足道,但却凸显了一些更深刻的事情:这种情况对双方来说都是如此新奇。对于非国大来说,选举支持率正在消退的感觉,无论多么轻微,都让人明显感到不安。对民主联盟来说,它提供了第一次机会,通过对一个省的治理来展示该党的真正价值。在 2014 年 5 月的选举中,民主联盟作为官方反对党的地位得到了加强。非国大以压倒性的优势获胜,获得 62.1％的选票,但这比 2009 年选举时的 65.9％有所下降。民主联盟的得票率从 16.7％上升到 22.2％。虽然这个结果并不像它所希望的那样美好,但它仍然代表了将近四分之一的选民。在 2016 年的地方选举中,民主联盟拿下三个主要大城市:该党不能再被置之不理了。直到 2019 年大选,民主联盟才遭遇挫折,在迈马内的领导下停滞不前(参见第十三章)。

表 1　自种族隔离制度结束后民主联盟的选举结果

年份	票　数	占总投票数的百分比	席位	领导人	结　果
1994	338426	1.73％	7	扎克·德比尔	非国大获胜
1999	1527337	9.56％	38	托尼·里昂	非国大获胜;民主联盟成为官方反对党
2004	1931201	12.37％	50	托尼·里昂	非国大获胜;民主联盟保留官方反对党地位

---

① Murray Williams, 'Zille extends olive branch to Zuma', Independent Online, 29 May 2009, https://www.iol.co.za/news/politics/zille-extends-olive-branch-to-zuma-444805, last accessed 18 April 2019.

续表

年份	票　数	占总投票数的百分比	席位	领导人	结　　果
2006	3888780	14.8%	地方选举	托尼·里昂	非国大获胜；民主联盟是开普敦最大的政党，并组成多党联盟掌控城市
2009	2945829	16.66%	67	海伦·齐勒	非国大获胜；民主联盟保留官方反对党地位,赢下西开普省
2011	6393889	23.94%	地方选举	海伦·齐勒	非国大获胜；民主联盟保留官方反对党地位,继续拥有西开普省,在只有黑人的选区赢得支持
2014	4091584	22.23%	89	海伦·齐勒	非国大获胜；民主联盟保留官方反对党地位,同时所占席位份额有所增加
2016	9463498	24.57%	地方选举	慕斯·迈马内	非国大获胜；民主联盟继续拥有开普敦和西开普省,并拿下主要大城市:纳尔逊·曼德拉湾(Nelson Mandela Bay)、茨瓦内(Tshwane)和约翰内斯堡
2019	3621188	20.77%	84	慕斯·迈马内	非国大获胜；民主联盟保留官方反对党地位,但所占席位份额有所减少

民主联盟的历史

民主联盟的起源可以追溯到第二次世界大战之后困扰南非的动乱时期——这一时期是非国大、共产党及其工会盟友形成的关键时期。1959 年,12 位议员脱离扬·史末资的联合党(United Party),因为该党拒绝反对国民党政府正在推行的种族隔离立法。[1]这些反叛者组建了进步党(Progressive Party)。他们推选曾在伦敦盖伊医院(Guy Hospital)学习医学的扬·斯泰勒(Jan Steytler)博士作为他们的领袖,他是布尔战争老兵之子。他一直担任这一职务,直到 1970 年 12 月退休。[2]

进步党通过议会抵制种族隔离制度。它呼吁制定一部牢固的宪法,保护各省的权力。它还主张建立一种以不受约束的资本主义为基础的经济。[3]该党得到了大企业(包括矿业巨头英美资源集团,Anglo-American)的财政支持,但在选举中收效甚微。1961 年大选后,该党实际上被消灭。只有海伦·苏斯曼(Helen Suzman)能保留她的席位。[4]作为议会中唯一一位为南非受压迫者发声的议员,苏斯曼因直言不讳地批评种族隔离制度而闻名于世。她是一

---

① Roger B. Beck, *The History of South Africa*, Westport; London: Greenwood Publishing Group, 2000, p.138.

② Helen Suzman, *In No Uncertain Terms: A South African Memoir*, London: Sinclair-Stevenson, 1993, p.47.

③ Democratic Party, 'One Nation, One Future Manifesto', in *The Democratic Party Constitution & Policy*, 1993, p.1.

④ Suzman, *In No Uncertain Terms*, p.58.

位杰出的演说家,作为一名讲英语的犹太裔女性,在一个由阿非利卡男性主导的议会中坚持自己的立场。①

苏斯曼保留住她的席位,并作为唯一一位反对种族歧视的有原则性议员长达十三年之久。她反对未经审判的拘留;通行证法;流动性控制;基于肤色的工作保留;种族隔离设施;强制迁移;死刑;取缔共产党;性别歧视,特别是针对黑人妇女的性别歧视。这种立场往往很不合群,但却对她和她的继任者有利。

1974 年,又有 6 名进步党成员赢得议会席位。此后不久,同为反种族隔离活动家的哈里·施瓦茨(Harry Schwarz)等人离开联合党,组建改革党(Reform Party),改革党又于 1977 年与进步党合并,成立进步改革党(Progressive Reform Party)。②这一年,联合党内的其他倒戈事件又进一步加强了该党的实力。在科林·埃格林(Colin Eglin)的领导下,进步改革党成为官方反对党。1988 年,扎克·德比尔(Zach de Beer)接任党魁,经过谨慎协商,于 1989 年 4 月 8 日成功合并三个小党派,组成民主党(Democratic Party)。③国民党要求于当年 9 月举行选举。在联合领导下,民主党赢得 36 个议会席位。

这是白人统治的末日。国民党内部发生分裂,一批议员离开后组建保守党(Conservative Party)。随后的 1990 年 2 月,德克勒克总统解除对非国大和其他政党的禁令,整个种族隔离制度的大厦轰然倒塌。④1994 年,南非举行第一次真正的民主选举。非国大

---

① Suzman, *In No Uncertain Terms*, p.25.

② Ibid., p 181.

③ 'One Nation, One Future Manifesto', p.1.

④ Suzman, *In No Uncertain Terms*, p.287.

大获全胜,而民主党仅获得全国 1.7％的选票。①

看来,对自由主义政党的需求即将消失。如果民主党要生存下去,就必须彻底改造自己。然而,尽管开局并不乐观,但该党还是逐渐为自己赢得一席之地,在全国选举中获得越来越多的选票。②

托尼·里昂

在托尼·里昂(Tony Leon)的领导下,在只有少数几个议员的情况下,该党试图创建一个新的角色。它为反对党的合法性、政府的透明度以及追究政府成员责任的重要性而斗争。渐渐地,这一策略开始产生效果。1995 年的市政选举显示出民主党的摇摆回升。这种情况在 1999 年的全国选举中继续存在,当时该党赢得超过 9.56％的全国选票,并且有 38 名议员重返议会。③民主党再次成为最大的反对党。里昂抨击塔博·姆贝基政府的集权化,在媒体、商业、公共和私营部门以及体育、文化和公共事务办公室的关键职位上安插非国大的效忠者。非国大正在将自己从一个治理党转变

① Jack Bloom, *Out of Step: Life-Story of a Politician—Politics and Religion in a World at War*, Johannesburg: Jack Bloom, p.50.
② Reports of the Independent Electoral Commission of South Africa, https://www. elections. org. za/content/Elections/Election-reports/, last accessed 19 April 2019. The 2011 local election vote is not directly comparable with the national elections of the previous years, but the percentage share of the vote is broadly indicative of DA support.
③ *Report of the Independent Electoral Commission of South Africa: National and Provincial Elections*, Pretoria: Electoral Commission of South Africa, 2 June 1999, p.75.

为执政党,试图主宰公共领域。托尼·里昂认为,只有建立一个能够限制和遏制非国大一党制倾向的强有力的反对党,民主才能得到加强和保护。①

对一个有效的反对党而言,对政府的非难虽然至关重要,但其本身并不会让民主党掌权。里昂深知他不能空等非国大支持率逐渐减弱。他们需要采取新的战略。当时国民党正处于走投无路状态,里昂看到一个建立更广泛联盟的机会。对于一个植根于反对种族隔离的政党来说,努力争取国民党议员及其支持者,既冒险又痛苦。他认定这是民主党取得进展的唯一途径,但这意味着向右靠拢。正如一位观察人士所言:

> 在托尼·里昂的领导下,民主党从一个自由的、以英语为主导的自由之声转变为一个更加保守的政党,对非国大提出直言不讳、咄咄逼人的反对意见。这使它能够从新国民党(New National Party,NNP)阵营中赢得大部分阿非利卡人的选票。②

2000年,民主党与小型政党联邦联盟党(Federal Alliance)的路易斯·卢伊特(Louis Luyt)博士达成协议。与新国民党的谈判也开始了,这导致政党名称的最终变更,从而形成了民主联盟。③这

① Zwelethu Jolobe, 'The Democratic Alliance: Consolidating the Official Opposition', in Roger Southall and John Daniel(eds), *Zunami! The 2009 South African Elections*, Johannesburg: Jacana, 2009, p. 133.
② Anthony Lemon, 'The Implications for Opposition Parties of South Africa's 2009 General Election', paper for presentation at the *Democratization in Africa conference*, Leeds University, 4—5 December 2009, p. 4.
③ Ibid., p. 78.

份协议遭到一些党内忠诚人士的严厉批评,其中包括勇敢的海伦·苏斯曼,她毫不含糊地告诉里昂,他犯了一个"巨大的错误",他将"后悔与这些人做交易"。①正如里昂自己后来所描述的那样,这是一场"地狱中的婚姻"。②尽管如此,此举是有效的。该党赢得多个城市,包括民主联盟皇冠上的宝石:开普敦市。

新改组的政党面临着巨大困难;之前进步党的坚定分子和前国民党成员之间的关系明显不稳定。各派之间的紧张局势升级。2001 年 10 月,由于里昂决定以包括性骚扰在内的若干理由暂停有争议的开普敦市长彼得·马莱(Peter Marais)的党籍,党内最终出现裂缝。③作为回应,新国民党领导人马蒂努斯·范斯卡尔奎克(Marthinus van Schalkwyk)离开民主联盟,并在与非国大根本不可能的合作中找到新盟友。④他们似乎不太可能成为盟友,但非国大与前国民党成员之间的关系却得以持续。

在 2004 年的大选中,民主联盟势头开始形成。它获得 12.37% 的选票,并在国民议会(National Assembly)中共获得 50 个席位。⑤按绝对值计算,该党的支持率增加了 40 多万张选票。在 2006 年的地方政府选举中,这种支持继续增长。⑥民主联盟的选票份额

---

① Tony Leon, *On the Contrary: Leading the Opposition in a Democratic South Africa*, Johannesburg; Cape Town: Jonathan Ball, 2008, p.542.

② Ibid., p.535.

③ Jessica Piombo and Lia Nijzink, *Electoral Politics in South Africa: Assessing the First Democratic Decade*, New York; Basingstoke: Palgrave Macmillan, 2005.

④ Jolobe, 'The Democratic Alliance', p.134.

⑤ *Report of the Independent Electoral Commission of South Africa: National and Provincial Elections*, Pretoria: Electoral Commission of South Africa, 14 April 2004, p.60.

⑥ 'History', The Democratic Alliance, https://www.da.org.za/why-the-da/history, last accessed 19 April 2019.

增加到 16.3%——上升了 4%。该党在所有六个大都会议会中的代表都有所增加,其中最显著的是开普敦地区,其选票份额从 2004 年的 27.1% 上升到 41.9%。这使得民主联盟在该市领先于非国大。

齐勒时代

2006 年 3 月 15 日,曾任民主联盟议员和该党全国发言人的海伦·齐勒当选为开普敦市长。她曾是一名记者,报道过史蒂夫·比科的死讯,是南非白人政客中少有的在成年后学会科萨语的榜样。开普敦领导人竞选异常激烈,但她通过组建一个庞大的七党联盟赢得了这一职位。齐勒以微弱的三票优势当选市长。这其中包括一名将选票秘密投给她的非国大委员。虽然这是对城市权力的微弱控制,但齐勒逐渐巩固了她的地位。2010 年 8 月,经过漫长的谈判,民主联盟成功说服独立民主党(Independent Democrats)加入他们,这是一个以有色人种为主、由帕特里夏·德利尔(Patricia de Lillle)领导的开普敦政党。①

托尼·里昂于 2006 年 11 月 26 日宣布他将辞去民主联盟领导人的职务,齐勒在该党 2007 年的大会上当选为继任者。②在 2009 年的大选中,民主联盟的支持率进一步上升,该党赢得西开普省的

---

① Andrew Harding, 'South African opposition parties to merge', BBC News, 15 August 2010, http://www.bbc.co.uk/news/world-africa-10981635, last accessed 19 April 2019.

② Jolobe, 'The Democratic Alliance', p.137.

控制权。它保持了其作为最大反对党的地位，并且似乎正在逐渐削弱非国大在现今中心地带的支持率。①

2011 年 5 月的地方选举是一个转折点。齐勒的竞选活动试图让选民摆脱种族成见。在整个竞选过程中，她反复提到的关键词是"把问题作为议题"。②在此次选举中，民主联盟的得票率增加了7.7％，而非国大的选票份额则下降了 2.7％。如果非国大没有在夸祖鲁-纳塔尔省击败以祖鲁人为主的因卡塔自由党，他们的损失可能会更加惨重。实际上，民主联盟的支持率在其 2006 年竞选的大多数自治市中都有所增长，在它已占据主导地位的西开普省地区则增长 17.8％。

民主联盟在其管辖的城镇和农村地区大力宣传他们的服务记录。与非国大地方政府臭名昭著的腐败形成对比的是：民主联盟因其廉洁的行政管理而赢得赞誉。在 2009 年的评估中，国际信用评级机构全球信用评级公司（Global Credit Ratings）授予开普敦市最高的长期债务评级之一：AA-级。③对民主联盟在西开普省提供有效服务能力的最全面体现来自政府本身。2010 年 10 月发表的一份官方报告显示，该省几乎在所有类别中都是最佳服务提供者。④这是

---

① Jolobe, 'The Democratic Alliance', p.143.

② Helen Zille, 'DA no longer just a party of opposition', Politicsweb, 27 March 2011, https://www. politicsweb. co. za/opinion/da-no-longer-just-a-party-of-opposition—helen-zil, last accessed 19 April 2019.

③ Ian Neilson, 'Moody's reaffirms Cape Town's double-A credit rating', Politicsweb, 29 June 2011, https://www.politicsweb. co. za/opinion/moodys-reaffirms-cape-towns-doublea-credit-rating, last accessed 21 June 2019.

④ Department of Cooperative Governance and Traditional Affairs, *Basic Services Publication: Comparative Information on Basic Services*, 2009, http://www. sadelivery. co. za/files/delivery/resources/Basic%20Services%20Publication%20_for%20WEB.pdf, last accessed 19 April 2019.

民主联盟保持的一项纪录。

非国大对民主联盟在选举和行政管理上的成功作出紧张反应。该党秘书长格维德·曼塔什（Gwede Mantashe）承认：非国大在其地方委员方面存在严重问题，我们可以从反对党那里学到一些东西。[1]这一观点得到非国大内部其他人士的呼应，一位不愿透露姓名的党内坚定人士对非国大地方政客的素质表示哀叹："非国大好像并没有一卡车体面的委员，可以随便挑选和任命。"[2]

面对2014年5月的大选，齐勒考虑如何应对非国大的攻击，这些攻击声称民主联盟由白人领导，只为白人服务。因此她便开始寻找合适的黑人领袖。该党发言人林迪威·马齐布科（Lindiwe Mazibuko），曾于2011年至2014年担任议会领袖，被许多人视为未来可能的领导人。然而，在与齐勒产生分歧后，马齐布科彻底离开政坛，后来声称齐勒试图拉她下台，并对迈马内做了同样的事情。齐勒否认这一点，并表示她"在各个层面上"都支持马齐布科，但认为她过早地参加了党团领袖的竞选（马齐布科当时只有31岁）。[3]

2013年底，齐勒开始与她认为适合担任该党领袖的人进行讨论，此人是她所熟知的资深黑人政治家曼菲拉·兰菲勒（Mamphela

---

[1] 'Mantashe: ANC a "Cinderella party" in Western Cape', *Mail & Guardian*, 2 December 2010, http://www. mg. co. za/article/2010-12-02-mantashe-anc-is-a-cinderella-party, last accessed 19 April 2019.

[2] Mandy Rossouw, 'Municipal poll jitters for the ANC', *Mail & Guardian*, 3 December 2010, http://www. mg. co. za/article/2010-12-03-municipal-poll-jitters-for-the-anc, last accessed 19 April 2019.

[3] Nonkululeko Njilo, 'Helen Zille defends herself about undermining Lindiwe Mazibuko', *Business Day*, 20 July 2018, https://www. businesslive. co. za/bd/national/2018-07-20-helen-zille-defends-herself-about-undermining-lindiwe-mazibuko/, last accessed 31 May 2019.

Ramphele）。兰菲勒曾是黑人意识领袖史蒂夫·比科的搭档，并在后来开创了自己的杰出事业。她已升任开普敦大学的副校长，似乎是领导民主联盟参加 2014 年选举的可行候选人。但人们很快就发现她有另一项议程：她想建立自己的政党：建设南非党（Agang SA），并准备考虑与齐勒结盟，称她仅在该条件下参加选举。经过复杂、漫长和最终失败的谈判，计划中的联盟未能结盟。各党派各自为政。虽然民主联盟获得 22.2％的选票，但建设南非党的希望却被消灭，仅获得 0.28％的选票。①

迈马内的领导

这一结果虽使齐勒继续担任反对党的领袖，但却没有回答如何找到一个合适的黑人领袖这一问题。该问题最终在 2015 年 5 月得到解决，之前是该党发言人和豪登省省长候选人的慕斯·迈马内当选为该党领导人。迈马内是一个雄辩且富有魅力的演说家，他有一种吸引群众的能力，这是他在布道时学到的。他成功地平息了那些批评该党实际上是白人和其他少数族群大本营的声音。②迈马内的身份和生活方式浓缩着民主联盟试图扩大其吸引力的尝试。作为一名非洲黑人，他代表着越来越多的党员数量群体；

① '2014 National and Provincial Elections: National Results', Electoral Commission of South Africa, http://www.elections.org.za/content/elections/results/2014-national-and-provincial-elections-national-results/, last accessed 19 April 2019.
② Faiez Jacobs and Zahir Amien, 'The DA: "The more things change, the more they stay the same"', *Daily Maverick*, 24 April 2018, https://www.dailymaverick.co.za/opinionista/2018-04-24-the-da-the-more-things-change-the-more-they-stay-the-same/, last accessed 19 April 2019.

作为一名迎娶了白人女子的黑人男性，他证明种族群体之间的和解是可能的。

迈马内于该党 2018 年 4 月大会上发表的主旨演讲中提到这一点。他说："我是一个自豪的南非黑人。我是一个自豪的索韦托人。我是一个虔诚的基督徒。我还是科萨和茨瓦纳父母的骄子。"迈马内谈到其作为黑人的经历塑造了自己："我说，如果你看不出我是黑人，那么你就看不到我。反之亦如此。如果你只看到我是黑人，那么你同样看不到我。"他接着说，他的种族并不能定义他的一切："在我生命的最后一刻，我将以下列问题受到评判：是否是一位好丈夫、一位慈爱的父亲、一个忠诚的儿子、一位热爱祖国之人、一位对社会作出贡献的人。而这些问题都不能被我的种族所定义。"①

迈马内所言说服力强，雄辩有力，但在如此多人依赖政府的情况下，领导一个质疑政府作用的自由主义政党并非易事。当民主联盟一直在努力摆脱其以白人主导的政党形象时，非国大却走上相反的道路。它曾代表南非的所有种族群体；而今天它却只代表非洲黑人。②尽管在西里尔·拉马福萨的领导下，该党的一些成员正试图将非国大描述为所有种族人民的家园，但在非国大的关键领导职位上或在非国大的集会上，很少能看到其他族裔的代表。

迈马内是否能够为他的非种族国家愿景赢得支持，在这样的

---

① Paul Herman, 'DA's race policy scares other parties—Maimane', News24, 7 April 2018, https://m.news24.com/SouthAfrica/News/das-race-policy-scares-other-parties-maimane-20180407, last accessed 19 April 2019.

② Gareth van Onselen, 'How the ANC has blinded the media to its own racism', *Business Day*, 18 April 2018, https://www.businesslive.co.za/bd/opinion/columnists/2018-04-18-gareth-van-onselen-how-the-anc-has-blinded-the-media-to-its-own-racism/, last accessed 19 April 2019.

国家里,任人唯贤才是晋升的关键标准,而非种族出身。最终的结果好坏参半。迈马内带领该党参加了 2016 年的地方选举,尽管他只将该党的选票份额提高了约 2%,但他成功赢得一系列主要的大城市。民主联盟成为茨瓦内(包含首都比勒陀利亚)、纳尔逊·曼德拉湾(包括伊丽莎白港)和约翰内斯堡的最大政党。①在所有这些地区,迈马内的政党必须找到盟友以保留控制权。祖马总统和非国大只剩下一些重要的都市圈,包括德班、布隆方丹和金伯利。非国大继续控制着中央政府,但选举失利使其遭遇了严重挫折。

迈马内面临的问题是,他的政党能否在如此广泛的地区建立运行良好、遵纪守法的行政机构,同时维系脆弱的联盟。对民主联盟来说,最难治理的自治市也许要数纳尔逊·曼德拉湾了,那里因腐败而臭名昭著。一个被派去整肃伊丽莎白港的非国大工作组未能取得实质性进展;其主要成员之一因担心自身安危而逃离了该市。②

阿索尔·特罗利普(Athol Trollip)是一位讲科萨语的白人市长,他着眼于重建该地区的声誉。特罗利普在概述自己上任后百日计划时,承诺提供就业机会,建立廉洁的政府,他表示:

> 这个大都会的政治不稳定已经让她死气沉沉,反应迟钝……现在是时候锁上腐败,干部调配和任人唯亲的旋转门了,并由多党政府带来一种全新的管理模式,这种模式将摒弃

---

① 'South Africa local elections: ANC loses in capital Pretoria', BBC News, 6 August 2016, http://www.bbc.co.uk/news/world-africa-36997461, last accessed 19 April 2019.

② Crispian Olver, *How to Steal a City: The Battle for Nelson Mandela Bay, an Inside Account*, Johannesburg; Cape Town: Jonathan Ball, 2017, pp. 3 - 6.

这些行为的弊端，并引进一种良好的政府模式……①

事实证明，实现这一目标极为困难，因为几个小党派不再支持特罗利普领导的联盟。虽然政府最初经受住几次挑战，但还是于2018年8月垮台了。②

纳尔逊·曼德拉湾也不是迈马内要面对的唯一棘手问题。他的政党还必须面对在茨瓦内和约翰内斯堡联合政府中对他们提出的其他不信任动议。约翰内斯堡市长赫尔曼·马沙巴（Herman Mashaba）一直试图整肃他在接管该市时发现的一些严重腐败问题。然而，尽管他调查了大约4000份可疑合同，并确认了自己所说的严重犯罪行为，但他也只能谴责当局没有起诉那些已经查明的罪行。③

在该党的支持堡垒开普敦，迈马内与市长帕特里夏·德利尔的争端导致的法律诉讼使得后者最终退出该党。④迈马内还与其前任陷入激烈的内部争论。海伦·齐勒发布了一条判断有误的推文，暗示殖民主义的遗产并非完全负面。这种说法在事实上是正确

① Kristoff Adelbert, 'Building a legacy of reconciliation and progress—Athol Trollip', Politicsweb, 18 August 2016, https://www. politicsweb. co. za/opinion/building-a-legacy-of-reconciliation-and-progress—, last accessed 19 April 2019.

② Luke Daniel, 'Democratic Alliance-led coalition breaks down in Nelson Mandela Bay', *The South African*, 3 August 2018, https://www.the-southafrican.com/democratic-alliance-coalition-breaks-nelson-mandela-bay/, last accessed 19 April 2019.

③ 'Mashaba meets with Hawks over corruption in the City of Johannesburg', *Daily Maverick*, 30 January 2019, https://www.dailymaverick.co.za/article/2019-01-30-mashaba-meets-with-hawks-over-corruption-in-the-city-of-johannesburg/, last accessed 19 April 2019.

④ Kevin Brandt, 'Patricia de Lille resigns as Cape Town mayor and DA member', Eyewitness News, 31 October 2018, https://ewn. co. za/2018/10/31/patricia-de-lille-announces-resignation-as-cape-town-mayor, last accessed 19 April 2019.

的,因为任何受益于西医、汽车驾驶甚至在手机上阅读信息的人都知道这一点;但此言论在一个殖民主义(以及后来的种族隔离)造成巨大屈辱和痛苦的国家却引发了一场抗议风暴。迈马内试图解除齐勒的省领导职务,但齐勒予以反击,迈马内被迫接受妥协。她保住自己的职位,同时又咬紧牙关为自己的言论道歉:"我意识到我的推文和随后的辩护揭开了历史的伤疤。特别是,我认识到我的行为对遭受殖民压迫的南非人民是麻木不仁的。为此我深感抱歉。"①齐勒仍然是西开普省的省长,但被剥夺了党内的一切领导职务。

在迈马内的领导下,该党不得不面对的关键问题是忠于其自由市场、自由主义的根基,还是向非国大的社会民主干预主义(social democratic interventionism)靠拢?该党的政策负责人格温·恩格温亚(Gwen Ngwenya)在该党领导层其他成员的支持下,提议该党废除按种族界定的"黑人经济赋权"(Black Economic Empowerment,BEE)政策,声称该政策对国家不利。在一份长达152页的题为《瓦拉:"开放"经济,为商业开放》(*Vula: The 'Open' Economy, Open for Business*)的文件中,恩格温亚建议,该党应该采用环境、社会和治理指数(Environmental, Social and Governance,ESG index)来取代"黑人经济赋权"或者同一政策的后期版本,即"广泛的黑人经济赋权"(Broad-Based Black Economic Empowerment,B-BBEE);这一指数将种族因素从记分卡中去除。该文件还认为,现行的配额制应被取消,因为"广泛的黑人经济赋权"

---

① Greg Nicolson, 'Disciplining Zille: Helen Zille apologises, keeps premiership', *Daily Maverick*, 13 June 2017, https://www.dailymaverick.co.za/article/2017-06-13-disciplining-zille-helen-zille-apologises-keeps-premiership/, last accessed 19 April 2019.

造成了"内部人士和外部人士"。这些"内部人士"主要是非洲男性,他们占据了董事职位和公司董事会的职位,使所有种族群体中的大多数人都被排除在关键职位之外。文件称:"民主联盟赋权政策通过承认广泛的自愿性环境、社会和治理方面的披露和干预力求全面性,其中所有权计划和多样化也可以是部分内容,但没有最低要求。"①

迈马内认定该政策无法向选民推销。他在拒绝恩格温亚的建议后,使该党更接近非国大自 1994 年以来一直奉行的政策。这意味着淡化了民主联盟对平等和功绩价值观的传统承诺,转而集中精力支持非国大长期以来的计划以帮助"先前处于弱势的"群体:非洲黑人,以及在较小程度上支持有色人种、印度人和妇女。这不可避免地造成紧张局势。恩格温亚愤然辞职,指责领导层没有支持她或她的倡议。在她的辞呈中,她引用迈马内自己的话,称她所做的只不过是为他自己的目标努力而已。她引述其领导人的话说道:"我们需要全面改变赋权政策,摆脱以种族为基础的,使精英阶层致富的政策,转而实行的政策将从根本上消灭仍然使数百万南非人陷入贫困的剥削制度。"②不管是真是假,在面对 2019 年的大选时,迈马内发现相关政策变化难以接受。

民主联盟的壮大在很大程度上反映了非国大执政的失败。公众对地方和国家行政部门严重腐败的憎恶反映在社会大部分人对

---

① Tshidi Madia and Mahlatse Mahlase, 'DA leaders pick sides amid confusion over party's decision to ditch BEE', *Mail & Guardian*, 7 August 2018, https://mg.co. za/article/2018-08-07-da-leaders-pick-sides-amid-confusion-over-partys-decision-to-ditch-bee, last accessed 19 April 2019.

② Gwen Ngwenya, Resignation as Head of Policy of the Democratic Alliance, 18 January 2018, http://static. ow. ly/docs/resignation％20letter_8bJk. pdf, last accessed 19 April 2019.

雅各布·祖马的蔑视上。曾为民主联盟工作过的评论家加雷思·范奥塞伦(Gareth van Onselen)写道:"每从非国大破败不堪、摇摇欲坠的城墙上搬走一块砖,就有一块砖被添加到民主联盟的堡垒中,从而加固并扩大其规模。"[1]随着现在祖马被迫下台,而西里尔·拉马福萨承诺建立一个廉洁的政府,非国大成为了民主联盟相当难以对付的目标。

因卡塔自由党

在 2014 年的选举中,因卡塔自由党仅获得 2.4% 的选票,但该党却是个有着悠久历史的小型政党。2018 年 8 月 27 日,当其创始人和领导人曼戈苏图·布特莱齐(Mangosuthu Buthelezi)庆祝他的 90 岁生日时,人们的反应褒贬不一。各种各样的赞誉称他为"种族隔离制度最终动摇的铁砧",他也被诋毁为前总统德克勒克的走狗。[2]反对派经济自由斗士党的年轻领导人在推特上对布特莱齐表达赞赏,称他"应该与曼德拉分享诺贝尔和平奖",因为他把"黑人团结"放在首位。而 20 世纪 80 年代在被布特莱齐的因卡塔

---

① Gareth van Onselen, 'The DA's own need for internal reform', Politicsweb, 3 October 2016, https://www.politicsweb.co.za/news-and-analysis/the-das-own-need-for-internal-reform, last accessed 19 April 2019.

② By the chairman of the Anglo American corporation, Gavin Relly, as quoted in Themba Nzimande, *The Legacy of Prince Mangosuthu Buthelezi: In the Struggle for Liberation in South Africa*, Dartford: Xlıbrıs, p.27; and by former ANC chairperson Mosiuoa Lekota, as quoted in Arthur Konigkramer, 'Buthelezi: a freedom fighter unjustly vilified', *The Witness*, 8 August 2018, https://www.pressreader.com/south-africa/the-witness/20180808/281741270242011, last accessed 19 April 2019.

自由党恐吓过的社区中长大的南非人对此表示强烈反对。①因卡塔自由党和经济自由斗士党都植根于民族主义。

布特莱齐当时是种族隔离时期夸祖鲁家园的领导人,他于1975年发起因卡塔文化解放运动(Inkatha Cultural Liberation Movement)。该运动后来成为一个政党,称为因卡塔自由党,其总部设在夸祖鲁家园。布特莱齐与非国大前成员伙伴组建了该党,但也包括传统的祖鲁领导人和反对夸祖鲁家园存在的新兴城市中产阶级成员。然而,具有讽刺意味的是,支持布特莱齐的传统领导人是依靠种族隔离政府获得特权地位的。②20世纪80年代,该党成员从只有祖鲁人扩展到所有南非黑人。

1979年,布特莱齐与流亡中的非国大在伦敦的一次会议上闹翻,因为在制裁问题上,他与非国大的立场相左,与非国大反对种族隔离政府的武装斗争策略也有分歧,他表示此举阻碍和平变革道路。布特莱齐对非国大构成了真正的威胁,而不像其他家园领导人那般被非国大视为纯粹的傀儡。③

由于布特莱齐试图强行镇压学生和社区对家园的反对运动,因卡塔和非国大之间的敌对行动越来越多。因卡塔也与联合民主阵线及其附属组织发生过公开冲突,后者代表的是流亡南非的非

---

① 'EFF's Ndlozi ripped to shreds for saying Buthelezi deserved Nobel peace prize', *The Citizen*, 29 August 2018, https://citizen. co. za/news/south-africa/2002138/effs-ndlozi-ripped-to-shreds-for-saying-buthelezi-deserved-nobel-peace-prize/, last accessed 19 April 2019.

② 'Inkatha Freedom Party(IFP)', South African History Online, https://www. sa-history. org. za/topic/inkatha-freedom-party-ifp, last accessed 12 October 2018.

③ 'Our History', Inkatha Freedom Party, http://www. ifp. org. za/who-we-are/our-history/, last accessed 13 October 2018; 'Inkatha Freedom Party(IFP)', South African History Online.

国大。这些冲突发生在位于纳塔尔省和豪登省乡镇的因卡塔据点周围。后来,在真相与和解委员会(Truth and Reconciliation Commission)中,有人声称布特莱齐与种族隔离政权的警察、安全警察和国家支持的暗杀小组秘密合作。①

起初,因卡塔自由党拒绝与种族隔离政府谈判,坚持要求应首先释放政治犯,但后来在民主南非大会的过渡谈判中,它与白人右翼保守党结盟。然而,它却并未参加大部分谈判过程,直到最后一刻才最终决定参加1994年选举,而这几乎使国家陷入危机。为了便于因卡塔自由党的参选,选票上被贴上特殊的贴纸,而这也带来了自身的问题,因为有些选票上的贴纸被遗漏了。随后,人们对该党大本营如何进行选举也产生了严重质疑。②

虽然该党在1994年获得超过十分之一的选票,但随后的几年逐步下滑。前总统雅各布·祖马对祖鲁民族主义的强烈关注吸引了许多因卡塔自由党选民加入非国大。③

因卡塔自由党议员也曾在议会中掀起波澜,例如,特立独行的马里奥·奥利亚尼-安布罗西尼(Mario Oriani-Ambrosini),他在与癌症斗争失败前推动了医用大麻合法化。④另一位议员里兹勒·范

---

① 'Inkatha Freedom Party(IFP)', South African History Online.
② 'The bargain that saved us in 1994', Independent Online, 27 April 2014, https://www.iol.co.za/sundayindependent/the-bargain-that-saved-us-in-1994-1680948, last accessed 12 October 2018.
③ Aubrey Matshiqi, 'KwaZulu-Natal adds to its history of factional rights', *Business Day*, 12 June 2018, https://www.pressreader.com/south-africa/business-day/20180612/281848644305377, last accessed 13 October 2018.
④ Paul Herman, 'IFP welcomes "giant step forward" for medical cannabis use', News24, 24 November 2016, https://www.news24.com/SouthAfrica/News/ifp-welcomes-giant-step-forward-for-medical-cannabis-use-20161124, last accessed 13 October 2018.

德梅尔韦(Liezl van der Merwe)，不顾其他议员最初的嘲笑，一直英勇地表达其对社会福利支付系统混乱局面的担忧。[1]尽管因卡塔自由党的高层领导已经老龄化，但它也培养出像姆库雷科·伦格瓦(Mkhuleko Hlengwa)这样既年轻又有前途的议员，2014 年当选议员时他才 27 岁。[2]在撰写本文时，布特莱齐最近宣布他打算辞职。[3]

人民大会党

塔博·姆贝基被免去总统职务激怒了他在非国大的忠实支持者，他们于 2008 年 10 月向该党递交"脱离文件"，并成立人民大会党——不无讽刺意味地说，该党简称为"竞争"(Cope)。该党开局强劲，2009 年的第一次选举时，由于全国对姆贝基被解职的愤怒，该党获得了 7.42% 的选票，但党内内斗以及组织不善使其在 2014 年的选票降至不足 1%。

人民大会党的成立代表了自 1959 年阿扎尼亚泛非主义者大会(Pan Africanist Congress of Azania)成立以来，非国大首次出现大规模分裂。人民大会党的创始人宣誓效忠《宪法》，因为他们认为那些在雅各布·祖马执政时期仍留在非国大的人员违宪；创始人中包括

[1] Andisiwe Makinana, 'The MP who cared', News24, 19 March 2017, https://www.news24.com/SouthAfrica/News/the-mp-who-cared-20170319-2, last accessed 19 April 2019.

[2] 'News Makers 2016 | Mkhuleko Hlengwa', YouTube, 24 December 2016, https://www.youtube.com/watch?v=yHUy-rLuYbs, last accessed 13 October 2018.

[3] Clive Ndou and News24, 'Buthelezi stepping down as IFP leader', News24, 30 October 2017, https://www.news24.com/SouthAfrica/News/buthelezi-stepping-down-as-ifp-leader-20171029, last accessed 19 April 2019.

非国大前主席,现在仍是该党领导人的莫修瓦·"恐怖"·莱科塔
(Mosiuoa 'Terror' Lekota)。人民大会党的名称来源于 1955 年在索
韦托举行的人民大会集会,《自由宪章》就是在那里起草的。该党成
立的大型集会发生在美国选出第一任黑人总统巴拉克·奥巴马
(Barack Obama)三天前,这让创始人感到一切皆有可能。

人民大会党领导人林达尔·肖普-马福尔(Lyndall Shope-
Mafole),当时任职于豪登省立法机构,他对新政党的意义描述如下:

> 在后种族隔离时代的南非,作为人民的真正代表,人民大
> 会党主张斗争资格的能力让其开创了一个新时代,使得普通
> 公民重新唤起爱国主义。之前那个时代的爱国者只能被下列
> 事件所定义,在流亡地、地下组织或监狱服刑的岁月,或成为
> 一个特定政党的成员,幸运的是这一切如今已成为我们的过
> 去。通过呼吁南非人民团结起来支持我们的宪法和宪政民
> 主,人民大会党开创了一个向所有拥有不同信仰的南非人开
> 放的爱国主义新时代。①

政治记者和评论员阿里斯特·斯帕克斯预言,人民大会党将
"削减(非国大)的规模,这样一来就改变了我们的整个政治格局,
为联合政治的新时代开辟道路,并有望在不久的将来通过投票箱
定期更换政权"。②尽管该党陷入困境,但它标志着南非政治格局的

---

① Michiel Le Roux, *Misadventures of a Cope Volunteer: My Crash Course in Politics*, Cape Town: Tafelberg, 2010, p.10.
② Allister Sparks, *First Drafts: South African History in the Making*, Jeppestown: Jonathan Ball, p.313.

一个重要转变。它为非国大霸权的其他挑战者的出现奠定了基调,如非国大青年联盟前领导人朱利叶斯·马勒马的经济自由斗士党。它也开启了反对党之间更大合作的序幕,使得反对党首次成为一支政治力量。

人民大会党因领导人之间的激烈内讧而解体,也有传言说非国大的内奸和间谍已经渗入该党①。该党的衰落促使学者和女商人曼菲拉·兰菲勒于 2013 年成立了一个新的政党:建设南非党,该党旨在吸引黑人中产阶级和上层阶级以及白人选民的支持,他们希望在没有民主联盟那么多历史包袱的情况下,找到一个反对非国大的可行政党。在与民主联盟短暂亲近后,兰菲勒在第二年便放弃了建设南非党。它只获得令人失望的 0.28% 的选票。

在 2019 年选举前的几个月里,莱科塔将自己重新塑造为白人农民的支持者。作为一名农场主,他在土地辩论中与白人右翼压力集团非洲论坛(Afri Forum)合作反对《宪法》修正案,该修正案将规定无偿征用土地。②

经济自由斗士党

经济自由斗士党在 2014 年的首次选举中仅获得 6.35% 的选票,

---

① SAPA, 'Shilowa "an ANC spy"', *Sunday Times*, 19 January 2011, https://www.timeslive. co. za/politics/2011-01-19-shilowa-an-anc-spy/, last accessed 14 October 2018.

② Mosiuoa Lekota and Suzanne Venter, 'Lekota—a farmer for farmers', *Farmer's Weekly*, 28 November 2008, https://www.farmersweekly.co.za/archive/lekota-a-farmer-for-farmers/, last accessed 15 October 2018.

但该党已经造成了与其规模不相称的政治混乱。该党由朱利叶斯·马勒马领导，他于 2012 年被非国大青年联盟开除后成立了该党。他被开除背后的主要原因是他对祖马的公开批评，而祖马在三年前还称赞他是一位"正在成长的领导人"。祖马在马勒马的家乡塞谢戈（Seshego）的一次集会上说："非国大认可人才和领导力，我们给人民机会。朱利叶斯已经证明了他确实是一位好的领导者，因为他了解人民。"①这些话被证明既具有预言性，又具有讽刺意味。

马勒马因被开除而当众蒙羞。他的支持者在非国大的纪律听证会上制造混乱，向警察和记者投掷砖头和瓶子，并焚烧非国大党旗和印有祖马头像的 T 恤。每次听证会举行时，位于约翰内斯堡中心商务区的卢图利大厦的非国大总部周围都会设置铁丝网路障。在此期间，马勒马还率众进行反抗游行，从约翰内斯堡出发，到达 60 公里外位于比勒陀利亚的联合大厦（Union Buildings），此处是总统府所在地，马勒马在此向祖马表达自己的不满。游行活动包括在桑德顿（Sandton）的约翰内斯堡证券交易所（Johannesburg Stock Exchange，JSE）停留，在此马勒马递交了一份备忘录，表达了对"经济自由"的愿望。②

最终，时任副总统西里尔·拉马福萨驳回了马勒马对其开除的上诉。这一决定在非国大青年联盟的成员中引发不同反应，一些人欢欣鼓舞，另一些人则愤怒不已。当时的报纸头条宣称这是

① Carien du Plessis, 'Zuma calls Malema "leader in the making"', Independent Online, 26 October 2009, https://www.iol.co.za/news/politics/zuma-calls-malema-leader-in-the-making-462670, last accessed 5 June 2019.

② 'ANCYL march moves from Sandton to Pretoria', Independent Online, 27 October 2011, https://www.iol.co.za/news/south-africa/gauteng/ancyl-march-moves-from-sandton-to-pretoria-1166416, last accessed 5 June 2019.

马勒马的末日。①但这仅仅是个开始。

　　经过短暂的停顿休整之后，马勒马作为一股政治力量重新出现并宣布他将成立一个政党：经济自由斗士党。在停顿休整期间，他曾公开提及他正考虑赴中国的政治学院学习（许多非国大的政治家曾在中国接受培训）。经济自由斗士党在 2013 年 10 月的一个烈日下正式成立，但在此之前的几个月就已成为一种现象，其标志性的红色贝雷帽也成为一种令人垂涎的时尚物品。支持者们跋涉到马里卡纳的一块空地上，就在一年前，34 名罢工矿工在此处被警察枪杀。这场大屠杀已经成为政府和大企业勾结起来对付普通民众的象征，而马勒马在为所有人争取"经济自由"的斗争中，也站在这些弱势群体的一边。

　　大批的支持者聚集在尘土飞扬的空地和小山丘（Koppie）上，周围就是许多罢工矿工被警察枪杀的地方，当时 33 岁的马勒马对他们说道："今天一个与众不同的婴儿诞生了，他是一个巨人，能直接行走，能为你们的基本生活工资而斗争。你们必须惧怕这个孩子。"②他概述了他所谓的经济自由斗士党"不容谈判的"愿景和目标，这些内容后来成为该党的"七大支柱"。具体内容如下：

　　1. 无偿征用土地

　　2. 矿山和银行国有化

　　3. 免费教育、医疗和住房

---

① Xolani Mbanjwa, Carien du Plessis and Charl du Plessis, 'The end of Malema', News24, 5 February 2012, https://www.news24.com/SouthAfrica/Politics/The-end-of-Malema-20120205?cpid=2, last accessed 5 June 2019.

② G. Nicolson and T. Lekgowa, 'Marikana: Malema's 2014 battle begins', *Daily Maverick*, 14 October 2013, https://www.dailymaverick.co.za/article/2013-10-14-marikana-malemas-2014-battle-begins/, last accessed 15 October 2018.

4. 提升国家和政府的能力

5. 大规模受保护的工业发展

6. 大规模投资用于非洲经济的发展

7. 公开、负责、廉洁的政府以及社会

该党还重点关注种族问题，这一点具有高度的非洲民族主义特征。当被直接问及此事时，马勒马否认该党不喜欢白人，该党甚至还有少数白人支持者。马勒马在该党的启动仪式上说道："南非白人们，你们不用担心我们，你们应该担心的是你们自己。如果你不准备分享，那么你就是与自己为敌，但是对于那些愿意分享的人，我们将亲吻对方，不管是黑人男子还是白人妻子。"①

马勒马在许多场合曾试探过仇恨言论的界限。首先，2011年，作为非国大青年联盟的领导人，他被判犯有仇恨言论罪，当时他演唱了一首古老的斗争曲，歌词中有"杀死布尔人"内容，指的就是种族隔离制度。随后，他又有些戏谑地将歌词改为"亲吻布尔人"。到了2019年，关于种族政治和白人特权的讨论已经发展到如此地步：当时马勒马被传讯到南非人权委员会（South African Human Rights Commission）面前，因为他说他"还没有"主张为了土地而杀害白人，他还对印度人发表过种族主义言论；该委员会在一项有争议的裁决中认为，马勒马所言不是仇恨言论，因为该言论是在特定背景下所说的。委员会裁定："这并未造成任何伤害。"②

---

① 'EFF launch: Marikana', YouTube, 16 October 2013, https://www.youtube.com/watch?v=hCa-k_CYV1g, last accessed 15 October 2018.

② Lizeka Tandwa, 'Not all hurtful speech is hate speech—SAHRC after findings on Malema', News24, 27 March 2019, https://www.news24.com/SouthAfrica/News/not-all-hurtful-speech-is-hate-speech-sahrc-after-findings-on-malema-20190327, last accessed 7 June 2019.

当马勒马在马里卡纳启动经济自由斗士党时,他宣布自己是祖马的公敌。由于政府迟迟没有谴责警察在那里的屠杀行动,该地已成了总统的禁区,但马勒马却在此处受到英雄般的欢迎。马勒马进一步嘲弄祖马采用的"总司令"头衔,该头衔通常为总统担任武装部队的最高领导人所保留。这是马勒马向祖马发出信号的方式:他完全无视祖马的总统身份;马勒马比民粹主义者祖马更像一个"人民的总统",这一情况可能会让祖马这位老人更加恼火。

马勒马对其政党的军事化态度也反映在他的领导风格上,他不容忍异议或公开竞争。一些经济自由斗士党的创始成员在2014年因领导职位问题被波及而离开该党。其中一些人继续支持祖马,包括安迪尔·蒙西塔马(Andile Mngxitama),他成立了黑人优先土地优先党(Black First Land First, BLF):这是一个在种族和土地问题上比经济自由斗士党更为激进的政党,其成员已经勉强称得上是祖马的捍卫者了。该党在2019年的选举中获得不到2万张选票。

经济自由斗士党将非国大的模式应用于其集会。集会上有表演和舞蹈等壮观场面,有大量的人群,还配备有VIP座位区和嘈杂的摩托车手,但与非国大的集会相比,它们没有那么华丽,但有一种更坚毅和真实的感觉,可能是因为经济自由斗士党的预算较少。在2014年大选之前的最初几年,经济自由斗士党经常抱怨,因为行政部门由非国大控制,他们难以预订到公共体育馆或礼堂举办活动。该党不得不发挥创造力,有时会占用一块开阔的空地来举行公众集会。

受邻国津巴布韦前总统罗伯特·穆加贝的启发,经济自由斗士党也开始与更严重的土地掠夺联系在一起。①该党领导人重新征用看似闲置的私人土地以安置贫困人口。其中一个地方被称为朱朱谷(Juju Valley),位于林波波省首府,马勒马的家乡塞谢戈附近的几公顷私人土地上。已经移民的土地所有者与那里的政党领导人达成协议,他们可以在其一半的土地上搭建棚屋。然而,将这一协议合法化被证明是棘手的,而且自治市当局一直无法也不愿意提供诸如用水、卫生和电力等服务。②该党所有的土地掠夺并非都是如此礼貌,有些是以暴力方式收场的。③

经济是经济自由斗士党政策的主要宗旨。2010 年,当马勒马还是非国大青年联盟领导人时,他就发布了"在我们有生之年实现经济自由"的口号,这与 20 世纪 40 年代一个古老政党的口号遥相呼应。这个口号朗朗上口,被非国大青年联盟和后来的非国大保留下来,马勒马当时甚至把这个口号带到经济自由斗士党。

马勒马呼吁将矿山和土地国有化,意在使其成为非国大黑人经济赋权政策的替代方案,许多年轻人认为非国大的这一政策辜负了他们。经济自由斗士党的政策也推动非国大采用激进的经济转型的说辞,并支持一项要求修改《宪法》的动议,该动议将允许无偿征用土地。"激进的经济转型"口号的残余仍然被非国大的祖马

---

① SAPA, 'Malema wants Zim style land grabs', Fin24, 1 August 2013, https://www.fin24.com/Economy/Malema-wants-Zim-style-land-grabs-20130801, last accessed 7 June 2019.

② Abigail Javier, 'Juju Valley: A "role model" for landowners', Entertainment Weekly, 26 April 2019, https://ewn.co.za/2019/04/26/juju-valley-a-role-model-for-land-owners, last accessed 7 June 2019.

③ Tom Head, 'Julius Malema: Five times his calls for "land grabs" got him in serious trouble', *The South African*, 12 December 2018, https://www.thesouthafrican.com/opinion/julius-malema-land-grabs-court-dec-2018/, last accessed 7 June 2019.

派系所沿用。最初,它是一个响亮的号召,要求尽快将经济所有权转移到黑人手中,但不幸的是,这一观点也与那些涉及腐败和国家劫持的人联系在一起。

和许多 1994 年后成长起来的年轻人一样,马勒马对前总统纳尔逊·曼德拉领导的通过谈判从种族隔离制度完成过渡的做法提出质疑。他还利用民众对政治家和一般政党日益增长的不满情绪。该党的风格不仅体现在议会中,也体现在街头,纠察队和非法占用闲置土地上。他们通过参与制度来运作,同时与制度的失灵保持距离。①温妮·马迪基泽拉·曼德拉被许多人认为是一个激进的煽动者,与曼德拉的和解哲学背道而驰,但自马勒马政治生涯开始她就与他关系密切。尽管马迪基泽拉·曼德拉从未正式加入经济自由斗士党,但她直到 2018 年去世前一直与该党保持着密切联系。

尽管经济自由斗士党将自己标榜为"反腐败组织",但该党领导人本身的道德操守也受到质疑。在非国大青年联盟时期,马勒马被发现逃税数百万兰特(他随后道歉)。②2018 年 10 月,一份报告发现,经济自由斗士党的高级成员从一家小型银行为自己窃取大量资金,而该银行是穷人用来储蓄和领取养老金的银行。该党副主席弗洛伊德·希万布(Floyd Shivambu)被指控通过他的兄弟布莱恩(Brian)获利 1000 万兰特。希万布否认收到这笔钱。③还有

① Ralph Mathekga, *When Zuma Goes*, Cape Town: Tafelberg, 2016, pp.103 – 5.
② 'Sars accepts Malema tax commitment', *The Herald*, 26 May 2014, https://www.heraldlive.co.za/news/2014-05-26-sars-accepts-malema-tax-commitment/, last accessed 15 October 2018.
③ Jenni Evans, 'Floyd Shivambu denies getting R10m from VBS', News24, 13 October 2018, https://www.news24.com/SouthAfrica/News/floyd-shivambu-denies-getting-r10m-from-vbs-20181013, last accessed 20 April 2019.

报道称,该党由香烟走私者资助,社交媒体上的照片显示马勒马与他们合影。

事实证明,经济自由斗士党的议会风格能引起混乱,议员们在这个以前彬彬有礼的机构中不断突破边界,而且变得越来越令人厌烦,而自 1994 年第一届民主议会以来,非国大议员的整体素质也在下降。经济自由斗士党从着装规范下手,坚持要求他们的男性议员穿红色工作服、戴红色贝雷帽出席议会,而女性议员则需穿女仆制服,以符合他们宣称的工人阶级支持者的穿着。当有人谈到要强化议会规则来禁止这种行为时,马勒马威胁要裸体出席议会。①

经济自由斗士党议员十分招摇,而且通常对议会礼仪不屑一顾。他们曾多次干扰和羞辱祖马:先是要求他"偿还"政府为其恩坎德拉的个人农村住宅装修所花费的昂贵"费用"(祖马声称装修是出于安全目的,但保民官的一项调查发现其中一些内容并非如此),后来又嘲讽他与古普塔家族关系密切,后者是一个从国家机构窃取钱财的商人家族。他们曾多次被议会安全部门人员赶出议会。更为严重的是,他们有时也会成为议会厅内警察暴行的受害者,而这种暴行此前闻所未闻。议会的安保工作已经加强到如此程度,以至于在诸如每年议会开幕式这样的喜庆日子里,议会周围都会被栅栏和混凝土屏障所包围。在南非和非洲大陆其他地区的社交媒体上,关于该党与议会"互动"的视频和表情包频频走红,其中马勒马对权威表现出的具有青年特点的反抗对一些人来说是一

---

① 'We won't get to see EFF members naked in Parliament', eNCA, 5 February 2015, https://www.enca.com/south-africa/eff-allowed-wear-overalls-parliament, last accessed 7 June 2019.

种鼓舞,而这在许多非洲文化中却并不常见。

联合民主运动

班图·霍罗米萨(Bantu Holomisa)领导的联合民主运动(United Democratic Movement, UDM)规模不大,但一直拥有坚定的支持者;这使得霍罗米萨能够发挥反对派统合者的作用,尤其是在雅各布·祖马担任总统期间。联合民主运动的得票率从未超过3.4%,2014年仅有1%,其大部分支持者集中在东开普省。

1987年,霍罗米萨通过一次午餐时间政变成为前特兰斯凯家园军政府(Transkei homeland's military government)的领导人,他通过宣称被罢黜的总理斯特拉·西格考(Stella Sigcau)是腐败分子来证明自己政变的正当性。在非国大解禁后,他以最多票数当选为全国执行委员会成员。然而,他于1996年因"败坏党的声誉"而被开除——尽管非国大坚称西格考没有不当行为,但霍罗米萨却向真相与和解委员会陈述当时身为公共企业部部长的西格考收受贿赂。①

1997年9月27日,他与前国民党首席谈判代表勒尔夫·迈耶(Roelf Meyer)共同成立联合民主运动,而他曾在多年前的多党过渡谈判期间就见过这位谈判代表。成立仪式在坎普顿公园(Kempton Park)的世界贸易中心(World Trade Centre)举行,此处

---

① 'Holomisa says his expulsion from ANC is confirmed', South African Press Association, 30 September 2016, http://www.justice.gov.za/trc/media%5C1996%5C9609/s960930b.htm, last accessed 20 April 2019.

也是多次会谈的举办地。然而,迈耶三年后便从政界辞职。

总之,联合民主运动一直是最持久的小型政党之一,它将自己定位为一个道德政党,是"所有南非人的政治家园,通过我们对国家的共同热情在南非主义精神中团结起来,调动我们丰富多样性中固有的创造力"。①自创立该党以来,霍罗米萨一直担任领导人,他对反对派采取了建设性的态度,与民主联盟采取的对抗性态度截然相反。②

该党最重要的时刻是 2016 年 8 月的地方政府选举之后。随着选举结果慢慢揭晓,非国大在大都会的惨淡表现变得十分显著,霍罗米萨却感到振奋。他说:"现在很清楚的是反对党得到了南非人民的授权,他们说'轮到你们了'。"非国大遭受的最大打击之一是丢失纳尔逊·曼德拉湾大都会,包括其东开普省中心地带的海滨城市伊丽莎白港。霍罗米萨补充说道:"我们应该尝试(对大都会)非政治化,讨论治理问题,并确保如果那里有一个联合政府,我们可以把它作为一个展示给全国其他地区的典范。"③

联合民主运动成为大都会执政联盟的一方,但两年后,政治和领导人个性便引发冲突,民主联盟和联合民主运动之间的余波瓦解了他们的联盟。在与非国大达成的协议中,联合民主运动获得市长职位,非国大则在大都会重新掌权。

---

① 'Core Values', United Democratic Movement, http://udm. org. za/about/core-values/, last accessed 16 October 2018.

② Mmakgomo Tshetlo, 'Why Bantu Holomisa has a stronger brand than his party the UDM', 702, 9 October 2017, http://www. 702. co. za/articles/275564/why-bantu-holomisa-has-a-stronger-brand-than-his-party-the-udm, last accessed 16 October 2018.

③ Interview with Carien du Plessis, 5 August 2016.

非洲基督教民主党

在 2004 年最受欢迎的时候，非洲基督教民主党（African Christian Democratic Party，ACDP）获得了 1.6% 的选票，但在 2014 年仅获得 0.57% 的选票。肯尼思·梅舒（Kenneth Meshoe）曾是一名教师和神职人员，自该党成立以来一直担任党主席。[1]尽管在很大程度上该党吸引的是保守的基督徒，但也表示并不局限于"信奉圣经的基督徒"，还声称该党也适用于"那些高度重视道德价值观的人"。该党的竞选活动以家庭价值观为重点。[2]

该党于 1993 年成立，当时距 1994 年第一次民主选举还有 100 天，自成立以来，堕胎相关的观点一直是该党最大的凝聚力之一。它反对按需堕胎和同性恋权利，还反对《宪法》的世俗性，这意味着它是议会中唯一一个在 1996 年投票反对通过《宪法》的政党，但由于该党只有两个席位，因此它的反对无法否决宪法。[3]

2017 年底，一位非洲基督教民主党议员通过一项《私人议员法案》（*Private Members' Bill*），给予父亲休陪产假的权利。然而，随后该党尝试通过一项使妇女更难进行堕胎的法案时遭到拒绝。此前，该党曾试图提议修订《宪法》以纳入未出生婴儿的权利，借此限

---

[1] 'Rev Kenneth Raselabe Joseph Meshoe', People's Assembly, https://www. pa. org. za/person/kenneth-raselabe-joseph-meshoe/, last accessed 16 October 2018.

[2] 'Our Legacy', African Christian Democratic Party, https://www. acdp. org. za/our_ legacy, last accessed 20 April 2019.

[3] Ibid.

制妇女获得堕胎的机会,但未获成功。[1]

泛非主义者大会和其他黑人觉醒政党

泛非主义者大会是一个有着宏大理念的政党,但它在务实方面一直举步维艰。2014 年,该党以 0.21％的得票率在国民议会中获得一个席位,然而,其得票率低于 1994 年的 1.3％。

1959 年,在非洲民族主义者团体脱离非国大后,泛非主义者大会诞生,脱离的具体原因是该团体反对 1955 年通过的《自由宪章》,尤其是序言中表明:"南非属于所有生活在这里的人民,包括黑人和白人。"他们还反对有白人成员的南非共产党在起草《自由宪章》时所发挥的作用。泛非主义者大会领导人认为,此序言使反殖民的土地斗争降格为"纯粹的民权运动"。[2]

泛非主义者大会在反对种族隔离的斗争中发挥重要作用,它于 1960 年 3 月 21 日组织了一次反通行证运动,该运动以警察在沙佩维尔枪杀 69 人的暴力方式结束。泛非主义者大会虽然被查禁,但以类似于非国大的方式,通过其武装派别"非洲真正的主人(Poqo)"发起反对种族隔离政府的斗争。它在流亡期间受到组织问题的困扰,但在 1990 年非国大等其他解放组织一起被解禁之

---

[1] Tamar Kahn, 'Parliament rejects ACDP's abortion bill', *Business Day*, 6 September 2018, https://www. businesslive. co. za/bd/national/2018-09-06-parliament-rejects-acdps-abortion-bill/, last accessed 16 October 2018.

[2] Motsoko Pheko, '60 years: How the "Freedom Charter" betrayed Africans', Pambazuka News, 22 July 2015, https://www. pambazuka. org/governance/60-years-how-freedom-charter-betrayed-africans, last accessed 16 October 2018.

前一直存在。①

　　该党培养了一批南非最伟大的人物,如前副首席大法官迪克冈·莫塞内克(Dikgang Moseneke),他们影响了非国大内部的思想,在非国大内部至今仍有许多钦佩者。然而,近年来主导泛非主义者大会的却是内斗和困境,而不是伟大的思想。2018 年 8 月,泛非主义者大会创始人罗伯特·索布克韦的妻子宗德尼·索布克韦(Zondeni Sobukwe)的葬礼尤其令人沮丧。葬礼于混乱中被毁,只因该党各派系之间的内讧,以及对非国大政府官员按照惯例掌控官方葬礼计划的不满,最终导致葬礼程序的崩溃。副总统戴维·马布扎在抵达后不久便离开了,因为一些送葬者变得暴力起来。他们要求纳留斯·莫洛托(Narius Moloto)也离开,他是泛非主义者大会两个派系之中的一方领导人。②

　　早在 2007 年,领导层的内斗就导致该党一名年轻议员特姆巴·戈迪(Themba Godi)转换阵营,组建非洲人民大会党(African People's Convention)以"成为另一种声音……这样就永远不会背叛革命"。③他占据该党唯一的议会席位。

　　阿扎尼亚人民组织(阿扎波,Azanian People's Organisation, Azapo)诞生于 1978 年的黑人觉醒运动中,此前南非学生组织和黑人大会党(Black People's Convention)等组织被查禁。阿扎波抵制

---

① 'Pan Africanist Congress (PAC)', South African History Online, https://www.sa-history.org.za/topic/pan-africanist-congress-pac, last accessed 16 October 2018.
② Lubabalo Ngcukana, 'Behind the chaos at Sobukwe's funeral', City Press, 26 August 2018, https://city-press.news24.com/News/behind-the-chaos-at-sobukwes-funeral-20180825, last accessed 16 October 2018.
③ 'Welcome to the APC', African People's Convention, http://www.theapc.org.za/, last accessed 16 October 2018.

1994 年的选举，但参加了随后的选举。它曾在议会中只占有过一个席位，并且在 2014 年未能赢得任何席位。①

新自由阵线

新自由阵线（Freedom Front Plus）是一个由白人组成的右翼政党（Right Wing Party），主要成员是讲阿非利堪斯语的民众，在 2014 年获得 0.9％的选票；该党在阿非利堪斯语中的官方名称为自由阵线（Vryheidsfront Plus）。该党目前由议员彼得·格罗内瓦尔德（Pieter Groenewald）领导，并在约翰内斯堡、比勒陀利亚和其他自治市联合执政。

新自由阵线由种族隔离时期的南非国防军（South African National Defence Force）司令康斯坦德·维耳焦恩（Constand Viljoen）将军于 1994 年创立，是一个比国民党更为保守的替代政治组织，支持民族国家（volkstaat），或白人的自决。在 1994 年的第一次选举中，该党获得 2.2％的选票，主要是在奥兰治自由邦和前德兰士瓦省的农村地区，那里聚集着许多白人农民。在北开普省白人私人拥有的飞地小镇奥拉尼亚（Orania），该党几乎得到 100％的支持率。

该党与另外三个右翼政党合并参加 2004 年大选后，在其名称中加入"新"字。该党仍在呼吁建立一个阿非利卡人的民族国家

① 'Azanian People's Organization (AZAPO)', South African History Online, https://www. sahistory. org. za/topic/azanian-peoples-organization-azapo, last accessed 16 October 2018.

（Afrikaner volkstaat），声称"自决权"是"国际"公认的，也是南非《宪法》第 235 条规定的。①最近，该党志在将其反对政府无偿征用土地的意图"国际化"，白人农民认为这一政策对他们的打击最大。2018 年 8 月，该党致函日内瓦联合国人权委员会（United Nations' Human Right Commission），要求他们向南非政府施压，声称无偿征用土地的政策将违反联合国《世界人权宣言》（*Universal Declaration of Human Rights*）中第 17 条保护私人财产所有权的规定。②

---

① 'Mission', Freedom Front Plus, https://www.vfplus.org.za/mission, last accessed 23 February 2019.
② Andisiwe Makinana, 'FF Plus goes international with campaign to stop land expropriation', *Sunday Times*, 27 August 2018, https://www.timeslive.co.za/politics/2018-08-27-ff-plus-goes-international-with-campaign-to-stop-land-expropriation/, last accessed 23 February 2019.

第五章

腐败：种族隔离制度的遗产

从种族隔离的腐败到军火交易

腐败并不是从纳尔逊·曼德拉就任总统那天开始的，但腐败也没有就此停止，尽管曼德拉承诺要整顿政府。种族隔离的腐败蔓延到新南非，包括新的黑人精英。在 20 世纪 90 年代初的敏感过渡时期，大部分种族隔离的腐败行为从未被完全曝光或起诉，因为这样做会触及太多有势力的全球利益集团，包括石油交易商、政治说客、军火商、银行家、政党、外国领导人和情报机构，以及地方防卫力量。人们一直在呼吁重新审视这种腐败现象，在过去的十年里，随着针对前总统雅各布·祖马的国家劫持指控浮出水面，特别是在成立调查委员会调查这起国家劫持之后，这种呼吁更加强烈。

种族隔离时期的后遗症是巨大的。曼德拉的新政府由以前白人统治的省份和黑人家园拼凑而成，每个省份都有自己根深蒂固的公务员利益网络和腐败网络。在解放运动自身的队伍中，混杂着骗子、机会主义者和那些依靠各种捐赠者的资金生活的人。这些活动家中的许多人在政府部门找到工作,并带来他们的关系网,而这些人要么是政客,要么是公务员。同时,私营部门仍然由白人商业利益集团控制,这些集团曾在种族隔离时期蓬勃发展。①

作家和活动家亨尼·范伍伦(Hennie van Vuuren)对种族隔离时期的腐败进行的调查是迄今为止最广泛的调查之一。他在自己所著的《种族隔离,枪支和金钱:利润的故事》一书中写道:在 1994年种族隔离制度结束之前的 15 年里,种族隔离经济在"全球各地嗅到利润的朋友"的帮助下,建立了"庞大的基础设施以打破国际制裁"。"为腐蚀政客,洗白公共和私人资金以及打破国际制裁,一种高度保密的机制被创建。这实际上是宣告公共和私营部门内的关键机构违法。它广泛依赖全球各地右翼商业、政治和情报网络的支持。"也存在着欺骗行为。许多国家在官方层面支持对南非的制裁或公开资助解放运动的同时,秘密地援助和怂恿种族隔离制度的实施。②

南非的腐败甚至早于种族隔离制度。从 17 世纪第一批欧洲人在开普地区定居时起,就存在不择手段以及金钱易手的情况。定居者关注的不是政府利益,而是荷兰东印度公司的利益,香料贸易使该公司成为当时最富有的公司之一。时间过去两个世纪,大英帝国和布尔人之间权力斗争的大部分内容主要是为控制金矿丰富的领土。随着阿非利卡民族主义的兴起和 1948 年国民党的上台,种族隔离成为国家政策,南非黑人被剥夺他们所拥有的任何政治权力。当南非于 1961 年成为一个独立于英联邦(British Commonwealth)的共和

---

① Hennie van Vuuren, *Apartheid, Guns and Money: A Tale of Profit*, Johannesburg: Jacana, 2017, p. 2.

② Ibid., p. 3.

国时,英国资本不得不支持种族隔离制度,以照顾与国民党政府有着密切关系的、新生的阿非利卡白人自治机构的利益。①

尽管人们普遍认为种族隔离政府是一个孤立的政权,但它却在很多地方都有盟友。范武伦发现欧洲、美洲、非洲其他地区和亚洲的 47 个国家与该政权合作,确保武器、贷款和石油继续以高价流入南非。②而这违反 1977 年联合国安全理事会的武器禁运规定,该规定是在联合国大会宣布种族隔离为反人类罪四年后才实施的。这些制裁成为现代国际政治中持续时间最长的制裁。

联合国安理会五大常任理事国本应监督禁运,但他们却串通一气,援助为此目的而成立的南非国有企业阿姆斯科(Armscor)非法购买武器。阿姆斯科公司在当地复制或改进这些武器,并在安哥拉的战场上进行测试,将其销售给其他国家作为海外收入的来源。"深层政府",即这些国家的情报机构、军火公司和中间商,为他们这样的行为提供助力。法国便允许一个由多达 30 人组成的阿姆斯科代表团在南非驻巴黎大使馆指挥破坏制裁的活动,而中国则通过其国有企业中国北方工业有限公司(Norinco),经扎伊尔(现在的刚果民主共和国)秘密地向种族隔离军队提供物资。③由于金砖国家集团(BRICS group)的结盟,俄罗斯和中国是南非日后最大的两个盟友。

银行也是同谋。例如,卢森堡信贷银行(Kredietbank Luxem-

---

① Hennie van Vuuren, *Apartheid, Guns and Money: A Tale of Profit*, Johannesburg: Jacana, 2017, pp. 5—6.

② Hennie van Vuuren and Michael Marchant, '7 Things We Learned About Apartheid Corruption From Apartheid, Guns and Money', HuffPost, 17 July 2017, https://www.huffingtonpost.co.za/hennie-van-vuuren/7-things-we-learned-about-apartheid-corruption-from-apartheid-g_a_23030055/, last accessed 24 January 2019.

③ Ibid.

bourg)帮助阿姆斯科建立了一个由秘密银行账户和空壳公司组成的全球洗钱网络以规避制裁。银行高管们支持白人至上主义的意识形态，另一方面，这些业务也带来丰厚的利润。在巴拿马和利比里亚之间，有一张由 800 多个这样的银行账户和 100 家秘密公司组成的庞大网络。①一些欧洲大银行向种族隔离国家提供的贷款使新政府在 1994 年负债累累。大多数南非人既不同意这些贷款也没有从中受益。②即使在种族隔离制度结束后，国际行为者破坏制裁的活动仍然保密，因为他们可能面临难堪和起诉。③

有助于打破种族隔离制裁的深层政府网络在曼德拉的新政府下继续运作，并腐蚀着民主政治。建立在犯罪和腐败基础上的新的精英契约也随之产生。④1980 年代向种族隔离政权出售武器系统的军火公司和中间商，据称为 1999 年达成的数十亿兰特军火交易向非国大政客行贿。⑤

军火交易，正式名称为"战略防御一揽子计划"，旨在使南非国防军现代化。军事装备如海军舰艇、潜艇、战斗机、直升机和其他装备都是从外国军火商那里购买的。中标者需要在南非投资建厂，以创造就业机会。⑥2001 年，非国大内部开始出现分裂。就在

---

① Hennie van Vuuren and Michael Marchant, '7 Things We Learned About Apartheid Corruption From Apartheid, Guns and Money', HuffPost, 17 July 2017, https://www. huffingtonpost. co. za/hennie-van-vuuren/7-things-we-learned-about-apartheid-corruption-from-apartheid-g_a_23030055/, last accessed 24 January 2019.

② Van Vuuren, *Apartheid, Guns and Money*, p. 157.

③ Ibid., p. 44.

④ Ibid., p. 8.

⑤ Van Vuuren and Marchant, '7 Things We Learned About Apartheid'.

⑥ 'What's the arms deal all about?', Corruption Watch, 15 January 2014, https://www. corruptionwatch. org. za/whats-the-arms-deal-all-about/, last accessed 24 January 2019.

那时,非国大资深议员安德鲁·范斯坦开始质疑这笔交易;当政府采取行动限制对此交易进行调查时,他辞去职务。范斯坦后来搬到伦敦,在那里他致力于提高人们对全球武器贸易的认识。

军火交易是南非后种族隔离时代的第一起重大腐败丑闻。前总统雅各布·祖马是这笔交易的关键人物之一。他仍将因 16 项腐败指控而受审,指控的依据是他先后在担任省经济部长和非国大副主席期间,因一份价值 50 亿美元的合同从法国武器制造商泰雷兹公司(Thales)收受贿赂。受贿总额超 400 万兰特,其中 783 笔款项由他的财政顾问沙比尔·谢赫所处理。谢赫于 2005 年被判有罪并入狱,但祖马成功逃脱法律制裁,直到 2017 年,他的明星效应减弱,腐败指控被重新提起。

十五年来,祖马为免于牢狱之灾的斗争已经定义了南非的政治,并且仍在继续。范斯坦声称,这笔交易中的部分回扣也被用来资助非国大 1999 年的大选活动,这可能解释了政府掩盖真相的因素。例如,在备受批评的武器采购调查委员会(Arms Procurement Commission of Inquiry)上,该党从未被传唤作证;尽管指控确凿,但该委员会在对军火交易调查后进行了澄清。①

阿姆斯科在种族隔离制度结束时销毁许多记录,但范伍伦认为,如果在种族隔离制度结束时适当地公布阿姆斯科的活动,可能会使"腐败的欧洲公司、中间商和南非政客"更难"从种族隔离制度结束后的军火交易中获益"。②航运大亨托尼·乔治亚迪斯(Tony

---

① 'Seriti in more trouble over arms deal probe', News24, 22 March 2013, https://www.news24.com/SouthAfrica/News/Seriti-in-more-trouble-over-arms-deal-probe-20130322, last accessed 20 January 2019.

② Van Vuuren, *Apartheid, Guns and Money*, p.45.

Georgiadis)是种族隔离时期的腐败现象蔓延到新政府的典型代表。乔治亚迪斯的公司与近五十起运往南非破坏制裁的石油运输有关。他后来支付4000万美元以促成军火交易。2010年,他作为祖马商业代表团的成员之一访问英国。

　　由于文件被销毁以及可能的证人减少,调查种族隔离时期的贪污行为正变得越来越困难。政治环境也变得"有毒"且混乱。呼声最高的那些要求调查种族隔离时期罪行的人,他们这样做的目的往往是为了转移大众对他们涉嫌腐败交易的注意力。他们正是那些以"激进的经济转型"名义集合在祖马周围的人员,而这些要调查种族隔离时期腐败行为的威胁往往只是用来抹黑和威胁对他们提出批评意见的人。

国家劫持

　　黑人经济赋权和激进的经济转型在很多情况下成为贪污的幌子,也成为另一起席卷全国的大规模腐败丑闻。它被称为"国家劫持"(State Capture),这是一种委婉的说法"用来描述一种状况,其中一个社会的叙事、方向和价值体系,包括积累模式,均处于精英集团控制之下"。[①]2001年,世界银行的一份报告对这一概念进行首次定义,而在南非则被应用于古普塔三兄弟的行为方式上:阿杰,阿图(Atul)和拉杰什·"托尼"·古普塔(Rajesh 'Tony' Gupta)通过收买方式控制南非政治和总统任命。这类似于一场软

---

① Ralph Mathekga, *When Zuma Goes*, Cape Town: Tafelberg, 2016, p.48.

政变,并牵涉到许多国际公司。①

　　激进的经济转型的言论在一个富人多为白人、穷人多为黑人的国家找到了肥沃的土壤,此言论源自非国大青年联盟领导人朱利叶斯·马勒马,并被祖马及其在非国大的支持者所接受。该言论认为,南非的宪法解决方案一直是激进的经济转型的障碍,因此应该绕过根深蒂固的制度。重点是由国家带动发展,并作为财富的推动者和合同的创作者。然而,现实情况是,此举为赞助网络的巩固提供了机会,并对金字塔顶端的决策者产生了强烈的依赖性。1993 年从印度来到南非的古普塔兄弟,成为国家的外部经纪人。②

　　媒体和公众第一次注意到古普塔家族是在 2008 年,当时他们的企业撒哈拉电脑公司(Sahara Computers)雇用了祖马的女儿杜杜齐勒·祖马(Duduzile Zuma)。到 2010 年,非国大与古普塔家族就一家支持非国大的报纸举行谈判。③《新时代报》(*The New Age*)以及后来的非洲新闻网 7 频道(Africa News Network 7, ANN7)电视台都变成了非国大祖马阵营的喉舌;它依靠来自半官方机构和支持祖马的省政府等机构的赞助资金维持运营。传言由于资金困难,这两家媒体于 2018 年关闭。

　　同年,古普塔家族和祖马之子杜杜赞(Duduzane)收购了钢铁联合企业安赛乐米塔尔公司(ArcelorMittal)数十亿兰特授权交易

① Bhorat et al., 'Betrayal of the Promise: How South Africa is Being Stolen', State Capacity Research Project, May 2017, https://pari.org.za/wp-content/uploads/2017/05/Betrayal-of-the-Promise-25052017.pdf, last accessed 20 April 2019; for more details, see Chapter Six, on the economy.
② Bhorat et al., 'Betrayal of the Promise'.
③ Sam Sole and Stefaans Brümmer, 'Zuma in talks over ANC paper', *Mail & Guardian*, 30 April 2010, https://mg.co.za/article/2010-04-30-zuma-in-talks-over-anc-paper, last accessed 26 January 2019.

的一部分。此举引发疑问，即古普塔家族是否应该从一项旨在赋予黑人权力的计划中获益，这些黑人因种族隔离制度而处于不利地位。古普塔家族发言人加里·奈杜(Gary Naidoo)说："古普塔家族参与阿伊戈比财团(Ayigobi)并不是以他们是明确意义上的黑人为前提的。必须指出的是黑人经济赋权立法并不禁止非黑人参与黑人经济赋权的公司或财团。"①

几年前曾支持祖马上台的科萨图领导人兹韦林齐玛·瓦维对此持批评态度，称这笔交易令人发指。他说："我们正迅速朝着全面的掠夺型国家的方向发展，在这个国家内部，一群势力强大的、腐败的、善于蛊惑人心的政治鬣狗精英阶层日益控制了这个国家，并将其作为敛财的工具。"同样，马勒马对黑人经济赋权提出质疑，他说黑人经济赋权实际上是在让"当权者的孩子和当权者的朋友"致富。②

关于祖马的家庭成员和未来妻子获得工作和利益的指控不断增加(杜杜赞在古普塔企业中担任高级职务)。与此同时，古普塔家族见证了一系列对他们有利的交易。国有企业被榨取利润。南非国家电力公司(Electricity Supply Commission, Eskom)的煤炭合同在可疑的情况下被交给古普塔公司，他们还获得一份价值540亿兰特的合同用于采购国有运输集团(State-owned Transnet)的机车，该数额比军火交易的还大。事实证明，这些机车的尺寸不适

---

① Lianne Friedman, 'How did Guptas qualify for BEE steel deal?', EconoServ, 25 August 2010, https://www.econoserv.co.za/how-did-guptas-qualify-for-bee-steel-deal/, last accessed 26 January 2019.

② Helen Grange and Agiza Hlongwane, 'Zuma's billion rand gift', Independent Online, 12 September 2010, https://www.iol.co.za/news/zumas-billion-rand-gift-680446, last accessed 26 January 2019.

合在南非铁路上运行,调查人员后来还驳斥了承诺的地方能力建设补偿,其最终结局与军火交易相似。[①]

当南非国库(National Treasury)阻止国有企业进一步的违规交易和不负责任的支出,以及许多人认为南非无力承担的核电站被收购时,国库随即遭到猛烈攻击。2015 年出现的一份虚假情报报告指向特定个人,他们在短时间内被撤职,从而清除了国库的大部分机构记忆。"蜘蛛网计划"(Project Spider Web)离奇地宣称"白人当权派"和私营部门通过一项名为"葡萄藤项目"(Project Grapevine)的计划对国库产生"巨大影响",该计划是在种族隔离制度末期酝酿出来的。这一计划应该是由国家情报部门起草的,并得到了奥本海默家族(Oppenheimers)和鲁珀特家族(Ruperts)等老牌大企业家族的资助。[②]

该报告的说法和来源都没有受到调查,但它确实导致财政部部长被解雇。2015 年 12 月,恩兰拉·内内(Nhlanhla Nene)被一位不知名的后座议员德什·范罗延(Des van Rooyen)所取代,但非国大的高级领导人出面,迫使祖马在一两天内改变他的决定并任命前任财政部部长普拉文·戈尔丹(Pravin Gordhan)。当时担任财政部副部长的麦克比西·乔纳斯(Mcebisi Jonas)后来声称,在一次有古普塔兄弟之一和杜杜赞·祖马(Duduzane Zuma)参加的会

---

① amaBhungane, 'Analysis: The R16bn "Gupta premium"—how the Transnet loco-motive acquisition went from R38. 6-bn to R54. 5-bn', *Daily Maverick*, 3 June 2018, https://www.dailymaverick.co.za/article/2018-06-03-analysis-the-r16bn-gupta-premium-how-the-transnet-locomotive-acquisition-went-from-r38-6-bn-to-r54-5-bn/, last accessed 27 January 2019.

② 'Project Spider Web: The full document', Politicsweb, 24 August 2015, https://www. politicsweb. co. za/documents/project-spider-web-the-full-document, last ac-cessed 20 April 2019.

议上，有人向他提供 6 亿兰特支持他担任财政部部长。①在警察和
情报部部长们宣布他们正在调查戈尔丹在一个"流氓间谍小组"中
的作用后，戈尔丹随后被赶下台。到 2016 年 3 月底，乔纳斯也随之
离开。

根据 2017 年一份国家劫持的报告，古普塔家族成为"连接宪
政国家和影子国家网络的关键战略掮客"。他们将接近总统的政
治资本转化为自己的优势，以总统的名义达成交易，以换取合同成
交额的一定比例。②祖马与古普塔家族的密切关系使他失去许多以
前在非国大的盟友，对国库的干预也严重削弱了他的权力。

保民官图利·马东塞拉(Thuli Madonsela)关于古普塔家族国
家劫持的谴责报告迫使祖马任命一个由副首席大法官雷蒙德·宗
多担任主席的调查委员会来调查这些指控。祖马非常聪明地制定
了条款和条件，如此便可使委员会也可以审查古普塔家族以外的
指控。委员会于 2017 年开始举行听证会。

在听证会进行了 34 天后，当委员会听到有关国家劫持的证词
时，祖马的支持者们欣喜若狂；因为这次听证会的变化并没有牵涉
到饱受诟病的古普塔家族，而是涉及由南非白人加文·沃森
(Gavin Watson)拥有的一家安保公司，沃森利用自己在 20 世纪 80
年代与非国大的斗争关系，获得从监狱围栏到青年和遣返中心的
餐饮服务的所有招标。他的公司原名博萨萨(Bosasa)，现在是非洲
全球行动(African Global Operations)，据称该公司贿赂了所有人，

---

① 'Mcebisi Jonas' full statement to state capture commission: "They would kill me"',
News24, 24 August 2018, https://www.news24.com/Columnists/GuestColumn/
mcebisi-jonas-full-statement-to-state-capture-commission-they-would-kill-me-20180824,
last accessed 27 January 2019.

② Bhorat et al., 'Betrayal of the Promise', p.15.

从监狱看守到国会议员和部长,再到祖马本人。他们还用大笔捐款支持非国大,而这一行为直到最近才被法律允许在公众视野之外进行。

前总统塔博·姆贝基曾试图解释非国大政府时期的腐败问题,他表示,当独裁政治结束后出现解放时,"那些在经济上受到压迫和处于不利地位的人认为他们在过去失去了很多东西。因此,他们认为自己有权'弥补'"。①他在非国大的前发言人史末资·恩戈尼亚马(Smuts Ngonyama,现为大使)在谈到他 2007 年涉嫌可疑的商业交易时说过一句著名的话:"我并不是为了贫穷而奋斗。"前情报官员和作家巴里·吉尔德(Barry Gilder)写道:"我们这些从斗争或贫困中走出来进入私营部门的人,受到同样诱惑的冲击,似乎别无选择,只能利用我们仅有的优势在经济和生活方式上迎头赶上,这些优势包括我们的社会、政治和斗争网络。"②

非国大在这类问题上倾向于团结一致。一位非国大前议员说,由他担任主席的议会委员会在对看似腐败的监狱官员进行询问时,他被告知"我们不能这样对待这位同志"。③议员们同样齐心协力保护祖马,即使不法行为的证据已堆积如山。该党与群众密切联系,这使其免受公众批评。④然而,腐败已经成为非国大的痼

① Willie Esterhuyse, *Endgame: Secret Talks and the End of Apartheid*, Cape Town: Tafelberg, 2012, p. 165.

② Barry Gilder, 'Tackle all dimensions of corruption', Independent Online, 12 August 2012, https://www.iol.co.za/sundayindependent/tackle-all-dimensions-of-corruption-1360443, last accessed 3 February 2018.

③ Pieter du Toit, 'Bosasa scandal: ANC knew of "havoc" and they did nothing, Dennis Bloem tells Zondo commission', News24, 1 February 2019, https://www.news24.com/SouthAfrica/News/bosasa-scandal-anc-knew-of-havoc-and-they-did-nothing-dennis-bloem-tells-zondo-commission-20190201, last accessed 20 April 2019.

④ Prince Mashele and Mzukisi Qobo, *The Fall of the ANC: What Next?*, Johannesburg: Picador Africa, 2014, p. 76.

疾,以至于许多人开始认为:党若要自我净化,就必须自杀。

政党资金

七十年来,非国大的政治资金一直不受监管,而且一直保密;尽管目前正在努力通过《政党资金法案》(*Political Party Funding Bill*)对其进行监管,在撰写本书时,该法案仍在酝酿之中。这就使得公众无法真正了解这些关系是如何运作的。例如,执政的非国大接受"来自大型企业,流氓商人和凶残政客等组织"的现金。[1]总理府(Chancellor House)是一家信托机构,直到最近仍是其筹资工具,该机构作为日本巨头日立(Hitachi)公司等公司的"政治首选"合作伙伴,与政府开展业务;这些公司正在南非寻找黑人赋权合作伙伴。关于总理府的媒体报道首次出现在 2006 年,几年后它就被清算了。[2]非国大的筹资工具与以前国民党的融资方式有相似之处,这或许并不令人意外,因为非国大在 2004 年与前种族隔离政党合并时雇用了继任该党的几位国民党领导人作为筹款人。

例如,非国大的进步商业论坛(Progressive Business Forum,PBF)采用了与国民党的秘密阵线类似的模式,即"共和计划"(Projek Republiek)类似的模式,后者的会员模式要求捐助者每年

---

[1] Van Vuuren, *Apartheid, Guns and Money*, p.78.

[2] Phillip de Wet and Mmanaledi Mataboge, 'Chancellor House: R266m for nine years of lies by ANC partner', *Mail & Guardian*, 26 September 2015, https://mg.co.za/article/2015-09-29-chancellor-house-r266-million-for-9-years-of-lies-by-anc-partner, last accessed 22 January 2019.

捐款,这些捐助者通常与政府有业务往来。①进步商业论坛对其事务有一定程度的公开性。记者可以参加其筹款晚宴,它甚至开设了一个网站。②手机公司、银行、南非酿酒厂和小型政府承包商都对此表示支持。尽管这并不违法,但腐败观察家对商业人士为获得与非国大政府领导人和官员,甚至是总统的接触而分层付费的做法表示担忧。前总统雅各布·祖马在论坛晚宴上表示,非国大是"一项好的投资项目",此言论也引发担忧。③

公众对反对党的资金也不甚了解。只有在偶然的情况下,可疑的资助者和做法才会被曝光。例如,民主联盟过去曾收到古普塔家族的资金——该党前领导人海伦·齐勒甚至在他们家的院子里吃过咖喱饭,并称其为"我这辈子吃过的最好的一餐"——以及被判犯有欺诈罪的尤尔根·哈克森(Jürgen Harksen)的资金;而经济自由斗士党领导人据称从香烟走私者那里获利并从南非 VBS 互助银行的行政掠夺行为中受益。④然而,由于担心在申请政府业务时出现负面偏见,反对党对公布其资助者表示担忧。

---

① Van Vuuren, *Apartheid, Guns and Money*, p.85.

② Progressive Business Forum, http://www.pbf.org.za/index.php, last accessed 22 January 2019.

③ Justin Brown, 'Corporate SA buys into ANC's influence peddling scheme', Fin24, 24 December 2017, https://www.fin24.com/Economy/corporate-sa-buys-into-ancs-influence-peddling-scheme-20171224-3, last accessed 22 January 2019.

④ SAPA, 'Zille sent Atul Gupta thank you note for donation', *Mail & Guardian*, 30 January 2013, https://mg.co.za/article/2013-01-30-zille-sent-atul-gupta-thank-you-note-for-donation, last accessed 23 January 2019; Daniel Friedman, 'Links to cigarette smugglers no secret, says Malema', *The Citizen*, 10 July 2018, https://citizen.co.za/news/south-africa/1975301/links-to-cigarette-smugglers-no-secret-says-malema/, last accessed 20 April 2019.

种族隔离时期的把戏？

有一句话经常被认为是纳尔逊·曼德拉在 1994 年劳工联盟科萨图第五次国民代表大会(National Congress)上发表的讲话，其内容如下："如果非国大对你们做了种族隔离政府曾对你们做过的事情，那么你们必须对非国大做出你们对种族隔离政府做过的事。"①科萨图的前总书记杰伊·奈杜(Jay Naidoo)回忆起曼德拉的话，将雅各布·祖马掌控下非国大领导的南非日益加剧的证券化与种族隔离时期相提并论。2012 年，就在非国大选举祖马连任之前，他写道："在经历了种族隔离政府的残酷镇压之后，我对任何政治色彩的政府官员都产生了大量的不信任感，包括目前这批似乎有意要剥夺我们的一些宪法权利的政客。"②

祖马政府似乎有意通过的《保密法案》(Secrecy Bill)就是这种情况的缩影，该法案将泄露或公布机密文件定为犯罪行为。奈杜说："言论自由不是一项新自由主义原则。它是我们为之奋斗的民主的体现。"③试图限制它将类似于种族隔离政府的行为。该法案

① These words are quoted by ANC and opposition politicians alike, and there is a widespread perception that Mandela said them, although AfricaCheck could find no actual record of it: 'Were these words about apartheid and the ANC uttered by Mandela?', AfricaCheck, 28 September 2017, https://africacheck. org/spot-check/were-these-words-about-apartheid-and-the-anc-uttered-by-mandela/, last accessed 29 January 2019.

② Jay Naidoo, 'To my generation: Listen. Listen very carefully', *Daily Maverick*, 3 December 2012, https://www. dailymaverick. co. za/opinionista/2012-12-03-to-my-generation-listen-listen-very-carefully/, last accessed 29 January 2019.

③ Ibid.

是祖马总统任期内政府偏执和保密趋势上升的部分内容，意在掩盖他选择掩饰的任何东西，以逃避公众监督。

2009 年祖马上任后，南非警察局（South African Police Service）变成一支拥有军衔的警察部队，就像 1994 年之前一样；警务人员被政客们非正式地授权可以"开枪杀人"。这个国家的特务们变得越来越服从于政治议程，政府不想解释的一切都是出于"国家安全"的利益而秘密进行的。种族隔离时期的安全法有时也会被用于此目的。1980 年的《国家关键点法案》（*National Key Points Act*）正是如此，祖马威胁要用此法律对那些发布照片的人采取法律行动，照片显示的是祖马在恩坎德拉由国家出资修缮的住宅。该法案随后被取代。2012 年，警察在马里卡纳枪杀 34 名罢工矿工后，另一份奇怪的法律文件浮出水面，而枪杀矿工也成了民主政府领导下由国家支持的最大杀戮。离奇的是，政府以"共同目的"为由，指控 270 名矿工谋杀了他们的同事。这种手段起源于英国法律，被种族隔离政府用来指控活动家杀害了他们的同事，而这些同事其实是死于警察之手。①

拉马福萨会在贪污问题上取得进展吗？

对腐败的定罪骤减至低点，而对国家劫持的担忧却达到最高

---

① Mandy de Waal, 'Apartheid and the Marikana murder charges: a common purpose indeed', *Daily Maverick*, 31 August 2012, https://www.dailymaverick.co.za/article/2012-08-31-apartheid-and-the-marikana-murder-charges-a-common-purpose-indeed/, last accessed 31 January 2019.

点。从 2015 年到 2019 年,警方接到近 2000 起涉嫌腐败案件的举报,但只有 135 起被定罪。白领和有组织的犯罪基本上未受到惩罚。在向优先犯罪调查局(Directorate for priority crime investigation),即霍克斯(Hawks)报告的 2000 起案件中,只有四分之一以上的案件被定罪。[①]

解决腐败之祸不仅对于恢复民众对非国大政府的信心、释放资金来提供政府服务很重要,而且对投资也很重要。美国、英国、德国、瑞士和荷兰对南非的投资占其外国投资总额的 75%,他们均向拉马福萨的投资特使表达了他们的关切,认为政府政策的实施不一致和法治的不执行可能导致投资受损。[②]自拉马福萨于 2018 年 2 月就任总统以来,使南非对外国投资者更具吸引力一直是他议程上的关键项目之一。

拉马福萨花费很长时间才开始行动,部分原因是他是一个谨慎的经营者,但也因为他在非国大的权力控制有些脆弱。党内支持他的人和支持祖马的人几乎各占一半,其中许多人担心自己会遭到起诉。在他成为总统后不久的内阁改组中,他保留了一些牵涉到不法行为但在非国大担任要职的部长,其谨慎程度可见一斑。然而,他确实设法清理了部长们的经济群组。

尽管有报道指出国有企业存在腐败,并建议提起公诉,但在拉

---

① Andisiwe Makinana, 'Bheki Cele reveals "pathetic" corruption conviction statistics', *Sunday Times*, 21 January 2019, https://www. timeslive. co. za/politics/2019-01-21-cele-reveals-pathetic-corruption-conviction-statistics/, last accessed 29 January 2019.

② Peter Fabricius, 'Investor countries' June 2018 memo to Pretoria sparks February 2019 diplomatic incident', *Daily Maverick*, 4 February 2019, https://www.daily-maverick. co. za/article/2019-02-04-investor-countries-june-2018-memo-to-pretoria-sparks-february-2019-diplomatic-incident/, last accessed 4 February 2019.

马福萨担任总统的第一年，并没有发生引人注目的逮捕行动。在祖马任命了使调查机构陷入困境的走狗和无能者之后，新的国家检察长莎米拉·巴托希（Shamila Batohi）也花费将近一年的时间才得以上任。总统调查委员被任命调查此事。拉马福萨对南非外交官说道："我们希望被任命者……不会被捕。我们希望他们尽可能地从抓捕者手中抽身，因为他们需要发挥重要作用。"他承认，腐败是如此普遍，以至于使南非已经接近成为一个"失败的国家"。①

当拉马福萨本人被指控从博萨萨收受钱财用于自己的总统竞选时，他的反腐斗争就变得更加困难了。他一直在尽最大努力控制影响，然而，他的反腐斗争的一个重要考验是，他是否会像南非人希望看到的那样，对包括他自己在内的所有涉嫌腐败的人进行同样的审查。

表 2　南非近期历史上的十大腐败丑闻

日　期	案　件	重要性
20 世纪 70 年代中期	信息丑闻/马尔德门（Muldergate）	从国防预算中转移 6400 万兰特用于开展宣传战，包括购买一家当地报纸并影响国际新闻机构对政府进行有利报道。
1995 年	萨拉菲娜（Sarafina）	在一位剧作家创作了艾滋病病毒/艾滋病剧本后向其支付 1400 万兰特，结果以失败告终。落败的竞标者本可以只用 60 万兰特就完成这项工作。保民官发现此举违反采购规则。时任卫生部部长的恩科萨扎娜·德拉米尼·祖马被发现对议会撒谎，但却被非国大放行。

---

① Peter Fabricius, 'Ramaphosa gives SA ambassadors a better story to sell', *Daily Maverick*, 24 October 2018, https://www.dailymaverick.co.za/article/2018-10-24-ramaphosa-gives-sa-ambassadors-a-better-story-to-sell/, last accessed 4 February 2019.

续表

日　期	案　件	重要性
1999 年	军火交易	国防部在他们不需要的军事装备上花费 300 亿兰特。英国和法国的军火商被发现向南非政客支付回扣，而政客们所承诺的补偿从未兑现。
2006 年	旅行门（Travelgate）	79 名国会议员被指控诈骗议会数百万兰特的公务旅行拨款，其中 14 人认罪。议会最终不得不注销议员们所欠议会的 1200 万兰特欠款。
2016 年	恩坎德拉	在被发现前总统雅各布·祖马在恩坎德拉家中价值超过 2.4 亿兰特的升级改造费用不应由公共财政支出时，他被勒令偿还近 800 万兰特。
2009 年—2017 年	国家劫持	有证据表明，前总统雅各布·祖马与古普塔商人家族勾结，非法将价值数十亿兰特的国家资源重新转入私人腰包。该家族还接管一些行政职能，如任命内阁部长。
2016 年	拨款丑闻	社会发展部在被发现有违规行为后，被命令指定另一家公司来支付社会补助金，但因其办事拖沓，以至于危及向数百万人及时支付补助金。
2017 年	斯泰因霍夫（Steinhoff）	被称为南非商业史上最大的企业欺诈案，全球家居用品和家具公司斯坦因霍夫（也被称为"非洲的宜家"）在大规模的会计欺诈使其股价缩水 85% 后倒闭，其价值高达数十亿兰特。
2018 年	南非 VBS 互助银行掠夺	在一份被称为《最简单的银行抢劫案之一》的报告中，南非 VBS 互助银行的董事和高级管理人员以及与他们保持密切关系的一些政客盗取 20 亿兰特，导致该银行倒闭。据称，有 50 名与非国大和经济自由斗士党有政治关系的个人从中受益，而许多人则失去他们托付给银行的微薄储蓄和养老金。
2005 年—2009 年	博萨萨	博萨萨在被一名心怀不满的前雇员揭发后而进入清算前，获得超过 100 亿兰特的监狱和安保合同，该雇员还披露，该公司每月花费 400 万至 600 万兰特向政客和官员行贿。该公司还赞助非国大的竞选活动。

第六章

经济：发展停滞的解释

从微不足道的殖民地到全球矿业中心

从 17 世纪殖民主义开始到 19 世纪末，全世界都认为南非不外乎是通往更有用之地的一个前哨站。多年来，英国一直把开普视为一个殖民地：以麻烦和冲突的高昂费用为代价生产一些农产品，除此之外别无其他。随着 19 世纪末的矿产革命经历了黄金和钻石的发现，这种情况发生了戏剧性的变化。随后，又经历了至少四个阶段：第一次世界大战后的基本工业化，第二次世界大战后的二次工业化，种族隔离制度下的增长和随后的停滞，以及最后非国大统治下长达四分之一个世纪的、主要是失败的发展。

如第二章所述，19 世纪 70 年代和 80 年代钻石和黄金的发现改变了南非。投资和移民涌入南非，打破了阿非利卡人与他们的黑人邻居在共和国内建立的不稳定平衡。1865 年，英国殖民地和布尔人共和国的白人人口为 26.5 万人。到 1900 年，随着矿工和其他定居者的涌入,这一数字翻了两番,达到 110 万。[1]贪婪和帝国的野心导致了英布战争(1899—1902),这场战争摧毁了这个国家并使控制权落入白人手中。英国提供 300 万英镑用于重建,同时短暂输入中国矿工,以使矿场重新开工。1910 年,南非联邦成立后,前布尔战争的将军们开始管理政府。这是第一次世界大战后部队回国时遇到的情况。尽管南非在 20 世纪 20 年代的全球经济萧条中经历了挫折,但两次世界大战之间的时期是其制造业快速增长的时期。[2]

与此同时,由于布尔战争、干旱和动物疾病的破坏,许多白人农民发现他们在农业上不可能取得成功,于是纷纷涌向城镇和城市。到 20 世纪 20 年代,城市地区充斥着各种种族的贫困人口,争夺稀缺的工作。种族主义者的"文明劳工"政策被引入后为白人保留了最好的工作,巩固了白人的特权。种族之间的工资差异本来就很大,现在又进一步扩大了。

尽管采取了这些措施,但白人的贫困仍未根除。1932 年,一个委员会确认,在 150 万白人总人口中,有多达 30 万的"贫穷白人"。[3]大多数穷人是阿非利卡人,政府采取措施建立阿非利卡人企业,与讲英语的白人竞争。有些是集团企业,旨在促进阿非利卡人

---

[1] Between 1912 and 1939, value added in private manufacturing rose from £8.9 million to £53.8 million. See Charles H. Feinstein, *An Economic History of South Africa*, Cambridge: Cambridge University Press, 2005, p.2.

[2] Johannes Fedderke and Charles Simkins, 'Economic Growth in South Africa Since the Late Nineteenth Century', Working Papers 138, Economic Research Southern Africa, 2009, p. 20, https://econrsa. org/papers/w _ papers/wp138. pdf, last accessed 20 April 2019.

[3] Carnegie Commission report, cited in Dan O'Meara, *Volkskapitalisme: Class, Capital and Ideology in the Development of Afrikaner Nationalism, 1934-1948*, Cambridge: Cambridge University Press, 1983, p.26.

的事业。这些企业包括南非国民人寿保险公司(Sanlam),人民银行(Volkskas bank)和南非殡葬公司(AVBOB)。政府还认识到,有必要通过鼓励第二产业的发展来创造就业机会。这一政策伴随着国家对各种产业的大力支持及所有权归属。铁路被收归国有,随后又于1923年建立了一系列国有企业。南非国家电力公司成立于1923年,钢铁公司(Iron and Steel Corporation, Iscor)成立于1928年。[1]从1938/9年到1948/9年的十年间,阿非利卡人在商业经济中所占的份额从8%飙升到25%。[2]他们在制造业中的份额翻了一番,从3%上升到6%。只有采矿业仍然由讲英语的白人合法独占。到1948年国民党赢得政权时,阿非利卡人这一民族既从事零售业,又从事农业。

到第二次世界大战时,南非除矿业和农业之外,还拥有大量的工业和制造业部门。许多英国人离开南非去参战,而被吸引到城镇的阿非利卡人和非洲黑人则填补了他们留下的空缺。南非经济摆脱了国际竞争而蓬勃发展。

这是一个机会不断增加和工资不断上涨的时期。"制造商积极回应战时进口产品短缺所带来的机遇以及南非战事所提出的新要求。"[3]在此期间产量翻了一番。战争结束后,南非经济继续增长。20世纪50年代和60年代是矿业部门之外的部门迅速多样化的时期,但与此同时,奥兰治自由邦的金矿得到开发,增强了经济实力。新的矿场创造了剩余资本,使其可以投资于采矿业以外的

---

① Feinstein, *An Economic History of South Africa*, p.120.
② Ibid., p.182.
③ Ibid., p.123.

领域。①这些资本进入与采矿业相关的行业,也进入进口替代领域。1924 年成立的非洲炸药和化学制品工业公司(African Explosive and Chemical Industries, AE&CI)就是一个很好的例子:

> 20 世纪 50 年代,非洲炸药和化学制品工业公司开始将其产品从采矿用炸药扩展到其他部门所需的各种产品,包括氮肥、聚乙烯和聚氯乙烯等塑料材料、合成纤维(尼龙)和许多工业化学品。到 20 世纪 60 年代末,它成为南非最大的工业企业之一……并拥有 15000 名劳动力。②

政府还利用关税和进口限制来发展制造业。汽车工业也是如此,政府要求逐渐提升汽车业"本地含量"的数量水平。1969 年时,该计划将本地含量水平定为 66%,预计 1976 年将达到这一水平。因此,私营制造业的就业人数增加了一倍多,从 1948 年的 44 万人增加到 1971 年的 116 万人。③这十年是一个持续增长的时期:在整个 1970 年代,经济年均增长率接近 4%。④

这一战略在经济上大获成功,但它也有两个致命缺陷。首先,经济计划是以种族隔离为前提的,因此容易受到政治动荡的影响。最初,它们将非洲人的工资维持在最低限度的生活水平,从而很好地满足了企业的切身利益。与非国大结盟的黑人工会力量在 20 世纪 60 年代被削弱,罢工和抗议活动被镇压。到 1973 年,工资如

---

① Feinstein, *An Economic History of South Africa*, p.175.

② Ibid., p.176.

③ Ibid., p.184.

④ Fedderke and Simkins, 'Economic Growth in South Africa', p.20.

此之低，以至于黑人群体处于崩溃边缘。《卫报》驻南非记者亚当·拉斐尔（Adam Raphael）发表了一篇震惊英国舆论的报道。这篇报道的题目是《英国公司向非洲人支付的薪酬是"会饿死人的薪酬"》，文章列出了所涉及的公司。[1]这篇报道发表时，正值罢工风潮迭起，特别是在德班地区，而随着时间的推移，这些罢工促使工会运动重生。随后在 1976 年发生了索韦托学生起义。许多孩子们被杀害；起义虽然被镇压，但也标志着公众反抗种族隔离制度意识的觉醒。随着工会运动的发展，公民社会和地方运动的兴起，黑人找到了自 20 世纪 60 年代初以来就一直缺乏的发言权和影响力。抗议活动震撼了整个国家；虽然这最终将有助于使种族隔离制度屈服，但也带来不确定性。"这场旷日持久的实质性对抗为此后 18 年的政治斗争开创了先例，也对经济信心产生了直接影响。"[2]最终导致南非经济状况的恶化和经济增速的下滑。

国际运动揭露了种族隔离制度的现实。随着时间的推移，南非进入其复杂经济所依赖的国际资本市场的机会受到限制。1985 年 7 月，大通曼哈顿银行（Chase Manhattan Bank）停止南非借款人借新还旧，从而引发了一场信任危机。该银行解释道："我们认为政治动荡和经济不稳定带来的风险对我们的投资者来说太高了，因此我们决定退出"。[3]其他银行紧随其后，使南非银行业严重受损：南非 240 亿美元的外债中有三分之二是短期贷款。1968 年 8 月，美国国会颁布《全面反种族隔离法》（*Comprehensive Anti-*

---

[1] Adam Raphael, 'British Firms Pay Africans Starvation Rate', *The Guardian*, 12 March 1973.

[2] Fedderke and Simkins, 'Economic Growth in South Africa', p.26.

[3] Patti Waldmeir, *Anatomy of a Miracle: The End of Apartheid and the Birth of the New South Africa*, London: Viking, 1997, p.56.

Apartheid Act),制定了一项全面的制裁方案。①南非已出现不祥
之兆。

第二,也许不那么明显的是:种族隔离制度阻碍了大众市场的
发展。大多数南非人太穷而买不起他们制造的产品。没有大众市
场(以及随之而来的规模经济),制造业就无法与来自远东的廉价
进口产品竞争。经济史学家查尔斯·范斯坦(Charles Feinstein)总
结说,到20世纪70年代,南非工业化的高水位线已经达到:

> 轻工业几乎没有进一步的余地以取代进口产品,而更复
> 杂的中间产品和资本产品的可比替代受到若干因素的严重限
> 制,包括规模较小的南非国内市场,缺乏必要的技能和技术能
> 力,以及无法充分提高对这些产业的保护程度来取代进口产
> 品,同时又不会对其他国内产业造成重大损害。黑人城市人
> 口的极度贫困也有效地阻止了一些人所吹捧的另一种可能
> 性:"内向型工业化。"②

这一观点也得到哈佛大学一项研究的呼应,该研究将马来西
亚的增长与南非的衰退进行了比较。就在马来西亚设法扩大和发
展他们的制造业时,南非实际上遭受了"去工业化"。这的确是个
悲惨的故事。③

在战后时期看起来充满希望的经济增长已完全停滞下来。南非

---

① Patti Waldmeir, *Anatomy of a Miracle: The End of Apartheid and the Birth of the New South Africa*, London: Viking, 1997, p.56.

② Feinstein, *An Economic History of South Africa*, p.192.

③ Dani Rodrik, 'Understanding South Africa's Economic Puzzles', *Economics of Transition*, vol.16, no.4(2008), pp.769—97.

从一个世界领先的位置跌落到全球经济增长联盟(Global Growth League)的底部。表 3 显示的是南非按不变价格计算的人均国内生产总值增长的下降情况——换句话说,该情况考虑到通货膨胀因素下人均经济价值的不断增加。[1]

表3　按不变价格计算的人均国内生产总值增长情况

	1913—50	1950—73	1973—74
南　非	1.3%	2.2%	- 0.6%
非洲其他地区	0.6%	2.0%	0.8%
亚洲,非日本	0.0%	3.5%	4.3%
世　界	0.5%	4.0%	2.0%

在世界其他国家实现正增长的时候,南非人却一年比一年贫穷。甚至连其他长期以来被南非人嘲笑为竞争对手的非洲国家也开始表现得更加突出。资本开始流出南非,寻找更有利可图和更安全的市场。由于种族隔离制度的终结看起来不可避免,许多商界和政界精英争相将他们的资金存入海外。南非安全部门为这一过程提供便利,他们自己也参与腐败。

非国大掌权

非国大在 1994 年继承的经济既有优势也有劣势。一方面,南非拥有到那时为止非洲最大、最发达和最成熟的经济。抵达约翰内斯堡的游客经常评论说,他们可能已经到达的是美国或欧洲的

---

[1] Feinstein, *An Economic History of South Africa*, p.7.

城市。复杂的高速公路无缝衔接将通勤者从郊区送至豪华的市中心,而现代化的工厂则大量生产各种各样的产品。输电塔横亘在大地之上,一排排一尘不染的玉米延伸到视线所及之地。这些矿场是世界级的,生产着全球经济所依赖的矿物。那里的货币相对坚挺。1994 年,1 美元兑换 3.50 兰特(到 2019 年 1 月已经跌至 1 美元兑 13.84 兰特)。国有企业运作良好,还拥有一个多样化的制造业部门。

然而,在城镇的边缘和"家园"(远离大多数游客的视线),黑人家庭在极端贫困的条件下勉强维持生计。他们被剥夺了电力、卫生设施、清洁用水和现代住宅,与大多数白人同胞相比有着天壤之别。南非是世界上最不平等的国家之一。

非国大在与国民党政府漫长的谈判中达成的隐形"协议"很简单,但却从未被公开声明。黑人将——最终——获得充分的民主权利。作为回报,白人在失去政治垄断地位后,将保留其财富。大多数人留在政治机构中,而少数人则控制着经济。在某种程度上,这和葡萄牙人离开莫桑比克和安哥拉时所发生的事情的后果相同。殖民者突然离开他们的祖国,采取了焦土政策:不完整建筑物的电梯井被水泥填满;甚至灯泡也从灯座上被拆走。非国大决定不会通过挑起白人的逃亡来复制这种做法。他们认为白人的技能和资本对经济的成功至关重要。没有它们,就没有足够的资源使贫困群众摆脱困境。这是笔艰难的交易,而且是暗中达成的。

资本外流推动了这笔交易的紧迫性。到 1989 年德克勒克总统上台时,南非一直以每年 20 亿美元的速度流失资本。[1]其中部分

---

[1] Waldmeir, *Anatomy of a Miracle*, p.133.

是由于猎獗的盗窃和腐败造成的,因为政府和商业精英们在多数人统治出现之前就尽可能多地把自己能藏匿的钱藏在海外了。他们担心非国大可能会没收或将个人或公司的资产国有化。据报道,约 500 亿兰特花费于秘密账户,以逃避联合国实施的武器禁运。①如果要阻止这种资金外流,就必须向国际和本地的投资者作出保证。

　　在结束种族隔离制度的谈判启动后,德克勒克的财政部长德里克·基斯(Derek Keys)便向非国大团队进行情况简报。基斯向非国大经济小组的负责人特雷弗·曼努埃尔(Trevor Manuel)提供了一份对严峻经济形势的评估报告。曼努埃尔又向曼德拉汇报了该情况。曼德拉后来回忆说:"我吓坏了。在我看来,如果我们任由这种情况继续下去……经济将会被摧毁,以至于当一个民主政府上台时,它将无法解决这个问题。"②谈判的僵局被打破,随之双方达成协议。当时的候任总统曼德拉于 1992 年出席在达沃斯举行的世界经济论坛(World Economic Forum)时,该协议得到进一步巩固。尽管非国大长期以来一直呼吁采取激进的经济措施,包括国有化,但在面对国际商界的一致压力下,这些措施都被终止。正如曼德拉当时所表明的那样:"全世界的商界都不会与一个想要将私人财产国有化的政府有任何瓜葛;这是一个现实。你想公然违抗这一现实吗?你做不到。"③激进的改革被搁置;取而代之的是非国大制定的黑人经济赋权。

① Hennie van Vuuren, *Apartheid, Guns and Money: A Tale of Profit*, Hurst, London, 2018, p.34.

② Waldmeir, *Anatomy of a Miracle*, p.213.

③ Ibid., p.256.

激进的改革被"赋权"取代

毋庸置疑,1994 年的状况是完全不可被接受的。黑人男性和妇女在管理职位中所占比例不到 3％,而在约翰内斯堡证券交易所拥有的股份不到 1％。①一项名为"黑人经济赋权"的计划开始实施。该计划旨在通过要求所有企业(除了最小的企业)遵守一种有黑人参与的复杂制度来解决这个问题。该制度包括从所有权和管理权到培训和采购政策的全部内容。根据有关"先前处于不利地位的群体"是否实现了这些目标而给予积分。当然,这就要求南非保留其臭名昭著的种族分类制度,因为没有这一制度,就无法确定这些目标是否已经被实现。人口仍然被分为非洲人、白人、有色人种和亚洲人。

黑人经济赋权的结果并不让人意外,同时也是可预见的。它确实扩大了黑人的所有权和管理权。但也出现了急于与被认可的黑人候选人进行交易的情况。正如社会科学家罗杰·索撒尔(Roger Southall)得出的结论:

> 到 2002 年,黑人经济赋权在石油行业的公司所有权已从两年前的 5.5％增加到 14％;主要的矿业公司都与新兴的黑人公司结成联盟;过去的几年里,在迄今为止黑人经济赋权规模

---

① William E. Jackson, Todd M. Alessandri and Sylvia Sloan Black, 'The Price of Corporate Social Responsibility: The Case of Black Economic Empowerment Transactions in South Africa', Working Paper, no. 2005 - 29, Federal Reserve Bank of Atlanta, p. 1.

最大的一笔交易中,标准银行(Standard Bank)宣布将其 10% 的股份出售给黑人合伙人(其中 40% 的股份将出售给由企业大亨萨基·马科佐马[Saki Macozom]和西里尔·拉马福萨领导的财团),而英国巴克莱银行(Barclays,UK)购买的南非联合银行(ABSA)50.1% 的股份将直接参与由托基奥·塞克斯韦尔(Tokyo Sexwale)领导的巴索·邦克财团(Batho Bonke),并间接参与由帕特里斯·莫塞普(Practice Motsepe)领导的乌班图-巴索(Ubunthu-Batho)财团。[1]

由于可作为合作伙伴的黑人商人和妇女如此之少,人们急于与"合适的"和有政治关系的合作伙伴达成交易。一些与非国大有关系的黑人领导人确实变得非常富有。其中包括现任总统拉马福萨:

前非国大秘书长西里尔·拉马福萨是山杜卡集团(Shanduka,前身为千年综合投资公司[Millennium Consolidated Investments])的执行主席,该集团主要由英国耆卫保险公司(Old Mutual)资助。尽管他最近失去对乔尼克(Johnnic)(剩下)的控制权,但他与第一国民银行(First National Bank)和天达资产管理(Investec)以及英美资源集团/戴比尔斯有着密切的联系,并在米勒公司(SABMiller)、麦克钢公司(Macsteel)、亚历山大·福布斯(Alexander Forbes)(退休金)和标准银行的董

---

[1] Roger Southall, 'Ten Propositions about Black Economic Empowerment in South Africa', *Review of African Political Economy*, vol.34, no.111(2006), p.74.

事会任职。[①]

拉马福萨受益匪浅,成为非洲最富有的商人之一。

一个人数有限的黑人精英阶层出现了,他们很快就住在以前专为白人保留的郊区中。他们与黑人同胞的联系变得疏远。这自然无法满足大多数被归类为"先前处于不利地位"的黑人,因此非国大着手改变其政策。2007 年,为了尝试扩大黑人经济赋权的吸引力,政府启动"广泛的黑人经济赋权"。这些政策自实施以来已被多次调整。尽管取得一些成功,但批评者仍然认为,这些政策除了略微扩大了自后种族隔离时代出现的黑人中产阶级以外,并没有起到更大的作用。大多数非洲人穷困潦倒,他们几乎没有机会能登上这趟即将驶出的列车。2010 年,《经济学人》(*The Economist*)作出总结:

> 在很大程度上,由于这种新的黑人经济赋权精英的出现,后种族隔离时代的南非仍然是世界上最不平等的国家之一。尽管通过向南非 4900 万居民中超过四分之一的人提供福利,贫困有所缓解,但贫富之间的差距却在不断扩大。最富有的 4％的南非人——其中四分之一是黑人——现在的年收入超过 8 万美元,是他们大多数同胞的 100 倍。[②]

---

① Roger Southall, 'Ten Propositions about Black Economic Empowerment in South Africa', *Review of African Political Economy*, vol. 34, no. 111(2006), p. 74.

② 'South Africa's Black Empowerment: The President Says It Has Failed', *The Economist*, 31 March 2010, https://www.economist.com/middle-east-and-africa/2010/03/31/the-president-says-it-has-failed, last accessed 20 April 2019.

时任总统雅各布·祖马承认,黑人经济赋权主要导致"少数人受益匪浅"。他还可以再加上一句:这其中也包括他自己家族中的许多人。即使非国大的政策实现了一定程度的再分配,但问题是它们对经济发展的贡献有多大。在此方面,结果更具争议性,因为一些担任权力职位的黑人男性和妇女并不具备足够的技能或专业知识来作出贡献。他们的进步往往是他们在政治上的成果,而非商业头脑的进步。一些担任了新职务的人很快就陷入困境。随之出现一类顾问,他们为新任命的黑人官员提供定制建议(被称为"耳语者")。分析人士、前总统塔博·姆贝基的弟弟莫莱茨·姆贝基(Moeletsi Mbeki)声称,黑人经济赋权"通过产生一小群生产力低下但富有的黑人裙带资本家",已经对"黑人企业家的出现造成致命打击"。[1]

非国大黑人赋权政策的另一个后果是,年轻的南非白人在社会许多领域中被剥夺了获得高级职位的权利。许多白人专业人士以及印度人和有色人种认为他们在国内前途渺茫,于是动身前往悉尼、纽约和伦敦。一大批才华横溢、受过良好教育的年轻人不再为南非所有。

发展停滞

在非国大执政的四分之一个世纪中,最令人担忧的因素或许

---

[1] 'South Africa's Black Empowerment: The President Says It Has Failed', *The Economist*, 31 March 2010, https://www.economist.com/middle-east-and-africa/2010/03/31/the-president-says-it-has-failed, last accessed 20 April 2019.

是经济增长的乏力。尽管在 2004 年至 2007 年的一段短暂时期内人均年增长率达到或超过 3%,但这只是个例外,而非常态。

表 4 显示了南非自 1994 年以来的人均国内生产总值增长情况:①

表 4 南非的人均国内生产总值增长,1994—2017 年

年　份	人均国内生产总值	年　份	人均国内生产总值
1994	0.9	2006	4.4
1995	1.0	2007	4.3
1996	2.3	2008	2.1
1997	0.9	2009	− 2.6
1998	− 1.1	2010	1.8
1999	0.8	2011	1.9
2000	2.6	2012	0.8
2001	1.3	2013	1.0
2002	2.3	2014	0.3
2003	1.6	2015	− 0.1
2004	3.3	2016	− 1.0
2005	4.0	2017	0.1

缺乏成功的原因有很多,但部分原因是执政党未能坚持和实施其提出的政策。《重建与发展计划》(该计划是 1994 年大选时非国大竞选纲领的部分内容)于 1996 年被抛弃,转而支持《增长、就业和再分配计划》,随后又于 2005 年被《南非加速和共享增长倡议》(*Accelerated and Shared Growth Initiative for South Africa,*

———————

① 'GDP by Country: Statistics from the World Bank: South Africa', South Africa Data Portal, http://southafrica. opendataforafrica. org/mhrzolg/gdp-by-country-sta-tistics-from-the-world-bank-1960-2016?country = South%20Africa, last accessed 20 April 2019.

ASGISA）所取代，最后于 2013 年被《国家发展计划》替代。其中没有任何一项计划得到有效实施。政策随着总统的更迭而改变，但这只会导致不确定性的增加。

社会中最贫穷的人为发展停滞而付出代价，他们面临着越来越高的失业率。据官方统计，在从事经济活动的人口中，每四个人中就有一个人没有工作；如果将这一定义扩大到包括那些已经放弃寻找工作的人，那么总数将超过三分之一。①这些数字的确令人沮丧。年轻人——尤其是年轻的黑人男性和妇女——面临的未来是：他们希望将来从事的那种高薪、有趣的工作前景渺茫。总的来说，困扰国家的社会问题、犯罪和暴力冲突都可以追溯到这个单一来源。未来可改善的前景有限。

2007 年，南非政府人文科学研究委员会（Human Sciences Research Council）执行主任玛丽亚姆·奥尔特曼（Mariam Altman）发表了大量的研究报告，她在报告中指出，只有当南非设法摆脱低增长并在 2024 年前实现 6％的增长率时，失业率才会减半。②即便如此，仍有三分之一的人口将生活在贫困之中。她评论说："我感到震惊，因为我认为如果把失业率减半，那么贫困率也会减半。"但报告发现，即使失业率减半至 13％，仍有 35％的人口可能生活在贫困线以下。奥尔特曼说："我们可能会看到，贫穷将被很多代南非

---

① Statistics South Africa reported that in the third quarter of 2017 unemployment stood at 27.7 per cent. The expanded unemployment rate, which includes those who wanted to work but did not look for a job, stood at 36.8 per cent. 'Quarterly Labour Force Survey', Statistics South Africa, http://www.statssa.gov.za/?p=10658, last accessed 20 April 2019.

② Miriam Altman, 'Employment Scenarios to 2024', Human Sciences Research Council, 2007, http://www.hsrc.ac.za/en/research-data/view/3407, last accessed 20 April 2019.

人所经历。即使失业率大幅下降,我们也必须停止将社会补助视为短期解决方案的想法。"可悲的是,6%的增长目标已经被证明是不切实际的。自 2007 年以来,它从未被实现。事实上,自 2014 年以来,经济增长甚至没有达到 2%。①南非人未能摆脱奥尔特曼在 2007 年就论述过的低增长、高失业率的局面。经济表现甚至还没有达到她所预测的最糟糕情况下的低增长情况。

南非的失业问题本质上是非国大的问题:是昔日政策和做法的结果。斯泰伦博斯大学教授维姆·兰彻德(Vimal Ranchhod)对这一问题总结道:"投资者对风险保持警惕。这包括对财产所有权的威胁,社会和政治的不稳定以及人们所认识到的腐败程度。如果人们不愿意在一个国家投资,那就几乎不可能创造新的就业机会。"②

国家劫持

暴力和犯罪也令投资者望而却步。猖獗的腐败现象也是如此,它困扰着这个国家,以至于与非国大有关联——尤其是与祖马总统有关——的精英阶层据说卷入了所谓的"国家劫持"。③在非国大前财政部部长普拉文·戈尔丹看来,这种情况之所以变得如此

---

① 'Economic growth better than what many expected', Statistics South Africa, 6 March 2018, http://www.statssa.gov.za/?p=10985, last accessed 20 April 2019.

② Vimal Ranchhod, 'Why is South Africa's unemployment rate so high?', GroundUp, 14 February 2019, https://www.groundup.org.za/article/why-south-africas-unemployment-rate-so-high/, last accessed 20 April 2019.

③ For further discussion of state capture, see Chapter Five.

普遍,是因为该党已经忘却了激励其反对种族隔离斗争的精神面貌。"国家劫持和腐败是人类最恶劣本能释放的后果——自我膨胀,忽视更高的使命,将自己的个人利益置于社会利益之上。"在戈尔丹看来,这是一种弥漫在祖马总统任期内的风气。他目睹了政府成员被"误导、欺骗、操纵和滥用权力"的事件。①而政府腐败问题目前正接受宗多委员会的正式调查。②

"国家劫持"一词是由保民官图利·马东塞拉正式使用的——保民官是根据《宪法》而设立的一个审查政府行为的职位。她的长篇报告发现,总统及其同僚参与了一系列不正当,并且可能是腐败的行为。这些行为如此严重,以至于它们相当于控制了国家机构,包括任命和罢免内阁部长。南非一些顶尖学者在 2017 年 5 月发表的一份报告中总结了这些非法活动的综合影响。"尽管腐败现象在各个发展阶段都很普遍,但国家劫持是一个更大的系统性威胁。它类似于一场无声的政变,因此必须被理解为一项政治计划,该计划被激进的经济转型愿景赋予合法性的掩护。"③许多外国公司都与国家劫持有关,包括毕马威和麦肯锡(McKinsey),以及英国公共关系公司贝尔·波廷格(Bell Pottinger),后者在其

---

① Marianne Thamm, 'The core values that once illuminated the ANC now provide the moral backbone of Gordhan's Zondo submission', *Daily Maverick*, 8 November 2018, https://www. dailymaverick. co. za/article/2018-11-08-the-core-values-that-once-illuminated-the-anc-now-provide-the-moral-backbone-of-gordhans-zondo-submission/, last accessed 20 April 2019.

② Commission of Inquiry into State Capture, https://www. sastatecapture. org. za/, last accessed 20 April 2019.

③ Bhorat et al., 'Betrayal of the Promise: How South Africa is Being Stolen', State Capacity Research Project, May 2017, p. 4, https://pari. org. za/wp-content/uploads/2017/05/Betrayal-of-the-Promise-25052017.pdf, last accessed 20 April 2019.

作用被揭露后倒闭。①

与此相关的一个问题是,被非国大"部署"来管理半国营部门的政治权贵和女性领导人对这些部门管理不善。这包括像南非国家电力公司这样的组织,它控制着关键的电力供应部门。金融服务公司标准普尔(Standard and Poor's)警告说,南非国家电力公司面临债务违约的风险。②为解决这一问题,拉马福萨总统已下令将南非国家电力公司拆分为三个国有实体,分别负责发电、输电和配电。③总统在国情咨文演讲中表示,这样做不会给政府带来无法管理的债务负担。然而,鉴于南非国家电力公司深陷财务和运营危机,债务负担高达4190亿兰特,无法从其赚取的收入中支付债务利息,总统谈到的这一目标将难以实现。该公司还在努力维持其电力供应,其老化的工厂以及忽视维护保养使其一再发生故障。

国营航空公司——南非航空公司(South African Airways)自2011年以来一直没有盈利,经常被评级机构列为政府财政的消耗

---

① Stephen Grootes, 'With Moyane's dismissal, Ramaphosa's slo-mo revolution claims a crucial scalp', *Daily Maverick*, 2 November 2018, https://www.dailymaverick. co.za/article/2018-11-02-with-moyanes-dismissal-ramaphosas-slo-mo-revolution-claims-a-crucial-scalp/, last accessed 20 April 2019; Andrew Cave, 'Deal that undid Bell Pottinger: inside story of the South Africa scandal', *The Guardian*, 5 September 2017, https://www.theguardian.com/media/2017/sep/05/bell-pottingersouth-africa-pr-firm, last accessed 20 April 2019.

② Paul Burkhardt, 'Eskom Gets Some Breathing Room With $1.7 Billion Facility', Bloomberg, 28 February 2018, https://www.bloomberg.com/news/articles/2018-02-28/eskom-signs-1-7-billion-short-term-credit-facility-with-banks, last accessed 20 April 2019.

③ Carol Paton, 'Eskom to be split into three SOEs, Cyril Ramaphosa confirms in Sona', *Business Day*, 7 February 2019, https://www.businesslive.co.za/bd/national/2019-02-07-eskom-to-be-split-into-three-soes-cyril-ramaphosa-confirms-in-sona/, last accessed 20 April 2019.

品，并且已经获得总计近 200 亿兰特（16 亿美元）的政府担保。①其财务状况如此严峻，以至于财政部部长蒂托·姆博韦尼（Tito Mboweni）在 2018 年 11 月呼吁采取激进措施。他宣称该航空公司处于"亏损状态"，"这一情况已不太可能解决，在我看来，我们应该关闭它"。②同样地，戈尔丹估计，祖马总统试图推动的一项能够产生 9.6 吉瓦电力的俄罗斯核电站建造计划耗资巨大，可能会导致国家破产。③戈尔丹说，核电站协议的预估成本为 1 万亿兰特（710 亿美元），相当于南非全年的支出预算，完全超出南非的财政能力。两位财政部部长戈尔丹和恩兰拉·内内不愿签署这份巨额协议，这是导致他们被解雇的原因之一。

也许最令人担忧的问题是，南非已经摘完了所有唾手可得的果实。矿产部门已经被彻底勘探过：不太可能有新的重大发现。事实上，现有的矿产大多都已经老化，使用率正在下降。第一产业已经全部开发完毕，无论是啤酒厂还是纺织企业。商业化农业正处于产量高峰期：没有新的土地可供开发。虽然南非仍然受益于所有的这些产业，外加一个充满活力的旅游部门，但新的发展机会有限。要想进入新的领域，就需要一支高技能、自我激励的劳动力队伍，他们能够创新并发现全新的生产或工业领域。南非确实有

---

① Wendell Roelf, 'South African Airways says it needs capital injection "now"', Reuters, 24 April 2018, https://www. reuters. com/article/us-safrica-saa/south-african-airways-says-it-needs-capital-injection-now-idUSKBN1HV1ND, last accessed 20 April 2019.

② Joseph Cotterill, 'South African Airways should be shut down, says Mboweni', Financial Times, 1 November 2018, https://www.ft.com/content/23ff2a6a-ddfd-11c8 8f50-cbac5495d92b, last accessed 20 April 2019.

③ Genevieve Quintal, 'R1-trillion nuclear deal was beyond SA's financial reach, says Pravin Gordhan', Business Day, 20 November 2018, https://www. businesslive. co. za/bd/national/2018-11-20-r1-trillion-nuclear-deal-was-beyond-sas-financial-reach-says-pravin-gordhan/, last accessed 20 April 2019.

能够做到这一点的青年男女,但他们在数量上并不像亚洲,欧洲或美国部分地区那样普遍存在。在过去的四分之一个世纪里,南非人一直在为如何分割现有的经济而争论不休;但他们却未能实现经济增长。

抑制南非经济的关键因素之一是中小型企业的低增长率,尽管政府和非政府组织也曾多次试图改善这一情况。正是该部门的增长为类似的经济体提供了就业机会。正如世界银行所指出的,南非的小型企业在国内生产总值中所占的比例估计在45%到50%之间,而在其他低收入国家,它们的贡献率超过60%,在中等收入国家则为70%。①也许正是这种未能充分发展这些小型企业以及对大型企业的依赖,解释了世界银行强调的另一个现象:南非收入和财富不平等的情况不仅是世界上最严重的,而且自非国大掌权以来还在加剧。或许唯一的改善因素是社会保障金的增长,这一直是穷人,特别是农村地区的穷人的主要收入来源。正如世界银行所观察到的:"在农村地区,来自补助金的收入是迄今为止缩小贫困差距的最大原因。农村贫困差距缩小的69%仅可以用补助金收入来解释。"②

归根结底,"发展停滞"的责任必须归咎于非国大。它对白人和白人所经营的企业的不断攻击打击了人们的信心。该党运用马克思主义的语言,以及无偿征用土地的言论,并没有给投资者(本地的和国际的)巨大信心。由于试图引入新的采矿章程而导致的

---

① Victor Sulla and Precious Zikhali, 'Overcoming Poverty and Inequality in South Africa: An Assessment of Drivers, Constraints and Opportunities', Working Paper, Washington, D.C. : World Bank Group, 2018, p.89.

② Ibid., p.62.

长达十年之久的采矿业缺乏透明度也产生了同样的效果。因此，企业干脆拒绝作出投资决定。以下是约翰内斯堡大学竞争、监管和经济发展中心（Centre for Competition，Regulation and Economic Development）的结论：

> 中心高级经济学家坦多·维拉卡齐（Thando Vilakazi）表示：南非企业正在积累储备金，而不是投资于经济，同时以收购为主导的增长提升了集中度并导致了反竞争行为……2005年至2016年间，约翰内斯堡证券交易所最大的50家企业的现金储备已从2420亿兰特增加到1.4万亿兰特（合950亿美元）。①

增长的前景

有一些迹象表明，西里尔·拉马福萨领导的非国大已经开始根除这些问题，以促进国家的发展。他已逐步将祖马的主要同僚从权力和影响力的位置上移走。其中包括南非税务局局长（Commissioner of the South African Revenue Service）和国家检察长（National Director of Public Prosecutions）。人们一直呼吁总统采取更加迅速和彻底的行动，但他对非国大领导层的微弱控制使之难以实现。拉马福萨总统声称，他的改革以及呼吁企业到南非进行投资正在带来收益。2018年10月，他宣布国家已在一次峰会上

---

① Hanna Ziady, 'Companies hoarding R1. 4-trillion in cash', *Business Day*, 3 August 2017, https://www. businesslive. co. za/bd/economy/2017-08-03-companies-hoarding-r14-trillion-in-cash/, last accessed 21 April 2019.

收到未来五年超过 1000 亿美元的投资承诺。①这其中有多少能真正实现还有待观察。尽管总统说南非已迎来"新的曙光"，但他也承认南非正经历着他所描述的"我们近期历史上非常黑暗的时期"。②民粹主义经济决策的代价，以及政府容忍的猖獗腐败，正在由最贫穷者承担——无论他们是城市失业者还是滞留在农村地区的贫困公民。

展望未来，前景正在改善。据高盛（Goldman Sachs）预测，2019 年南非经济将增长 1.7％。③与 2018 年实现的 0.8％增长相比，这将是一个相当大的提升，但老问题仍然存在。世界银行对南非的预测凸显出这些问题。④2018 年 4 月世界银行发布的《经济更新》（Economic Update）显示，近年来，财富方面的不平等现象非但没有改善，反而有所加剧。也许最乐观的结果是，与以前相比，不平等现象与种族关联性有所降低（尽管种族仍然是一个关键因素）。世界银行用南非"低增长潜力"这一说法来指出南非目前所处的困境（或者更委婉的说法是"受制于"）。世界银行观察到："私

① Guy Johnson, Amogelang Mbatha and Ntando Thukwana, 'Ramaphosa Lauds Success of South Africa's Investment Drive', Bloomberg, 26 October 2018, https://www.bloomberg.com/news/articles/2018-10-26/south-africa-s-investment-drive-ahead-of-target-president-says, last accessed 21 April 2019.

② Jason Burke, 'Ramaphosa says corruption inquiry shedding light on dark period in South Africa', The Guardian, 1 November 2018, https://www.theguardian.com/world/2018/nov/01/ramaphosa-says-corruption-inquiry-shedding-light-on-dark-period-in-south-africa, last accessed 21 April 2019.

③ Alexander Winning and Tiisetso Motsoeneng, 'Goldman forecasts South African economic rebound in 2019', Reuters, 3 October 2018, https://www.reuters.com/article/us-safrica-economy-goldman-sachs/goldman-forecasts-south-african-economic-rebound-in-2019-idUSKCN1MD1FP, last accessed 21 April 2019.

④ 'South Africa Economic Update: Jobs and Inequality', World Bank, 2018, http://pubdocs.worldbank.org/en/798731523331698204/South-Africa-Economic-Update-April-2018.pdf, last accessed 21 April 2019.

人投资增长缓慢,融入全球价值链的程度较低,这些都阻碍了南非从全球范围内出现的新经济机遇中获益,也阻碍了其赶上同等经济体的生活水平。"①

要实现经济增长需要具备三个条件——熟练的劳动力(南非的教育系统未能提供足够数量的劳动力);鼓励国内和国际投资的确定性(目前非国大关于无偿征用土地以及在采矿权问题上含糊其辞的言论损害了这一点);以及打击普遍存在的腐败现象。

正如世界银行所指出的那样:"要减少这种仍然不利于私人投资和创新的不确定性需要就可持续的干预措施达成共识,以有效地和公平地重新分配资产。"②为数不多的潜在的积极进展之一是:经过多年的勘探发现了一个巨大的海上石油和天然气矿藏。这一发现是由法国道达尔公司(Total)在距离海岸 175 公里的"布鲁尔帕达"(Brulpadda,牛蛙)油井中宣布的,据说该油井储存有 10 亿桶石油。③矿产部部长格维德·曼塔什表示,这一发现"可能对经济产生重大推动作用。当我们仍在寻求投资时,该矿藏的发现令我们十分激动"。虽然对南非来说这无疑是一种提振,但其他非洲石油开采国的经验同样有益:对石油的依赖可能导致南非经济的严重扭曲,并加剧腐败。该矿藏将于大约八年后开始产出石油,届时如何处理石油收入将是一个挑战。

归根结底,正是政治上的不确定性和缺乏共识,再加上失败的

① Ibid., p. vii.

② Ibid., p. 36.

③ Paul Burkhardt, 'First Big Oil and Gas Discovery Made Offshore of South Africa', Bloomberg, 7 February 2019, https://www. bloomberg. com/news/articles/2019-02-07/total-discovery-opens-new-petroleum-province-off-south-africa, last accessed 21 April 2019.

教育体系和腐败,使南非陷入低增长、低工资和高失业率的恶性循环。这不可避免地导致了暴力抗议和高犯罪率。摆脱这种恶性循环绝非易事。仅仅是偿还国家的债务利息,政府每天就要花费5亿兰特(3500万美元)。[1]西里尔·拉马福萨需要使国家重回积极的行进方向,回到种族隔离制度结束后最初几年普遍存在的政治共识之中。拉马福萨必须要做的事是复兴曼德拉曾掌管的"彩虹之国",使其充满希望、乐观并愿意让南非人相互分享和学习。这对于国家的经济福祉和政治健康都同等重要。

---

[1] Tim Cohen, 'So, speaking of economics, what happened to that R1. 5-trillion?', *Daily Maverick*, 19 June 2019, https://www.dailymaverick.co.za/article/2019-06-19-so-speaking-of-economics-what-happened-to-that-r1-5-trillion/, last accessed 22 June 2019.

第七章

土地与农业：最棘手的问题

在约翰内斯堡南部你无需走很远，就能看到玉米田（在南非玉米被叫做 maize，而在美国则称呼为 corn）。一排排整齐划一的玉米田一直延伸到视线所及之处。在离德班不远的地方，山丘消失，露出一片绿色的海洋，上面覆盖着甘蔗。驱车离开开普敦，郊区很快与葡萄园融为一体，每块葡萄园都被精心照料与呵护着，就像波尔多山坡上的任何一块葡萄园一样。这是南非农业的精华所在。

南非农业对经济的贡献相当巨大。国家出口的产品包括橙子、葡萄酒、鲜食葡萄和苹果，以及坚果、玉米、羊毛和马海毛。这些产品加在一起，占 2016 年南非出口总收入的 12％，价值 92 亿美元。①在一个有三分之一成年人失业的国家，农业为大约 80 万人提供就业机会，这显然不是一个微不足道的数字。②没有人会怀疑南

---

① 'South Africa—Agricultural Sector', Export.gov, 25 October 2018, https://www.export. gov/article?id＝South-Africa-agricultural-equipment, last accessed 21 April 2019.

② 'Abstract of Agricultural Statistics', Department of Agriculture, Forestry and Fisheries, 2017, https://www. daff. gov. za/Daffweb3/Portals/0/Statistics％20and％ 20Economic％20Analysis/Statistical％20Information/Abstract％202017. pdf, last accessed 21 April 2019.

非的农场和农民发挥着至关重要的作用，为人们提供食物并将产品输送到世界各地。然而，这个部门现在却陷入关于公平和农业遗产的最尖锐的争论中。简单地说，对此部门的指控是：最优质的土地被盗走，农场现在创造的财富被少数白人非法占有。

这并不难理解。与斯泰伦博斯周围一片片郁郁葱葱的葡萄园形成对比的是，东开普省的几十亩荒凉土地。纳尔逊·曼德拉成长的库努（Qunu）村周围的景观也非常不同。除了少量的山羊或牛，以及小块的蔬菜或玉米地之外，鲜有耕作可言。就像许多曾经被制定为黑人保留地和"家园"的地区一样，人们主要靠城市里的亲戚们寄来的汇款、社会保障金或微薄的养老金生活。三分之一的南非人生活在以前的家园地区，总数达 1700 万人。①农业补充了他们的收入，但这主要是为了维持生计。水果和蔬菜在路边或市场上出售，但这对南非的农业总产量贡献不大。

黑人和白人农民之间的这种差距并不是随便出现的：它是政府政策的直接结果。19 世纪，非洲人证明了自己是一流的农民，十分有能力为城镇和矿区的新兴市场供货。而正是对他们的限制和对土地的剥夺才造成了目前的局面。今天，在这些农村地区，以及在环绕城市的许多棚户区或"非正式定居点"，都存在着严重的贫困问题。正是贫穷和强烈的不公平感刺激了对土地重新分配的要求。

对南非来说，很少有比土地问题更困难或更紧迫的问题。更困难是因为它涉及竞争性的历史和当下的索赔；更紧迫是因为解

①　Ed Stoddard, 'Explainer: South Africa's ANC to "test constitution" on land expro-priation', Reuters, 22 May 2018, https://af. reuters. com/article/africaTech/idAFKCNIINILY-OZATP, last accessed 21 April 2019.

决土地问题的尝试迄今都以失败告终。

土地政策

土地重新分配是由朱利叶斯·马勒马的经济自由斗士党推动的。马勒马宣称:"这是完全失去耐心的一代人。"他声称其政党的民粹主义言论及其对非国大的压力已经改变了政治氛围。他解释说:"经济自由斗士党告诉我们的人民:获得土地的最实用方法是占领未被占领的土地,对国家施加压力,该方法已然奏效。此刻,国家和土地所有者开始说道'也许我们该做些什么了'。"①经济自由斗士党的政策很明确:所有土地都应该被无偿征用,并移交给国家,然后由国家向农民发放二十五年的许可证。②该党在 2016 年的地方选举中只赢得 8%的选票,它希望通过充分利用年轻人和南非失业者的挫败感,在 2019 年的大选中取得重大突破。而专家警告说,如果要满足经济自由斗士党的要求,就必须彻底改变土地占有模式。③西开普大学的本·考辛斯(Ben Cousins)教授表明:

① 'Malema Vows to Fight for Land Revolution in South Africa', iAfrica, 12 September 2018, https://www. iafrica. com/malema-vows-to-fight-for-land-revolution-in-south-africa/, last accessed 21 April 2019.

② Economic Freedom Fighters, 'No land ownership for black or white—EFF policy', Politicsweb, 2 March 2018, https://www. politicsweb. co. za/documents/no-land-ownership-for-black-or-white-eff-policy, last accessed 21 April 2019.

③ News24, 'Professor Ben Cousins tells land summit "At least 60% of commercial farmland will have to be distributed", Institute for Poverty, Land and Agrarian Studies, 24 August 2018, https://www. plaas. org. za/news/professor-ben-cousins-tells-land-summit-least-60-commercial-farmland-will-have-be-distributed, last accessed 21 April 2019.

我认为,农业部门并没有充分认识到规模问题的重要性。
至少 60% 的商业农田必须被分配,否则以经济自由斗士党为
代表的民粹主义的破坏性形式将在南非的失业青年中占据主
导地位。

非国大一直在努力寻找适当的对策来应对经济自由斗士党的
民粹主义。2017 年 12 月,该党在其全国选举大会上决定采取无偿
征用土地的政策。①随后的 2018 年 2 月,他们决定支持经济自由斗
士党在议会提出的无偿征用土地的动议。起初,该动议看起来将
成为修改《宪法》的前提步骤,但却被放弃。非国大转而表示,它将
利用现行宪法第 25 条的规定来推行这一政策。2018 年 8 月,拉马
福萨总统在一次电视讲话中阐述了这一政策:

关于土地改革,非国大赞赏我们各行各业的人民——包
括农村穷人、农场工人、失业者、无地者、城市居民、农民和传
统领袖——就这一关键问题表达他们的观点。我们的人民一
直在公开表达他们对土地问题的看法,没有任何恐惧或偏袒。
他们一直在提出关于如何解决土地问题的方案。这就是我们
为之奋斗的宪政民主。

非国大重申其立场,即《宪法》授权我们对社会和经济进
行彻底改革。对《宪法》中财产条款的正确解读使国家能够在
公正和公平补偿的前提下征用土地,也可以为了公共利益进

---

① Lameez Omarjee, 'ANC reaches resolution on land reform', Fin24, 20 December
2017, https://www.fin24.com/Economy/anc-reaches-resolution-on-land-reform-
20171220, last accessed 21 April 2019.

行无偿征用。显而易见,我们的人民希望《宪法》对无偿征用土地有更明确的规定,这一点在公开听证会上得到证明。①

并非只有非国大抵制修改《宪法》的企图。其强大的工会盟友科萨图(Cosatu)也拒绝这一方案,并表示愿意处理民粹主义者的言论,特别是在经济自由斗士党呼吁"进步的"工会成员脱离工会运动之后。②科萨图宣称:"我们将与像经济自由斗士党这样的种族骗子和他们的种族迫害倾向开展斗争,就像我们与傲慢和掌权的白人至上主义者作斗争一样。"

当然,非国大的决定只代表了一项政策的基本内容,但它足以引起市场恐慌。兰特的价值在一个小时内下降了 16%。③不出所料,土地的价值下降了近三分之一。④为了安抚国内和国际投资者的情绪,总统接受了《金融时报》(*Financial Times*)的长篇采访。他在接受伦敦的这家报纸采访时表示:"这不是抢夺土地;也不是对私人财产所有权的攻击。非国大一直很清楚,其土地改革方案

① 'Read in Full: President Ramaphosa's announcement on land expropriation, job creation', *Mail & Guardian*, 1 August 2018, https://mg. co. za/article/2018-08-01-read-in-full-cyril-ramaphosa, last accessed 21 April 2019.

② Jan Gerber, 'It's "moral cretins" EFF vs "white monopoly capital" Cosatu', News24, 5 September 2018, https://www.news24.com/SouthAfrica/News/its-moral-cretins-eff-vs-white-monopoly-capital-cosatu-20180905, last accessed 21 April 2019.

③ Andries Mahlangu, 'Cyril Ramaphosa's land shock unravels rand recovery, currency plunges 16c in an hour', *Business Day*, 1 August 2018, https://www. businesslive. co. za/bd/markets/2018-08-01-cyril-ramaphosas-land-shock-unravels-rand-recovery-currency-plunges-16c-in-an-hour/, last accessed 21 April 2019.

④ Ana Monteiro, 'South Africa Land Prices Drop 32% on Land-Reform Change, Drought' Bloomberg, 10 September 2018, https://www. bloomberg. com/news/articles/2018-09-10/south-africa-land-prices-drop-32-on-land-reform-change-drought, last accessed 21 April 2019.

不应破坏未来的经济投资或损害农业生产和粮食安全。这些提议不会削弱产权，反而会确保所有南非人的权利得到加强，而不只是那些目前拥有土地的人的权利。"他继续向读者保证，他的政府不会重蹈津巴布韦的覆辙。"南非已经从其他国家的经验中吸取了教训，包括什么是有效的，什么是无效的，不会再犯其他国家所犯的错误。"①

像拉马福萨总统的大多数表现一样，他对这次的表现也很有把握，而且判断准确，但我们却很难看到他究竟将如何平衡穷人的关切，并且需要避免损害农业部门的利益。

土地问题的规模

毫无疑问，土地和农场在国家人口群体中的分配是不公平的。在《金融时报》对总统的采访中，他给出了这些按种族划分的农业土地所有权的数据："72％的农场和农业资产为白人所有，有色人种为15％，印度人为5％，非洲人为4％。"

尽管每个人都确信土地分配不均，但这些数字已经受到质疑。在1994年种族隔离制度结束时，人们常说，所有土地的87％为白人所有。②这就假设广袤的自然保护区是白人的。它们的规模巨

---

① 'Exclusive: "This is no land grab", writes Cyril Ramaphosa', *Business Day*, 24 August 2018, https://www. businesslive. co. za/bd/opinion/2018-08-24-exclusive-this-is-no-land-grab-writes-cyril-ramaphosa/, last accessed 21 April 2019.

② 'The Distribution of Land in South Africa: An Overview', Institute for Poverty, Land and Agrarian Studies, http://www. plaas. org. za/sites/default/files/publica-tions-pdf/No1％20Fact％20check％20web. pdf, last accessed 21 April 2019.

大：仅克鲁格国家公园(Kruger National Park)就有威尔士那么大。但这些土地中不包括黑人"家园"或非洲人保留地，因为种族隔离政府认为它们不属于南非。如果将这些土地以及政府拥有的南非的其他土地纳入计算范围，那么情况就会大不相同。一项分析表明，所有土地的 42.7% 由国家控制，这是个巨大的数字，似乎允许政府可以在不征用土地的情况下消除大部分的不平等现象。①

另一个明显的问题是，并非所有的土地都具有同等价值。任何乘飞机飞过南非上空的人都会看到南非西部和中部的大片土地是半沙漠地带。巨大的农场主宰着南非的景观，而每公顷土地上饲养的羊却不超过几头，否则就是充当狩猎场。将几十个这样的农场从白人手中转移到非洲人手中，将对各种族群体所拥有的土地比例产生巨大影响。然而，倡导这种解决方案的人却很少。

在现实中，即使这些问题很重要，但也都是模糊言论。有一种强烈的不公正感可以追溯到几代人之前。非洲黑人被剥夺了其祖先的土地，并且不是在昏暗和遥远的过去。1913 年，《土著土地法》(Land Act)获得通过，该法禁止非洲黑人在占全国 13% 的指定保留地之外拥有土地，甚至租用土地。这只是非洲黑人在漫长历史中被剥夺土地的最近一幕，但却留下不可磨灭的痕迹。谁能忘记索尔·普拉彻的著名感叹，并且他以该感叹作为其政论文章《南非土著生活》的开篇语："1913 年 6 月 20 日，南非土著人在星期五早晨醒来以后，发现他们实际上不是奴隶，而是变成了其出生地上的贱民。"②随后的几

---

① Burgert Gildenhuys, 'State controlled land in four maps', MapAble, 6 March 2018, http://www.mapable.co.za/single-post/2018/03/06/State-controlled-land-in-four-maps, last accessed 21 April 2019.

② Sol Plaatje, *Native Life in South Africa Before and Since the European War and the Boer Rebellion* (1916), Johannesburg: Ravan Press, 1982, p.21.

年中，剥夺财产的情况一直在持续，并且在种族隔离制度下愈发变本加厉。20 世纪 80 年代划时代的"剩余人口项目"（Surplus People Project）发现，在截至 1983 年的 23 年中，共有 350 万黑人被强行赶出"白人"地区。①

由此出现的一个土地问题是，1913 年之前被殖民征服的土地是否应该包括在归还程序中。同样没有简单的答案。有些农场在白人手中的时间几乎与殖民化本身一样长。西蒙·范德斯特尔（Simon van der Stel）于 1685 年获得位于开普敦郊区的格罗特·康斯坦提亚（Groot Constantia）庄园。具有讽刺意味的是，在种族隔离制度下，范德斯特尔会被认为是"有色人种"：他是以前印度裔奴隶莫妮卡·范戈亚（Monica van Goa）的后代。②是否可以就此认定：对土地的要求应该追溯到三个多世纪以前。对土地的占领也不仅限于白人。大约两千年前，班图人（Bantu people）来到非洲南部，迫使该地最早的民族科伊桑人离开故土的绝大部分地区。在 1815—1840 年间，祖鲁族把大量的非洲人赶出他们的传统居住地，并在被称为姆法肯的残酷征服战争中杀害了大约一百万人。土地归还是否应该试图纠正这些不公正现象？这些都是正当合理的问题，找到一种纠正过去错误的方法确实非常复杂。

---

① Lawrine Platzky and Cherryl Walker, *The Surplus People: Forced Removals in South Africa*, Johannesburg: Ravan Press, 1985, p. 30; quoted in Marc Wegerif, Bev Russell and Irma Grundling, *Still Searching for Security: The Reality of Farm Dweller Evictions in South Africa*, Johannesburg: Nkuzi Development Association and Social Surveys, 2005, p. 28.

② 'The Story of the First Two "Coloured" Governors at the Cape—Simon and Willem', Camissa People: Cape Slavery and Indigene Heritage, 17 May 2016, https://camissapeople. wordpress. com/2016/05/17/the-story-of-the-first-two-coloured-governors-at-the-cape-simon-willem/, last accessed 21 April 2019.

自非国大上台以来,它在解决摆在它面前的索赔问题上取得了长足的进步。1994 年通过《归还土地权利法》(*Restitution of Land Rights Act*),此后,归还土地权利委员会(Commission on the Restitution of Land Rights)一直在处理和调查归还土地的索赔。非国大通过归还土地或支付被称为"公平补偿"的款项来实现这一目标。自成立以来,该委员会已经批准了向其提交的 79696 项索赔中的 76023 项。①并且已经支付 229 亿兰特。只有 3673 项索赔仍在调查中。尽管这一进程缓慢,但该任务即将结束。2009—2010 年,只有 33 项土地索赔得到解决,"巨大的预算赤字"被指责为国家缺乏进展的原因。②非国大为整个土地改革计划(归还、保有权改革、重新分配)设定的目标是:在五年内重新分配 30% 的白人所有土地。③当这一目标显然无法实现时,目标日期被延长至 2014 年。

在国家试图重新分配土地的同时,还有另一个更微妙的进程正在进行中。开明的南非种族关系研究所(South African Institute of Race Relations)的弗朗斯·克朗杰(Frans Cronje)早在 2011 年就指出,非洲人、有色人种和印度人一直在买入农业部门,而这改变了土地所有权的平衡状态:

> 如果加上在公开市场上购买的约 200 万公顷土地和国家

---

① 'Strategic Plan 2011 - 2014', Department of Rural Development and Land Reform, 2011, p. 40.

② 'Annual Report 2009 - 2010', Department of Rural Development and Land Reform, 2011, p. 27.

③ African National Congress, 'The Reconstruction and Development Programme: A Policy Framework', Johannesburg: Umanyano, paragraph 2. 4. 1.

通过各种土地改革以及归还程序转让的 600 万公顷土地,非洲人现在可能拥有接近 20％的土地。国家可能拥有南非 25％的土地,这片土地是白人以前占有的 87％的土地的一部分,现在应该从白人的份额中减去;如果再加上黑人土地的份额,这样黑人政府拥有的土地份额就被推高到 45％左右。若再加上有色人种和印度人的土地所有权,他们的土地份额估计高达 10％,那么黑人政府的土地总份额就上升到 55％左右。①

诸多改革尝试以失败告终

重新分配土地的尝试一直是一个令人遗憾的失败故事。非国大自己也承认,大多数努力都没有成功。有证据表明,大多数非洲人自身根本不是真正想要土地;相反,土地被视为摆脱贫困的手段。在接受土地还是获得现金的选择中,92％的人选择经济补偿。②农村发展和土地改革部部长(Minister of Rural Development and Land Reform)古吉莱·恩克温蒂(Gugile Nkwinti)透露了这一可悲的事实。不难看出为什么会出现这种情况,或者说,为什么

---

① Hopewell Radebe, 'Call for land reform clarity', *Business Day*, 1 July 2011, www. pressreader. com/south-africa/business-day/20110701/282686158860247, last accessed 21 April 2019.

② 'Speech by the Minister of Rural Development and Land Reform, Gugile Nkwinti (MP) at the debate on the State of the Nation Address—"Building vibrant, equitable, and sustainable rural communities"—National Assembly', South African Government, 19 February 2013, https://www.gov.za/speech-minister-rural-development-and-land-reform-gugile-nkwinti-mp-debate-state-nation-address-0, last accessed 21 April 2019.

这么多被重新分配的农场最终会被遗弃,或者卖回给土地最初的售卖方:白人农民。

大多数土地重新分配计划都要求将曾为白人农民提供过体面生活的农场移交给一群非洲人。他们被要求作为一个团体或集体来管理土地。很少有人拥有管理如此复杂任务的技能;即使有,他们也很少有经营现代农业企业所需的资金。由于没有人可以单独拥有农场,他们发现很难从银行筹集贷款来为种子、化肥和设备提供资金。如果没有相关的技能、资金或昂贵的设备,这种再分配注定要失败。南非政府人文科学研究委员会在 2003 年的一项研究提供了来自全国各地的令人心碎的范例,说明了这些计划是如何失败的以及为什么会失败。①

爱德华·拉赫夫(Edward Lahiff)就这一问题撰写了大量的文章,针对这些计划所面临的障碍提供了有说服力的深刻见解。他指出,这些新农民一旦获得土地,能得到的也是微弱的支持。最近的研究表明,土地改革的受益者在获得诸如信贷、培训、推广咨询、运输和耕作服务、兽医服务以及产品输入和产品市场等服务方面遇到许多问题。②

即使这些问题能够被克服,还有将作物或牲畜运送到市场的问题。南非超市对他们采购产品的包装、标准和质量保证的要求不亚于世界上任何一个国家。任何第一次向他们销售产品的农民

---

① M. A. Aliber, 'Land Redistribution for Agricultural Development: Case Studies in Three Provinces', HSRC, October 2003, http://www.hsrc.ac.za/en/research-outputs/view/867, last accessed 21 April 2019.

② Edward Lahiff, '"Willing Buyer, Willing Seller": South Africa's Failed Experiment in Market-Led Agrarian Reform', *Third World Quarterly*, vol. 28, no. 8(2007), p.1590.

都会面临巨大的困难。考虑到堆积如山的文书工作和规章制度，试图将产品出口到世界各地也被证明无法实现。即使这些障碍以某种方式被克服了，农场的收入不仅要养活一个家庭，还要养活十几个或更多的家庭，而他们都是农场的新主人。土地再分配的多次尝试均已失败告终，这也就不足为怪了。

据拉赫夫所说：更糟糕的是新农民必须遵守政府制定的预设计划，而这些计划与他们的实际需求几乎没有关系。实际上，黑人准农民被抛弃在一个曾经多产的农场上，几乎没有机会作出成绩。走访夸祖鲁-纳塔尔省的地区，目前闲置的农场数量令人震惊，在曾是种植一排排高高的玉米的地方，杂草肆意生长。牛栏空空如也，只有几只鸡在窝棚外啄食泥土，失业的年轻人则站在一旁，希望能有收获。难怪许多新的黑人农民要将土地卖回给以前的白人农场主。据恩克温蒂表示，近三分之一的农场都出现了这种情况。他说，在政府于2011 年购买的约 600 万公顷的土地中有近 200 万公顷被转售。①

有证据表明，大部分被转让的土地现在都被闲置或废弃。2007 年，据国家广播公司，即南非广播公司（South African Broadcasting Corporation，SABC）的报道，政府为农村社区购买的位于林波波省的 70 个商业农场已经倒闭。该省负责农业的国民议会议员迪凯莱迪·马加齐（Dikeledi Magadzi）表示，政府花费 1 亿多兰特购买的这些农场已经失去生产价值。②马加齐说道：

---

① 'Black farmers selling land back to whites', News24, 31 August 2011, http://www.news24.com/SouthAfrica/Politics/Black-farmers-selling-land-back-to-whites-20110831.

② South African Press Association, 'Government-bought farms collapse', 02 February 2007, https://groups.google.com/forum/#!topic/soc.culture.south-africa/jEyF-HUOZjOs%5B1-25%5D, last accessed 22 June 2018.

> 我们不能让国有资产、国家资金得不到充分利用。当我们宣称我们需要将贫困减半时,我们就需要创造就业机会,对我而言,未能实现这一目标令人不可接受……。本质问题是,国有资产和国家资金不能再像我们看到的那样被闲置浪费了。

除其他因素外,未能产生充满活力的、多产的农场的原因还有内斗和缺乏有效的财务管理。

早在 2009 年,南非《星期日泰晤士报》(*Sunday Times*)就开始警告土地改革对农业产出的影响,并发表题为《土地改革失败,农场倒闭》的长篇揭露文章。邦加尼·姆塞斯瓦(Bongani Mthethwa)报道说:"南非的粮食安全受到其混乱的农村土地改革计划威胁。数以千计的、曾经多产的农场被遗弃,造成主食的严重短缺,这些农场主要集中在夸祖鲁-纳塔尔省、林波波省、姆普马兰加省和东开普省,南非现在的进口粮食比出口的还要多,并且当地的粮食、水果和蔬菜产量已无法跟上人口增长的步伐。"[1]

这位记者讲述了他对全国各地农场进行的为期两周的巡查,期间他发现:

- 东开普省的 20 个优良种植业农场和奶制品农场以 1160 万兰特的价格成交并归还给科克斯塔德(Kokstad)社区,现在已成为非正式定居点;
- 夸祖鲁-纳塔尔省中部地区一个曾经繁荣的马铃薯农场现在变成一个临时足球场;

---

[1] Bongani Mthethwa, 'Farms collapse as land reform fails', *Sunday Times*, 1 March 2009, https://www.pressreader.com/south-africa/sunday-times-1107/20090301/284374080279378, last accessed 21 April 2019.

- 林波波省 10000 人获得的 8000 公顷优质水果和昆士兰坚果农场因 500 万兰特的债务而陷入瘫痪;

- 位于林波波省马戈巴斯克洛夫(Magoebaskloof)的一个曾经价值数百万兰特的茶园已经变成一片杂草丛生的森林;

- 在林波波省的一个垦荒农场,超过 5 吨的昆士兰坚果作物由于品质太差而被倾倒在莱武巴河(Levubu river)中;以及

- 在夸祖鲁-纳塔尔省,由政府建造的向新农民提供农业用水的、价值 2200 万兰特的灌溉系统处于闲置状态。

文章接着引用代理首席土地索赔专员安德鲁·穆费拉(Andrew Mphela)的话,他声称现在评判表现或谈论失败还为时尚早。他说,与"某些地区流行言论和有偏见的报道"相反的是:土地索赔项目并没有失败,而是经历了"挑战"。虽然文章中的一些说法似乎被夸大了,但认为这些问题仅仅是有待克服的"挑战"的观点是难以成立的。恩克温蒂已经公开承认,过去的改革尝试均未成功。①他说:"我们不能再这样下去了。"他继续警告说,如果土地不能被土地接受者所使用,那土地就会被重新分配给那些能有效经营农场的农场主。这是一种"要么使用,要么失去"的情况。

农村"保留地"中的土地

南非有三分之一的人口(大约 1700 万人)生活在以前的"家

---

① 'What Nkwinti said on land reform', Politicsweb, 7 March 2010, http:// www. politicsweb. co. za/politicsweb/view/politicsweb/en/page71656?oid=164364&sn= Detail, last accessed 21 April 2019.

园"地区,即种族隔离政府于20世纪50年代指定的十个地区,这些地区作为黑人应该居住的单独"种族"地区,与南非其他地区相邻,但在政治上却是分开的。这一群体中的大部分人员都是自给自足的农民,在公有土地上耕种小块土地。他们并不拥有自己耕种的土地,即没有"个人土地所有权"。相反,土地由传统统治者或酋长们托管持有。而酋长们到底有什么权利以及如何行使这些权利,是一个激烈争论的问题。

学术界认为,在现实生活中,个人和家庭确实对不变的住宅和农业用地拥有所有权。[1]他们与其他家庭协商获得共同财产资源,如放牧、森林和水源。但与其他南非人不同的是,他们对其持有的专属产权契据上已测量过的地块并不拥有绝对的私人权利,而其他南非人的这一权利可以通过法律强制执行。此外,许多酋长们利用其地位在行使权力时毫不留情。难怪南非前总统卡莱马·莫特兰蒂指责许多传统统治者对生活在他们村庄里的人民表现得像"夜郎自大的独裁者"(tin-pot dictator)一样。[2]

非国大上台后,不但没有对酋长们的权力进行约束,反而提高他们的地位。其中缘由不难理解:酋长们对"他们"的人民有相当大的影响力,而非国大认为酋长们是选举期间动员农村投票的实用工具。一系列法律的颁布加强了这些权力。其中包括2004年大选前出台的《公有土地权利法》(*Communal Land Rights Act*,后

---

[1] Tara Weinberg, 'The Contested Status of "Communal Land Tenure" in South Africa', Institute for Poverty, Land and Agrarian Studies, May 2015.

[2] Tshidi Madia, 'Traditional leaders act like village tin-pot dictators—Motlanthe', News24, 19 May 2018, https://www.news24.com/SouthAfrica/News/traditional-leaders-act-like-village-tin-pot-dictators-motlanthe-20180519, last accessed 21 April 2019.

被最高法院推翻)。该法赋予传统领袖和酋长委员会广泛的权力,包括对公有土地的占有、使用和管理的控制。酋长们还主张他们对其所控制领土上矿产的权利。有些酋长获得了巨额的矿产使用费,如巴福肯酋长(Bafokeng chieftaincy),而单从表面上看酋长代表的是整个社区。[1]

祖马总统不遗余力地鼓励传统统治者维护他们的权利:

雅各布·祖马总统于 2014 年 2 月 27 日告知传统领袖院(House of Traditional Leaders),让他们安排好律师队伍并准备提出土地归还索赔。古德威尔·茨威利蒂尼·卡·贝库祖鲁(Goodwill Zwelithini kaBhekhuzulu)国王于 2014 年 7 月宣布,他将公开代表祖鲁族提出大量土地索赔。茨威利蒂尼国王的索赔将由英格尼亚马信托委员会(Ingonyama Trust Board, ITB)处理,该委员会是国民党和因卡塔自由党在种族隔离制度即将结束的时候达成协议的结果。英格尼亚马信托委员会已经在夸祖鲁-纳塔尔省拥有近 300 万公顷的土地。通过其提出新的土地索赔,该信托委员会打算在夸祖鲁-纳塔尔省以及东开普省、自由邦省和姆普马兰加省获得更多土地。除了茨威利蒂尼国王以外,赫卢比(Hlubi,位于夸祖鲁-纳塔尔省)以及科萨夏夏白(Rharhabe)和太姆布(Thembu,皆位于东开普省)的传统领袖也表示他们打算提出

---

[1] Sonwabile Mnwana, 'Why giving South Africa's chiefs more power adds to land dispossession', The Conversation, 4 April 2018, https://theconversation.com/why-giving-south-africas-chiefs-more-power-adds-to-land-dispossession-93958, last accessed 21 April 2019.

土地归还索赔。①

在非国大处理土地问题时,它必须决定是否将挑战像茨威利蒂尼国王这样的人的权力(不太可能),还是仅仅将对农村人口的责任委托给传统统治者。有一种风险是:生活在"保留地"的人们将被正式或非正式地视为臣民而不是公民。

许多农村社区极度贫困。官方研究证实了这一点。一份全面考察东开普省的报告得出这样一个残酷的结论:"在我们成功的民主制度实施十多年后,东开普省仍然陷于结构性贫困,这表现在其人口、健康和社会经济状况的各个方面……东开普省的贫困是一场国家灾难。"②向这些地区提供扶持的能力因地方政府的不良状况而受到削弱,而地方政府在农村地区的效率往往最低。表现最差的城市几乎都在以前的"家园"地区。③

结　论

归根结底,土地问题确实是一个难以解决的问题,无法用任何简单的措施来处理,而作为拉马福萨政府的一个优先事项,避免对

---

① Weinberg, 'The Contested Status of "Communal Land Tenure"', p. 16.
② Monde B. Makiwane and Dan OD Chimere-Dan (eds), 'The People Matter: The State of the Population in the Eastern Cape', Research and Population Unit, Eastern Cape Department of Social Development, 2010, pp. 15—16.
③ 'State of Local Government in South Africa: Overview Report', National State of Local Government Assessments, Working Documents, Department of Cooperative Governments and Traditional Affairs, 2009, p. 77.

农业部门的干扰很可能是难以实现的。正如商业农民的游说团体——南非农业协会(AgriSA)的副主席西奥·德雅格(Theo de Jager)向总部位于伦敦的报纸《独立报》(*The Independent*)抱怨的那样:"基本问题是,政府从未将土地改革和农业作为一枚硬币的两面来对待。"①显然,国家继续提供充足的廉价食品供应,并且与此同时有效处理过去的不公正问题仍然至关重要。

为了尝试解决这些复杂的问题,拉马福萨政府向公众进行了广泛的咨询。公众提交了成千上万的意见书,而密集的公开会议则听取当地人的意见。由于收集信息之多,收集信息的委员会不得不呼吁延长其任务期限。②政府正试图形成一种新的共识。由非国大前秘书长格维德·曼塔什和共产党高级党员杰里米·克罗宁(Jeremy Cronin)领导的工作组正在起草一份即将出台的征用法修正案,其中还明确规定了哪些土地将被无偿征用。③

工作组首先确定了符合征用条件的土地和地产——未利用的土地、非生产性和纯投机性的商业地产、国家拥有的未充分利用的地产,最后还包括由缺少产权的(absentee titleholder)劳工租户(labour tenant)耕种的土地。通过对这四种土地类型的确认,非国

---

① Alex Duval Smith, 'Apartheid land reforms in chaos as blacks sell farms back to whites', *The Independent*, 3 September 2011, https://www.independent.co.uk/news/world/africa/apartheid-land-reforms-in-chaos-as-blacks-sell-farms-back-to-whites-2348437.html, last accessed 22 April 2019.

② Wendell Roelf, 'South Africa land reform panel swamped with submissions, asks for delay', Reuters, 27 September 2018, https://www.reuters.com/article/us-safrica-land/south-africa-land-reform-panel-swamped-with-submissions-asks-for-delay-idUSKCN1M720X, last accessed 22 April 2019.

③ Ferial Haffajee, 'ANC Floats New Deal On Land Expropriation Without Compensation', HuffPost, 22 May 2018, https://www.huffingtonpost.co.za/2018/03/28/anc-floats-new-deal-on-land-expropriation-without-compensation_a_23397146/, last accessed 22 April 2019.

大试图确定哪些土地将成为具体目标。《赫芬顿邮报》(*HuffPost*)援引克罗宁的话说道,无论是农村还是城市,《人权法案》和《宪法》中的财产条款并不是实行有效土地改革的障碍。"有偿或无偿征用土地只是实现公正、公平、可持续和绝对必要的土地改革的一种手段,而且可能不是主要手段。"他还说,南非"需要就如何解决土地问题进行理性的、符合宪法规定的和具有爱国主义的商讨,以此作为所有南非人迎接新曙光的一个片段"。①

　　这一章所说明的不仅仅是围绕土地问题的复杂性和敏感性,还有几乎无法克服的改革问题。南非的土地所有模式中蕴含着过去几个世纪的不公正现象。让非国大感到无比沮丧的是,土地问题非常清楚地凸显出该党在政府权力中的局限性,以及它无力解决一个几代人都确定要面对的问题。迄今为止,该党还无法响应《自由宪章》的号召,将所有土地"在耕作者之间重新分配,以解决饥荒和土地荒缺",与此同时为人民提供食物并维持有活力的农业出口部门。②

---

① Ferial Haffajee, 'ANC Floats New Deal On Land Expropriation Without Compensation', HuffPost, 22 May 2018, https://www. huffingtonpost. co. za/2018/03/28/anc-floats-new-deal-on-land-expropriation-without-compensation_a_23397146/, last accessed 22 April 2019.

② 'The Freedom Charter', South African History Online, https://www. sahistory. org. za/article/freedom-charter, last accessed 26 April 2019.

第八章

教育：最薄弱的环节

你会在南非各地看到这样的景象：一群群小孩子们在回家的路上快乐地聊天。然而，对许多父母来说，购买他们所穿的时髦校服是一笔巨额支出。对大多数贫困家庭来说，虽然学校教育免费，但要满足其他要求就必须年复一年地节衣缩食。忍受这种困难的家庭这样做的目的是希望他们的孩子能得到比他们更好的教育；希望教育成为通往美好工作和稳固未来的途径。然而，一代又一代的儿童正在被辜负。他们所接受的，让他们的家庭付出如此大代价的教育往往令人震惊。《经济学人》的评价很残酷："南非教育是世界上最糟的教育体系之一。"[1]事实上，南非今天的学校教育可以说不如种族隔离时期那样令人满意，当时的"班图教育"（Bantu Education）旨在让黑人男女从事最差的工作，其前景也是最差的。

---

① 'South Africa has one of the world's worst education systems', *The Economist*, 7 January 2017, https://www. economist. com/middle-east-and-africa/2017/01/07/ south-africa-has-one-of-the-worlds-worst-education-systems, last accessed 22 April 2019.

正如教育家和政治家曼菲拉·兰菲勒博士所言,如果那些在1976年索韦托起义中为自由而战斗和牺牲的人今日归来,谁能解释教育体系"在今天甚至比在种族隔离政府时期国家实行的'贫民窟教育'还要糟糕"?①并非只有兰菲勒这样认为。维特瓦特斯兰大学商学院的讲师拉贝拉尼·达加达(Rabelani Dagada)2013年曾说过:"经过20年的民主,教育水平急剧下降。这比所谓的班图教育还要糟糕。"②

在某些方面,此种比较并不公平。在种族隔离时期,许多来自贫困家庭的儿童根本没有上过学;而今天则有全民义务教育。过去最好的学校正在与今天的普通学校进行比较。尽管如此,这一成绩仍然是对非国大在职时期的可耻控诉。对许多人来说,此种观点令人费解,因为这与非国大的承诺和非国大领导人对其人民的期望完全相反。那么,这种不幸的事态是如何产生的呢?

通往失败的道路

非国大自身的历史上就有许多在学习上表现出色的人。非国大第一任总书记索尔·普拉彻在金伯利附近的一个偏远村庄接受过传教士教育。然而,恩斯特(Ernst)和玛丽亚·韦斯特法尔

---

① Education 'worse than under apartheid', News24, 23 March 2012, https://www.news24.com/SouthAfrica/News/Education-worse-than-under-apartheid-20120323, last accessed 22 June 2019.

② SAPA, 'Bantu education was better: academic', *Sunday Times*, 15 August 2013, https://www.timeslive.co.za/news/south-africa/2013-08-15-bantu-education-was-better-academic/, last accessed 22 April 2019.

(Maria Westphal)的教学是如此出色，年轻的索尔又是如此渴望学习，以至于他成为他那一代人中最雄辩的作家之一。[1]普拉彻将莎士比亚作品翻译成塞茨瓦纳语(Setswana)，他在日记中对布尔战争期间梅富根城战役的描写是无与伦比的。他也不是特例，许多编辑、学者和宗教领袖都曾支持非国大。很多早期的律师都在其队伍之中，奥利弗·坦博和纳尔逊·曼德拉延续了这一传统。正是这段历史才让目前的事态如此难堪。

要理解为什么会出现这种情况，需要考虑在种族隔离制度下的教育意味着什么。1953 年的《班图教育法》(*Bantu Education Act*)是国民党政策的基石之一。它的法律条款要求所有的教育机构，从幼儿园到大学都要进行种族隔离。种族隔离制度的缔造者亨德里克·维沃尔德(Hendrik Verwoerd)明确指出政府培养非洲学生的目标是："[班图人]在欧洲社会中没有能超出某些劳动形式水平的地位……如果班图人的孩子在实践中不能使用数学，那教他们数学有什么用呢？"[2]种族隔离政府对有色人种和印度人也实行过类似的种族歧视立法。对他们的孩子而言，教育的目的不是为了启蒙和激励，而是为了顺从和控制。

因此，非国大 1955 年《自由宪章》中的教育章节以"学习和文化的大门将被打开"这一响亮的宣言为开篇，这也就不足为奇了。继而又重复了 1955 年《世界人权宣言》中的承诺：

● 教育对所有儿童应是免费的、义务的、普遍的和平等的。

---

[1] Brian Willan, *Sol Plaatje, A Life of Solomon Tshekisho Plaatje, 1876 – 1932*, Johannesberg: Jacana, 2018, p.18 ff.

[2] Xolani Qubeka, 'Why the legacy of Bantu Education lingers on', *Cape Times*, 5 May 2017, https://www.pressreader.com/south-africa/cape-times/20170505/ 282059096906550, last accessed 26 April 2019.

- 高等教育和技术培训应通过国家津贴和根据成绩颁发的奖学金向所有人开放。
- 应通过大规模的国家教育计划来结束成人文盲现象。
- 教师应享有与其他公民一样的一切权利。
- 文化生活、体育和教育中的肤色障碍应被革除。①

1976 年的索韦托起义在很大程度上是由于约翰内斯堡郊区的学生对他们所接受的教育怒火中烧而引起的。将阿非利堪斯语作为特定科目的教学语言(许多约翰内斯堡的教师甚至不懂该语言,或者说得很差)是压倒学生们的最后一根稻草。从 6 月 16 日开始,在长达三天的时间里,孩子们与警察展开了激烈的斗争。持自动武器的警察向学生们开火。仅在第一天,也许就有多达 200 人被杀:死亡人数无法确切统计。

在种族隔离制度接近尾声之际,尽管不再像 1976 年那样,但政府所提供的教育是高度不平等的。在索韦托起义之后,黑人教育的开支有了大幅增加。然而,教育部门仍然存在着严重的不平等。下列是 1993 年国家对每个儿童的支出数据:非洲儿童为 1659 兰特,有色人种儿童为 2902 兰特,印度儿童为 3702 兰特,白人儿童为 4372 兰特。②白人儿童一般在现代建筑中以相对较小的班级授课,而许多非洲儿童则在临时学校接受教育,班级拥挤不堪,书籍和其他资源不充足。在农村地区和农场,多个班级的非洲儿童往往不得不共用没有课桌的教室,在石板上写字。

---

① 'The Freedom Charter', South African History Online, https://www.sahistory. org.za/article/freedom-charter, last accessed 26 April 2019.

② Zandile P. Nkabinde, *An Analysis of Educational Challenges in the New South Africa*, Lanham; New York; Oxford: University Press of America, 1997, p.44.

更糟糕的是,许多非洲学校的教师培训不足,报酬低下。白人教师通过完全认证的大学和教育学院毕业,如果他们愿意,他们所获得的学位允许他们以后离开教师行业。非洲黑人把教书看作是聪明且有抱负的孩子摆脱贫困的少数途径之一,但他们所接受的教育并没有为他们提供有用的学位。正如一位作家所总结的:"在种族隔离制度下,黑人的高等教育选择实际上仅限于'教学或传教'。"①可悲的是,这种情况继续存在着。曾在一些最贫穷的学校工作过的梅兰妮·史末资(Melanie Smuts)写道:"教育院系仍然是所有大学中入学率最低、最不受欢迎的院系之一。部分原因是教师数量的短缺,部分原因是教师的收入低于其他专业毕业的人员,部分原因是教育院系本身的结构和助学金计划的运作方式。"②在种族隔离制度结束之前,这些条件甚至更糟。教师们对令他们不满的教学条件感到愤怒,对他们无法为自己的班级提供合格的教育感到沮丧,于是他们加入了一系列的工会组织。

南非民主教师联盟(South African Democratic Teachers' Union,SADTU)成立于1990年,成立之初有3万名成员,其中有许多人曾是以前工会的成员。它与非国大结盟,组织成员主要是非洲人。很快,它就成为非国大最具影响力的支持组织之一,因为其成员拥有许多其他组织所缺乏的教育和组织能力。到2014年,该联盟拥有约25万名成员。其成员在非国大中非常活跃,占到该

---

① Yusuf Sayed, 'The Case of Teacher Education in Post-Apartheid South Africa: Politics and Priorities', in Linda Chisholm (ed.), *Changing Class: Education and Social Change in Post-Apartheid South Africa*, London: Zed Books, 2004, p. 248.

② Melanie Smuts, 'Bad education: it starts with how we train teachers', *Daily Maverick*, 4 April 2018, https://www.dailymaverick.co.za/opinionista/2018-04-04-bad-education-it-starts-with-how-we-train-teachers/, last accessed 22 April 2019.

党"内部核心"的 10％。[①]

　　南非民主教师联盟对非国大的要求之一是：该党一旦执政，就应解决学校检查团的问题。非洲教师厌恶检查员，其中许多人是白人、阿非利卡男性，他们显然对教师拥有无限权力。教师们惧怕他们的突击检查；这些有时伴随着辱骂和种族主义语言的巡查，是他们生活的祸根。这种对检查团的反感反映在非国大于 1994 年制定的教育政策文件中。该文件指出："教师评估系统在很大程度上是检查性和官僚性的……。它与教育官僚机构的所有其他方面一样，具有自上而下、封闭、等级森严和专制的特点。"非国大承认，教师们有权抱怨他们的待遇；文件还指出：

　　教师联盟的批评意见包括：

- 教育体系中的政治偏见，包括对教师的政治伤害
- 检查员拥有不受约束的权力以及滥用任免权
- 延长新教师的试用期
- 不称职
- 性骚扰，以及对女性晋升候选人的歧视
- "一次性"巡查，保密内容，不相关的标准，缺乏背景因素和评估过程中的任意性
- 难以对检查员的评估提出质疑
- 滥用"荣誉奖"[②]

---

① Ashley Westaway, 'Towards an Explanation of the Functionality of South Africa's "Dysfunctional" Schools', paper presented to the Melon Media and Citizenship group, School of Journalism, Rhodes University, May 2015, p.8.

② African National Congress, *A Policy Framework for Education and Training*, Braamfontein: ANC Education Department, 1994, http://www.africa.upenn.edu/ Govern_Political/ANC_Education.html, last accessed 22 June 2019.

非国大上台后便面临着教育改革的任务。该党对教师,特别是对南非民主教师联盟有巨大的责任。它决心终结他们所感到的无能为力的状态。自此以后,他们将在大学接受培训(而不是师范学院,因为师范学院使他们无法获得完整学位,只能从事教师职业),检查体系也将改革。教师们的罢工权和加入工会的权利将得到保障。虽然这些目标是值得称赞的,也是完全可以理解的,但长期的后果是灾难性的。

新政府以坚定的意志开始执行其改革任务。其目的是:

- 建立一个单一的、非种族的教育制度,为所有的参与者提供空间。
- 对教育管理进行全面改革和民主化。
- 提升和改善教育基础设施。
- 改革课程,以消除教育体系中种族隔离制度的遗留问题。①

成果导向教育

这些改革的某些方面相对而言比较简单。消除教学大纲中公开的种族主义可能需要时间,但这是必须要完成的。1994 年后,历史教科书被修订,以消除最恶劣的种族偏见形式,但新政府决心更进一步。整个教育方向将通过实施所谓的《2005 年课程》(*Curriculum 2005*)来改变。该课程于 1997 年由时任教育部部长卡德尔·阿斯玛(Kader Asmal)提出,由此引入了"成果导向教育"(Outcomes-

① Corene de Wet and Charl Wolhuter, 'A Transitiological Study of Some South African Educational Issues', *South African Journal of Education*, vol. 29, no. 3, 2009, p. 360.

based education, OBE)。课程改革的目标非常宏大。正如提交给部长的报告中所说："《2005 年课程》可能是上个世纪南非教育中最重要的课程改革。经过深思熟虑设计的课程想要在推翻种族隔离教育遗留问题的同时,将南非推向 21 世纪;在构想的规模方面,这是一项既大胆又具革命性的创新之举。"①

教育部于 1997 年 3 月制定指导方针,"南非成果导向教育"宣布新制度将不亚于"范式转变"。在《2005 年课程》的导言中,政府指出该制度"不仅要增加学习者的常识,而且要发展他们的技能、批判性思维、学习态度和理解能力"。此外,教育部宣布,"成果导向教育是以学习者为中心,以结果为导向的设计,其依据是所有个体都能学习的信念",并且它"能为学习者提供富有质感的学习机会,对教育者能力的提升将起到有效促进作用,因为终身学习发展的责任主要由学习者承担,以期实现既定结果"。②

什么是成果导向教育,为什么它在这些改革中如此重要? 该政策来自国外的经验,特别是新西兰和澳大利亚的教育实践。③它的基础是弗莱雷式(Freirean)的成人教育实践,它以保罗·弗莱雷(Paulo Freire)的工作为基础,认为学生必须从他们已经拥有的知识体系中构建知识。④海外的南非工会成员在 20 世纪 80 年代和 90 年代接受了这一概念,并将其带回国内。简而言之,成果导向教育

---

① 'A South African Curriculum for the Twenty First Century', Report of the Review Committee on Curriculum 2005, 31 May 2000, http://citeseerx.ist.psu.edu/viewdoc/download?doi=10.1.1.364.3411&rep=repl&type=pdf, last accessed 22 April 2019.

② Quoted in Mogamad Aslam Fataar, 'Education Policy Development in South Africa, 1994—1997', PhD thesis, University of the Western Cape, 1999, p.157, https://etd.uwc.ac.za/handle/11394/1332, last accessed 20 March 2018.

③ Ibid., p.215.

④ Paulo Freire's Educational Theory, New Foundations, 2018, https://www.newfoundations.com/GALLERY/Freire.html, last accessed 22 June 2019.

不是为了传授知识和信息。相反,它旨在鼓励学生为自己学习:通过收集、分析和组织他们的资源,以学会如何解决问题。教师被期望成为学习的促进者,而非知识的储存者,这与进步教育的总体精神是一致的。教师被要求根据每个孩子的个人要求进行教学,这样他们就可以直接获得所需的知识,而无需再向他们传授。

这些雄心勃勃的目标忽略了南非儿童的生活环境。虽然该制度可能在学生有机会获得合格教师、书籍、图书馆和互联网的学校中发挥作用,但对于那些生活在棚户区(也被称为"非正式定居点")或许多农村地区的学生来说,这些资源根本无法获得,成果导向教育是建立在流沙之上的。

这不仅仅是资源的问题。贫困地区的教师教育水平低下,以及他们必须教授的班级规模之大,使这个问题更加严重。教师行业内根本不存在这种能力。新制度的术语是如此不透明,以至于大多数教师无法理解培训内容;他们不明白自己的角色是什么,只知道他们不能再像从前那样教书育人了。教师行业中很好理解的一个概念是"在实践中学习",但现在这一点却为人诟病。在新的教学大纲下,学生们花费越来越多的时间在教室里收集资源和建造装置,而不是学习阅读、写作和计算(《2005 年课程》似乎认为这些技能是理所当然的,仿佛这些技能不知不觉就能被掌握)。这基本上是没有内容的教育,而它留下的空白将被混乱所填满。

成果导向教育的目的是要打破以前的教学制度。本质上是要求教师提出问题,而孩子们则齐声喊出教师认可的答案。[1]虽然大

---

[1] Ken Harley and Volker Wedekind, 'Political Change, Curriculum Change and Social Formation, 1990 to 2002', in Chisholm, *Changing Class*, p. 202.

多数教师对那种"注入式教育"的教学法有清晰的概念，但他们对新的教学制度感到费解。他们的学生根本不具备这种制度所需要的背景或资源。正如一位农村中学的高级教师所抱怨的："成果导向教育是项好政策，但它不适合我们。"①

　　根据外国顾问的建议而实施的成果导向教育是一场无以复加的灾难。到 2010 年，基础教育部部长安吉·莫奇克加（Angie Motshekga）再也无法忍受：该制度被废止。尽管她反对关于该计划在教育领域产生了一个"黑暗时代"，或一代人被牺牲在意识形态之下的说法，但她对该制度的不足之处进行了严厉批评。部长指出她所谓的"结构性缺陷"，包括"不切实际"的课程设置薄弱且肤浅，并假设"学生们有机会使用研究设施，如电话、互联网、图书馆和报纸"。②大多数儿童们几乎没有这些资源，这个灾难性的计划被彻底修改——但在此之前，它已经耽误了许多学生的学业。

　　虽然该制度已被废除，但学生们取得的成绩仍旧令人失望。莫奇克加对 2018 年中学入学考试及格率达到 78.2％ 表示接受。然而，正如反对党民主联盟所指出的，这一结果掩盖了事情的真实状况。③那些不太可能通过考试的学生往往被"剔除"出考试系统，不允许参加考试。因此，根据反对党的说法，真实的通过率要低得多。而在那些即将进入中学教育最后两年的学生中，有略多于一半的学生最终参加了大学入学考试。这意味着"调整过"的及格率

---

① Ken Harley and Volker Wedekind, 'Political Change, Curriculum Change and Social Formation, 1990 to 2002', in Chisholm, *Changing Class*, p. 202.

② Sipho Masondo, Dominic Mahlangu and Harriet McLea, 'Youth Sacrificed for OBE', *Sunday Times*, 6 July 2010.

③ Sesona Ngqakamba, 'The "real" matric pass rate is 37.6％—DA', News24, 4 January 2019, https://www.news24.com/SouthAfrica/News/the-real-matric-pass-rate-is-376-da-20190104, last accessed 22 April 2019.

为 37.6％。如果考虑到进入初等教育但最终未能通过大学入学考试的人数,这个数字还会更低。

阶级和教育

当下,南非所有种族的中产阶级尽其所能地把他们的孩子送到过去被称为"C 模式"(Model C)的学校,或者,如果他们有能力的话,送到私立学校。对学校的分类可以追溯到 1991 年,当时学校被要求从四种"模式"中选择一种:A, B, C 或者 D。C 模式是一种半私营的组织,国家提供的资金减少,而学校的自主权却大大增加。到 1993 年,绝大多数的白人公立学校都转变为 C 模式学校。虽然这种模式被非国大政府废除,但这一术语仍然常用于描述以前只招收白人学生的政府学校——尽管现在所有学校都招收各个种族的学生。富人和有关系的群体避开公立学校,他们更喜欢把孩子送到私立学校(到 2013 年,私立学校的招生人数增加了一倍,达到 50 万人)或最好的 C 模式学校。[①]完全私立学校的收费要比 C 模式学校的收费高出很多。这一情况可以从两个相邻的开普敦学校看出:毕肖普学校(Bishops)是一所完全私立的学校,而韦斯特福德学校(Westford)则不是。2016 年,毕肖普学校的学费是每年 113440 兰特,98％的学生凭借合格的成绩而进入大学。而韦斯特福德中学的学费是每

---

① Van der Berg et al., 'The Performance of Low Fee Independent Schools in South Africa—What Can Available Data Tell?', Stellenbosch Economic Working Paper 01/17, Research on Socio-Economic Policy, Department of Economics, University of Stellenbosch, 2017, p. 9.

年 31600 兰特,该学校的及格率为 99%。①

对于一些孩子来说,他们的父母无力负担这一条求学之路所需的费用,由此导致的结果也截然不同。绝大多数非洲学生在 24000 所公立学校接受教育。2012 年,不到 3% 的非洲儿童未选择在公立学校就读(即总数 10439583 人中的 291903 人)。②这些孩子中大多数人所就读的学校简直糟糕透顶。正如《经济学人》所宣称的:"2015 年,根据主要由富裕国家的经济合作与发展组织(OCED)俱乐部制定的教育体系排行榜,南非在 76 个国家中排名第 75 位。"甚至与其他非洲国家相比也能显示出南非的糟糕情况。"令人震惊的是,在校六年的学生中,有 27% 的学生不识字,而坦桑尼亚是 4%,津巴布韦是 19%。"③为什么情况如此严峻?据英国广播公司统计,南非在教育方面的支出比其他任何一个非洲国家都要多:约占国内生产总值的 6%。④同时,必须注意的是:这一比重一直在下降:在过去 7 年中,每个学龄儿童的教育资金下降了 8%。⑤

---

① 'Best private and public schools in South Africa: cost vs performance', BusinessTech, 9 February 2016, https://businesstech. co. za/news/lifestyle/111863/best-private-and-public-schools-in-south-africa-cost-vs-peformance/, last accessed 22 April 2019.

② Van der Berg et al., 'The Performance of Low Fee Independent Schools', p.10.

③ Dave Chambers, 'SA schooling is bottom of the class, Economist tells its readers', Sunday Times, 6 January 2017, https://www. timeslive. co. za/ news/south-africa/2017-01-06-sa-schooling-is-bottom-of-the-class-economist-tells-its-readers/, last accessed 22 April 2019.

④ Milton Nkosi, 'Is South Africa's education system really "in crisis"?', BBC News, 29 January 2016, http://www.bbc.co.uk/news/world-africa-35427853, last accessed 22 April 2019.

⑤ Nic Spaull, 'Basic education thrown under the bus—and it shows up in test results', Business Day, 16 April 2018, https://www. businesslive. co. za/bd/opinion/2018-04-16-basic-education-thrown-under-the-bus-and-it-shows-up-in-test-results/, last accessed 22 April 2019.

导致不同结果的部分原因是教学得以开展的条件较差:一些孩子必须走很远的路去上学;他们营养不良;还有庞大的班级规模。许多人来自贫困家庭。这一切都没有使教育变得更轻松,尽管这些也是坦桑尼亚和津巴布韦所面临的问题,但这两个国家的成绩要好得多。还有一个问题是,非国大上台时,许多最有能力的教师,也曾积极参加过反对种族隔离运动,他们离开教学岗位进入政府部门。留下来的教师中,有些并不是最优秀的教师。

教师和他们的工会

也许最棘手的问题是教师工会的作用。如上所述,南非民主教师联盟坚持认为应该改革监督他们工作的制度:不再允许"突然"检查。检查员必须提前一年通知学校要进行检查。[①]结果可想而知。教师们随心所欲地工作。他们想教就教,并认为自己没有义务去教授给他们安排的课程。这篇关于东开普省一所学校的文章摘录,有助于我们了解所发生的情况:

农腾贝科·夸兹瓦(Nontembeko Kwaziwa)和她班上的其他人很难看到未来,他们一共有 153 人。

东开普省费拉格斯塔夫(Flagstaff)梅伊西高级中学(Meyisi Senior Secondary School)的学生们和 10B 年级的农腾贝科一样,有新的教学楼,但教师却非常少。

---

① 'South Africa has one of the world's worst education systems', *The Economist*.

这是因为东开普省的教师严重短缺,而且省教育厅拒绝延长临时教师的合同。这使得这所拥有 800 名学生的学校只剩下 9 名常任教师和 2 名临时教师。

他们至少还需要 11 名教师。

在一个炎热的星期四,上午 8 点 20 分,10B 年级的 153 名学生全部挤在一间教室里。噪音震耳欲聋,却没有老师的身影。

课程表上的科目是科萨语,但在这个全国大学入学考试及格率最低(只有 61.6%)的省份,开学一周后仍没有老师教授这个科目。

时间一分一秒地过去。早上 8 点 35 分,仍然没有看到老师,一些学生在卖糖果、打牌,而另一些学生则在睡觉。

当 17 岁的农腾贝科被问及她的未来时,她显得很悲伤:"我们在这里没有未来。如果我们家境富裕,我就会去找一所更好的学校。"

由于下午 1 点 30 分计划召开教职工会议,所有课时从 55 分钟缩短到 45 分钟。事实证明,这并不重要。

上午 9 点,仍然没有老师。当被问及原因时,一位担心受到不公正对待而不愿透露姓名的工作人员说,这个班级也没有数学老师。

又一个 45 分钟过去了,10B 班没有人学到任何东西。接下来是地理课,因为没有老师又浪费了 45 分钟。直到上午 10 点半,才出现了一位历史老师。

再看 10B 班,现在是上午 11 点 45 分的英语课,热得让人无法忍受。学生们用纸和书皮折成临时纸扇。

英语老师用了 10 分钟恳求他们安静下来,但无济于事。

教室里一片哗然，老师已经失去了掌控。大约 10 名学生在睡觉。一些人嚼着口香糖，另一些人看着另一个方向。其余的人在聊天，完全无视老师的存在。

当老师试图继续时，更多的学生睡着了。其他人则在擦拭他们的鞋子。

当被问及为何在课堂上睡觉时，18 岁的阿皮韦·姆纳巴（Aphiwe Mnaba）说：“我认为听老师讲课没有任何意义。我坐在教室后面，老师说的话我一句也听不见。”

英语老师于 12 点 30 分离开。这是今天的最后一堂课。

老师们说他们正在尽力而为。①

在这种情况下，学生失败有什么可奇怪的？2016 年进行了一项广泛调查，该调查受教育部部长委托，由受人尊敬的教育学家约翰·沃尔明克（John Volmink）教授领导。②调查结果令人震惊。调查显示，南非民主教师联盟实际上已经接管了教育部。报告对委员会的结论进行了总结，指出：

在当局软弱无力、效率低下、办事拖拉的地方，教师工会就会进入现有的空间，决定政策、优先事项以及任命，对主要

---

① City Press, 'Exclusive—Back to Bantu education?', News24, 27 January 2013, https://www.news24.com/Archives/City-Press/Exclusive-Back-to-Bantu-education-20150430, last accessed 22 April 2019.

② 'Report of the Ministerial Task Team Appointed by Minister Angie Motshekga to Investigate Allegations into the Selling of Posts of Educators by Members of Teachers Unions and Departmental Officials in Provincial Education Departments', Department of Basic Education, 18 May 2016, https://nicspaull.files.wordpress.com/2016/05/dbe-2016-volmink-report.pdf, last accessed 22 April 2019.

应由教育部负责的事项施加不正当的影响。软弱的当局、咄咄逼人的工会、唯唯诺诺的校长以及急于从工会成员资格和晋升中获益的教师，这些因素结合在一起，通过侵蚀教师职业精神的价值观，破坏了优质教育的实现。①

沃尔明克的报告逐一列出在全国 24000 所公立学校中，工会允许滥用职权的现象泛滥成灾。这之中就包括经常以贿赂作为回报遴选校长，并且出售教师职位的行为：

教育部和工会之间的关系基本处于冲突性的程度，工作组对此状况感到震惊，在这种情况下，教育者和学习者的真正利益必然不会得到关注。例如，如果不恰当的影响力现在是实现个人目标的主要方式，而且对教师而言，使用这种方法已经成为通常惯例，那么通过贿赂和腐败获得理想的职位就是一种自然化和正常化的程序。毕竟，事情就是这样办成的。这个环境已经成为一个腐败的环境。本节分析的逻辑结论是："不恰当的影响力"，也就是腐败的委婉表达，似乎在整个教育体系，办公室、学校、工会和其他任何地方都或多或少地存在着。软弱的当局、咄咄逼人的工会、唯唯诺诺的校长以及急于从工会成员资格和晋升中获益的教师，这些因素结合在一起，通过侵蚀职业精神的价值观，破坏优质教育的实现。

由于干部调配的普遍影响（非国大指示其成员填补哪些职位的制度），工作组试图思考这种做法会对南非教育产生什

① Ibid., p.18.

么样的影响。对于南非的干部调配做法,更通用的术语是"基于赞助的政治任命"。教师工会,特别是南非民主教师联盟,已经发展出一种能力,为那些对工会利益表现出特别忠诚和积极性的会员提供机会,让他们在公立学校和教育部办公室中担任高薪和有影响力的职位。①

工会控制员工的聘用以及纪律处分。因此,教师们表现得随心所欲。关于教师性侵犯的指控经常见诸报端。例如,2018 年 2 月有报道称东开普省的六名教师,包括一名校长,被指控与学生发生性关系。②这些伤害是导致艾滋病病毒感染和怀孕的常见原因。

很难不同意沃尔明克报告中的主要结论——政治家需要从南非民主教师联盟手中夺回控制权。报告建议"基础教育部重新控制所有省份的教育体系管理,以便明确区分基础教育部的作用和职能,以及了解教师工会的关切"。③与《经济学人》有同等地位的南非《金融邮报》(Financial Mail)强化了这一结论。该杂志写道:"如果拉马福萨真想改革教育,他要做的不仅仅是发放 iPad;还必须管理好南非民主教师联盟的影响力,以确保对低劣教学进行真正的问责……拉马福萨必须与南非民主教师联盟对抗,并清楚说明:他们必须首先将自己视为教育工作者,其次才是工会成员。"④

---

① Ibid., pp. 122 – 123.

② Aretha Linden, 'Six teachers in sex with pupils scandal', DispatchLive, 12 February 2018, http://www. dispatchlive. co. za/news/2018/02/12/six-teachers-sex-pupils-scandal/, last accessed 22 April 2019.

③ 'Report of the Ministerial Task Team Appointed by Minister Angie Motshekga', p. 22.

④ 'Editorial: Why Ramaphosa must tackle Sadtu', Financial Mail, 10 January 2019, https://www. businesslive. co. za/fm/opinion/editorial/2019-01-10-editorial-why-ramaphosa-must-tackle-sadtu/, last accessed 22 April 2019.

大学的火爆

南非有许多高质量大学。这些大学培养出优秀的毕业生，他们在世界各地从事他们的职业，包括 10 位诺贝尔奖获得者。有四位因反对种族主义和为结束种族隔离制度所付出的努力而被授予和平奖：艾伯特·卢图利、纳尔逊·曼德拉、弗雷德里克·威廉·德克勒克和德斯蒙德·图图大主教（Archbishop Desmond Tutu）。其他六人因学术上的卓越表现而受到表彰。阿龙·克卢格（Aaron Klug，化学）、马克斯·泰累尔（Max Theiler）、阿兰·科马克（Allan Cormack）和西德尼·布伦纳（Sydney Brenner，医学）、约翰·马克斯维尔·库切（J. M. Coetzee）和纳丁·戈迪默（Nadine Gordimer，文学）。

他们的成就不应该让我们对继续困扰大学的问题视而不见。种族隔离制度的遗产是一个分裂和隔离的高等教育部门。到 1985 年初，共有 19 所高等教育机构被指定为"白人专用"，2 所"有色人种专用"，2 所"印度人专用"，以及 13 所"非洲人专用"。属于非洲人的大学包括位于班图斯坦（Bantustans）或"家园"的 7 所机构。①白人专属的大学提供的学费标准要高得多。自从种族隔离制度结束以来，这些划分已经被消除。所有大学都向全体学生开放，并且欢迎来自非洲和世界各地的众多学生。南非的大学提供许多

---

① Ian Bunting, 'The Higher Education Landscape under Apartheid', in Cloete et al. (eds), *Transformation in Higher Education: Global Pressures and Local Realities*, Dordrecht; London: Springer, 2006, p.35.

优秀的课程,有些课程普遍受到好评,但遗憾的是,大学的国际地位没有得到保持。南非排名最高的大学,开普敦大学,从 2010—2011 年的世界第 107 位下降到 2018 年的第 171 位。[①]其他大学的评级也有所下降。

一个原因是,随着大学摆脱种族隔离制度强加给它们的种族隔离,它们吸收了来自印度、有色人种和非洲学校的学生。这些学生的人均花费较少,他们接受的教育也不如大多数白人。因此,大学制定了分级入学要求,试图将有前途的学生纳入其中,即使他们没有必要的成绩。大学为这些学生提供了额外的学费补助,以帮助他们达到规定的标准。没有改变的是期末考试的标准和其他学位要求。

仅仅克服这些遗留问题就已具挑战性,而大学同样面临着新问题,遭受了一系列日益激烈的抗议活动。促使这种情况发生的因素有很多。许多抗议者经历了世界各地的年轻学生在刚步入大学时所面临的挑战,但却没有足够的能力来应对这些挑战。在以前的白人大学里,占抗议者大多数的黑人学生感到他们往往处在远离家乡的陌生的环境之中。

2014 年,位于约翰内斯堡的威特沃特斯兰德大学(简称WITS)的一群政治学研究生出版了一份题为《2014 年威特沃特斯兰德大学转型备忘录》(*WITS Transformation Memo 2014*)的文件。[②]他们

---

① 'World University Rankings 2010 - 11', Times Higher Education World University Rankings, https://www. timeshighereducation. com/world-university-rankings/2011/world-ranking#!/page/0/length/25/sort_by/rank/sort_order/asc/cols/undefined, last accessed 22 April 2019.

② Simamkele Dlakavu, 'Wits political studies post-graduate students: On a quest to revolutionise the academy', *Daily Maverick*, 19 December 2014, https://www. dailymaverick. co. za/opinionista/2014-12-19-wits-political-studies-post-graduate-students-on-a-quest-to-revolutionalise-the-academy/, last accessed 22 April 2019.

抱怨一些问题,包括黑人讲师的晋升速度缓慢。①在一些大学,种族配额被严格执行。这导致一些职工发现他们的职业生涯被阻断,因为他们属于"错误的"种族群体。据报道,这种情况发生在南非大学,该大学是南非最大的高等教育机构,拥有超过 30 万名学生,他们通过远程学习获得学位。一些有色人种女性员工抱怨说,她们被告知她们院系中"'有色人种'女性已绰绰有余,但实际上是'太多了'",因此她们无法在职业上取得进展。②

抗议者还呼吁"课程的非殖民化"。他们声称所学的政治理论既不具有普遍性,也不具有中立性,而是根植于"西方学术",忽略了"被殖民者的观点"。他们呼吁将非洲思想家的作品纳入其中,如阿里·马兹鲁伊(Ali Mazrui)、本·马古巴内(Ben Magubane)、阿奇·马费杰(Archie Mafeje)、安娜·朱莉娅·库珀(Anna Julia Cooper)、凯瑟琳·吉尼斯(Kathryn Gines)和威廉·爱德华·伯格哈特·杜波依斯(W. E. B. Du Bois)。抗议者的要求并没有就此结束。他们还呼吁废除所有的"西方"科学和数学,并以传统的信仰体系来取代它们。③

他们的意见虽然被报道了,但只有当开普敦大学发生更为戏剧性的事件时,抗议活动才真正开始。2015 年 3 月,一名政治系学

---

① By 2011 some 74 per cent of students were Indian, Coloured and black African, yet only 32 per cent of the staff fell into these categories. Camalita Naicker, 'From Marikana to ♯feesmustfall: The Praxis of Popular Politics in South Africa', *Urbanisation*, vol. 1, no. 1(2016), pp. 53—61.

② Belinda Bozzoli, 'What happens when universities start to decay: The case of Unisa', *Daily Maverick*, 13 November 2018, https://www.dailymaverick.co.za/opinionista/2018-11-13-what-happens-when-universities-start-to-decay-the-case-of-unisa/, last accessed 22 April 2019.

③ 'Science Must Fall?', YouTube, 13 October 2016, https://www.youtube.com/watch?v=C9SiRNibD14, last accessed 22 April 2019.

生决定对塞西尔·罗德斯的雕像采取行动,该雕像多年来一直矗立在校园中。罗德斯是一位矿业巨头,同时也是英国帝国主义最有力的支持者之一,他也是一位伟大的慈善家,捐赠了大学赖以发展的土地。学生楚马尼·马克斯韦勒(Chumani Maxwele)将一桶人类粪便泼到雕像上。[1]一场名为"罗德斯必须倒下"的运动拉开帷幕,一个月内,该大学的副校长马克斯·普莱斯(Max Price)决定拆除该雕像。

由此而引发的抗议活动,包括威胁和辱骂学校工作人员,从大学宿舍搬走和破坏其他艺术品,以及扰乱教学。抗议活动扩散到其他一些校园,包括维特瓦特斯兰大学和位于马坎达(Makhanda)的罗德斯大学(Rhodes University)。维特瓦特斯兰大学的副校长亚当·哈比布(Adam Habib)写道:

> 罗德斯雕像只是一个触发点,引发了大学关于种族、种族主义和边缘化现象的更广泛的不快。大学,尤其是历史上的白人大学,一直沉浸在一个泡影中。他们认为,他们的知识氛围和中产阶级选民可以保护他们免受围绕种族问题的社会剧变。但这是不可能的,因为学生们的批评是合法的。在我们的民主制度实施20年后,仍有一些大学的白人学生超过三分之二,怎么可能不存在这种抗议情况?[2]

---

[1] Junior Bester, 'Protesters throw poo on Rhodes statue', Independent Online, 11 March 2015, https://www. iol. co. za/news/south-africa/western-cape/protesters-throw-poo-on-rhodes-statue-1829526, last accessed 22 April 2019.

[2] Quoted in Francis B. Nyamnjoh, 'Black Pain Matters: Down with Rhodes', *Pax Academica*, nos 1 and 2(2015), p.55.

随着冲突的升级,一些报告厅被毁,并进一步要求降低或取消学生费用。

"学费必须下降运动(Fees Must Fall)"于 2015 年 10 月中旬在维特瓦特斯兰大学开始,并很快蔓延到全国。点燃该运动的火星是学校宣布学费将增加 10.5％,以维持书本、学术薪资和其他费用的成本。一些学生已经面临着在吃饭和买书之间作出选择的问题,于是他们爆发怒火。在校园里,学生和保安公司之间发生激烈冲突,警察也进行干预。一些大学关闭,而其他大学则由于抗议者扰乱考试进程而无法举行考试。

可悲的是,这场暴力运动最终导致南非最优秀的一名黑人学者不幸身亡。开普敦大学健康科学学院院长、全国最优秀的心脏病专家之一邦加尼·马约西(Bongani Mayosi)教授自杀。他的家人认为,"堕落派"(Fallist)学生的攻击性行为对教授的死亡至少要负部分责任。正如教育学家乔纳森·詹森(Jonathan Jansen)所解释的那样:

> 我们知道马约西教授最近一段时间正与抑郁症作斗争。我们还知道,在学费抗议期间,学生们占领了他的办公室,羞辱和侮辱这位性情温和的男士,以至于他不得不请两个月的假来恢复。他从未这样过,直到最近因精神崩溃而被送进医院。①

---

① Jonathan Jansen, 'Prof Mayosi's suicide and the high cost of leadership at universities', *Rand Daily Mail*, 1 August 2018, https://www. businesslive. co. za/rdm/lifestyle/2018-08-01-jonathan-jansen-prof-mayosis-suicide-and-the-high-cost-of-leadership-at-universities/, last accessed 22 April 2019.

该大学正在对所发生的事情进行调查。

2017 年 12 月,雅各布·祖马总统宣布大学学费将被取消。该决定的成本估计从 120 亿兰特到 400 亿兰特不等。由于南非年轻人中只有一小部分人会上大学,因此该决定会使谁受益也存在疑问。在最贫穷的 70％ 的人口中,只有不到 5％ 的人会成为大学生。①是否应该把如此庞大的资金集中在他们身上? 还应注意的是,祖马的建议只针对一年级学生。②目前还不清楚随着事情的进展谁将支付他们的费用。世界银行批评了这一建议,称其在财政上不可持续,而且不太可能为经济提供更多的助益。世界银行警告说,该计划的高成本可能会使 2030 年入学人数翻番的目标变得"难以实现"。"这将不可避免地在青年中产生挫败感,他们将被禁止进入院校,即使他们在学业上符合条件并且有资格获得财政支持。"③

改善南非人的教育——从他们在学校的第一年一直到研究生阶段——是国家的一个优先事项。只有受过良好教育的劳动力才有希望改变其低迷的经济增长状况,从而减少严重影响人口的失业问题。消除贫困和确保发展出一个满意的政体是一个缓慢的过

---

① Nic Spaull, 'Basic education thrown under the bus—and it shows up in test results', *Business Day*, 16 April 2018, https://www. businesslive. co. za/bd/opinion/2018-04-16-basic-education-thrown-under-the-bus—and-it-shows-up-in-test-results/, last accessed 22 April 2019.

② Sean Mfundza Muller, 'Free higher education in South Africa: Cutting through the lies and statistics', *Mail & Guardian*, 25 January 2018, https://mg. co. za/article/2018-01-25-free-higher-education-in-south-africa-cutting-through-the-lies-and-statistics, last accessed 22 April 2019.

③ Prinesha Naidoo, 'SA's R172. 2bn fee plan to pressure budget, WB says', Money-web, 22 January 2019, https://www. moneyweb. co. za/ news-fast-news/sas-r172-2bn-fee-plan-to-pressure-budget-wb-says/, last accessed 22 April 2019.

程,但如果没有高效率的学校和大学,这将无法实现。南非真正缺乏的是一种运作良好且富有成效的学徒制度,以及高级技术和职业高等教育。这正是重点所在,因为正是这些技能的缺乏阻碍了南非形成更加繁荣的现代经济。

第九章

司法与法律

　　2017 年 3 月 31 日，南非宪法法院（South Africa's Constitutional Court）宣布总统"未能维护、捍卫和尊重作为国家最高法律的《宪法》"。[①]这对雅各布·祖马来说是一个沉重打击，但对司法体系和议会、司法部门和行政部门之间的权力分立而言是一场胜利，而三权分立在《宪法》中仅仅确立 20 多年。这位总统未能履行他的职责，当他挪用政府公款去装修个人宅邸时，便已无情地践踏了法律制度，而国家的最高法院要求他对此负责。此事对南非尚未成熟的民主制度来说是第一次，对首席大法官（Chief Justice）莫洪恩·莫洪恩（Mogoeng Mogoeng）来说更是尤为重要的部分；2011 年 9 月，时年 50 岁的莫洪恩被祖马任命为首席大法官时，很多人认为这名传统的基督徒将成为祖马的走狗。但事实证明，恶意批评莫洪恩的人完全错了。

---

① Cases CCT 143/15 and CCT 171/15, Constitutional Court of South Africa, 2016, https://cdn.24.co.za/files/Cms/General/d/3834/24efe59744c642a1a02360235f4d026b.pdf, last accessed 9 January 2019.

自 1994 年以来,南非的法律体系历经多次考验,并且随着旧的种族隔离法律被新的法律所取代,它还帮助塑造了国家政治。南非拥有混合法律体系,其基础是继承自荷兰和英国的法律,以及非洲本土的法律。1652 年,荷兰人抵达开普并带来罗马-荷兰法系;1806 年,英国人来到开普后补充了他们的法律体系。英国法律在公共权力的行使(宪法和行政法)、司法(刑法、民事诉讼法以及证据法)以及商业和工业(公司法、汇票、破产法)方面建立得最为牢固。罗马-荷兰法系仍然适用于传统的私人和刑事案件。[①]1994 年取消攻读法律学位必须学习拉丁语的要求。[②]法律和判决都要遵守后种族隔离时代《宪法》的新规定与新价值观。

南非为自己拥有强大的制度和独立于行政或立法机关干预的司法制度而感到自豪,但法院却经常发现自己处于政治枪口之下。对政治家们进行问责的必要性已经使法院经历了严峻的考验。在民主南非,从纳尔逊·曼德拉到塔博·姆贝基,历届总统都发现自己的意见与法院相左;然而,他们最终还是注重自己的判断。但当祖马发现自己被指控犯有强奸和腐败等罪行时,他便废除刑事司法体系的重要部分,同时也试图改变司法制度。

过去南非有禁止在法庭上拍照的严格法律,但在 2004 年,公共广播公司,即南非广播公司第一次获准公开向大众直播庭审程序。公众如今可以见证正义的实现了。当时直播的案件牵连英国前首相玛格丽特·撒切尔(Margaret Thatcher)的儿子马克·撒切

---

① Lourens du Plessis, 'South Africa', in Gerhard Robbers(ed.), *Encyclopedia of Law and Religion: Volume 1, Africa*, Leiden: Brill, p.268.
② Edwin Cameron, *Justice: A Personal Account*, Cape Town: Tafelberg, 2014, p.183.

尔(Mark Thatcher)，他对传票的有效性提出异议，该传票迫使他就赤道几内亚的一场未遂政变回答相关问题。①

不幸的是，对法庭案件的直播已经使案件变成肥皂剧。例如对残奥运动员奥斯卡·皮斯托瑞斯(Oscar Pistorius)谋杀案的审判在比勒陀利亚的法庭上向全世界数百万人进行直播。一些迄今为止晦涩难懂的法律术语成为流行用语的一部分。南非是世界上犯罪率最高的国家之一，在法庭上上演的真实戏码让南非人民目瞪口呆。然而，"名人"的案件只是少数。由于司法体系在案件积压和资源不足的情况下不堪重负，那些上不了新闻的案件往往需要数年时间才能得到审理。

早　　期

考古学家对 300 或 400 万年前智人之前的人类价值体系和法律并不认同。人们会对相对较近的历史了解得更多。在两万到三万年前，桑人(San)狩猎采集者和科伊科伊人牧民便居住在现代南非的领土上，他们大多不受外界干扰。桑人组织是小型的、没有什么等级制度的游牧群体，经协商一致作出决定。对法律的需求似乎微乎其微。②传统的科伊科伊人社会等级比较森严，实行父系世袭制度。世袭的首领及其委员会对刑事案件和民事纠

---

① 'SABC is allowed to broadcast Thatcher Case', South African History Online, https://www.sahistory.org.za/dated-event/sabc-allowed-broadcast-thatcher-case, last accessed 9 January 2019.

② Lourens du Plessis, 'South Africa', in Gerhard Robbers(ed.), *Encyclopedia of Law and Religion: Volume 1, Africa*, p.261.

纷进行裁决。①

公元 2 世纪到 5 世纪之间的某个时间段,操班图语的非洲人为寻找牧场,从西部和西北部跨越现在被称为林波波河的地方,而林波波河现今是南非的最北端边界。他们把自己的宗教也带到此地,其中包括对祖先崇拜的强烈信仰。传统的非洲宗教是公有制的,并凭借"我们在故我在"(umuntu ngumuntu ngabantu)这一信念而生机勃勃。从其信仰中脱胎而出,意为"人性"的乌班图概念,已经得以融入现代南非法律之中:在一些案例中,已被用于废除死刑的判决之中。②

人权与《宪法》

荷兰东印度公司(Dutch Vereenigde Oostindische Compagnie, United East India Comany 或 VOC)的官员和 17 世纪后半叶到达的殖民者对奴隶和土著人的处置为两个半世纪后的种族隔离定下基调。由于荷兰东印度公司需要源源不断的劳动力,因此开普依赖于奴隶制。有些奴隶是工匠和手工业者,有时他们被允许以自己的名义从事合同工作,而另一些奴隶则是农场里任由他们主人摆布的体力劳动者。荷兰东印度公司的司法体系对不服从奴隶法或刑法规定的奴隶的处罚极为残忍。逃亡是唯一的出路,许多逃跑的奴隶们成群地躲在山区或海边。然而,潜逃

---

① Lourens du Plessis, 'South Africa', in Gerhard Robbers (ed.), *Encyclopedia of Law and Religion: Volume 1, Africa*, p.262.

② Ibid., p.264.

罪会被判处死刑。①1828 年，开普的奴隶得到解放。

当南非联邦于 1910 年成立时，讲英语和阿非利堪斯语的南非白人团结起来，他们接受了威斯敏斯特式的政府（Westminster style of government）。其中不包括人权法案，而后续政府的议会主权则更偏向于白人至上主义。②

无论是新南非共和国 1961 年的《宪法》还是 1983 年的三院制《宪法》，都没有赋予所有公民基本权利。在 1936 年种族隔离法，即《赫尔佐格法案》（Hertzog Bills）出台之前的那段时间内，黑人被越来越多地被剥夺了公民和政治权利。③1945 年，扬·史末资（Jan Smuts）总理曾大力倡导将人权写入《联合国宪章》（United Nations Charter）的序言，但讽刺的是，他并没有考虑在南非国内实施这一政策。他被国际机构谴责为伪君子。④

1955 年的《自由宪章》是南非人权历史上最重要的文件之一。它是由来自各种族以及各行各业的普通民众参加的大会起草的，内容非常全面且深入人心，对南非现行的 1996 年《宪法》产生了非常重要的影响。⑤实际上，有些人仍然经常将该宪章与土地权联系起来引用，他们认为在促成种族隔离结束的谈判中，这两项内容被过分淡化了。

《自由宪章》并不能使解放组织中的每个人都满意。泛非主义

---

① Lourens du Plessis, 'South Africa', in Gerhard Robbers (ed.), *Encyclopedia of Law and Religion: Volume 1, Africa*, p.267.

② Saul Dubow, *South Africa's Struggle for Human Rights*, Auckland Park: Jacana, 2012, p.43.

③ Ibid., p.44.

④ Saul Dubow, 'Smuts, the United Nations and the Rhetoric of Race and Rights', *Journal of Contemporary History*, vol.43, no.1(2008), p.44.

⑤ Dubow, *South Africa's Struggle for Human Rights*, p.68.

者们并不承认"南非属于所有生活在这里的人民,黑人和白人"。在如何处理人权问题上,非国大内部也存在分歧。虽然支持人权是对种族隔离这种公然侵犯人权行为的有益对抗,也是博得西方政府和联合国同情的好方法,但在侧重点上却有所差异。一些人持更自由的观点,注重个人权利,而工会则更倾向于广泛的社会和政治变革。①

1994年选举后不久,各党派拟定《人权法案》和《宪法》的时间有限。由于时间紧迫,关于哪些权利应该纳入这些法律中的多数谈判均采用非公开形式进行。这意味着公众监督被迁延,而在事后看来,此举造成长期的负面影响。南非《宪法》被誉为世界上最进步的宪法之一,但自1996年12月16日通过以来却屡遭批评。

例如,2011年,非国大的一名高级成员和律师恩戈亚科·拉马特霍迪(Ngoako Ramatlhodi)表示,南非《宪法》"体现了巨大的妥协,这一妥协被称为是对反对变革力量的强烈支持"。②他认为,剥夺立法机构和行政机构的实权并将其交给法官,这是为保持"黑人政府下的白人统治"而付出的努力。③

尽管根据生命权的规定,死刑非法,但在饱受暴力蹂躏的南非,许多人却呼吁恢复死刑。④前警察局局长(Police chief)瑞亚·菲耶加(Riah Phiyega)表示,罪犯们明目张胆,因为"我们拥有出色的《宪法》,它认可权利,但权利又不受限制"。⑤公众和打击犯罪的斗士也经常发出这样的感慨。

---

① Dubow, *South Africa's Struggle for Human Rights*, p.92.
② Ibid., p.117.
③ Cameron, *Justice*, p.277.
④ Dubow, *South Africa's Struggle for Human Rights*, p.122.
⑤ Ibid., p.122.

《宪法》也未能阻止性少数者(LGBTQ)群体成为强奸和谋杀的目标,尤其是在乡镇地区。然而,南非是 2006 年第一批将同性婚姻合法化的国家之一,在此方面,它又是世界上最进步的国家。《宪法》也确立了财产权利,但一些政党,包括非国大和经济自由斗士党则希望放宽这些权利,如此便可以允许无偿征用土地。①

法院和政治

在 1994 年选举后,《宪法》成为国家的最高法律之前,议会至高无上。当成文法(statute)与普通法相抵触时,成文法具有优先权。这使得国家可以为单独的设施、群体区域制定法律,甚至包括在亲密的个人关系中实行种族隔离的法律。②它还使政府能够将人们单独监禁,不经审判而实施拘留。③

然而,在某些情况下,法院还是与政府发生了冲突。1952 年,上诉法院裁定剥夺开普有色人种选民投票权的法律无效,因为该法律没有遵循正确的议会程序。④

另一个例子是根据 1967 年的《恐怖主义法案》(*Terrorism Act*)做出的一项广为人知的裁决。约翰内斯堡英国圣公会大教堂(Anglican Cathedral)的教长是一名英国移民,他被指控通过煽动暴力和向其支持者分发钱财来推进非法组织非国大的目标。在上

---

① See Chapter Seven on land and agriculture.
② Glynnis Breytenbach, *Rule of Law: A Memoir*, Johannesburg: Pan Macmillan, 2017, p.58.
③ Cameron, *Justice*, p.22.
④ Ibid., p.11.

诉法院,首席大法官认为此案证据不足,从而为反种族隔离的民间组织和贸易运动后续工作的开展铺平道路。①

许多后来在南非掌权的人士,以及那些被任命为司法部门高级职位的人员,都曾与种族隔离的司法体系发生过小冲突。纳尔逊·曼德拉便是其中最著名的一位,他是一名训练有素的律师。1952 年,他在"蔑视不公正法运动"期间向 500 名群众发表讲话,呼吁他们以和平方式抵制令人反感的法律的实施,例如通行证法,随后即遭逮捕。非国大的策略是妨碍司法体系。曼德拉告诉群众,"在所有的监狱被填满之前,我们不会停息"。②

曼德拉虽然被判有罪,但却被宽大处理:九个月,缓期执行,而不是规定的十年。有一次他还成功地避免了自己从律师名册上被除名,因为在 1948 年国民党上台前任命的两名讲英语的法官发现,他并非以其职业身份犯罪,他的动机是"为除欧洲人以外的同胞服务"。③虽然种族隔离政府利用部长命令和安全警察试图限制曼德拉,但法律却没有对其予以否认。埃德温·卡梅伦(Edwin Cameron)法官在他的个人回忆录中强调维护正义的必要性,他说:这表明"即使在有缺陷的法律体系中,有致力于正义和公平的法官可能利大于弊"。④

三年后,即 1955 年,人民大会集会后遭政府镇压,随后曼德拉与其他 155 人一起再次被指控,这次审判成为南非历史上规模最

---

① 'Dean in South Africa Is Cleared On Appeal in Subversion Case', *New York Times*, 15 April 1972, https://www.nytimes.com/1972/04/15/archives/dean-in-south-africa-is-cleared-on-appeal-in-subversion-case-south.html, last accessed 22 April 2019.

② Cameron, *Justice*, p.29.

③ Ibid., p.33.

④ Ibid., p.36.

大的审判。被捕者被送往约翰内斯堡的旧堡监狱（Old Fort Prison），该监狱现在是宪法法院辖区内的一家博物馆。这些囚犯来自各个种族和各种职业，根据罗马-荷兰普通法，他们都被指控犯有叛国罪，可判处死刑。①

审判变成一场政治审判，并被被告和他们的律师用来曝光政府的压迫性种族政策。在接下来的四十年里，活动家们利用法院来揭露种族隔离制度的不公正性。首席辩护律师弗农·贝瑞奇（Vernon Berrange）说道："这里审判的不仅仅是 156 个个体，还有他们和我们国家成千上万的其他人公开拥护和表达的观点。"②经过漫长而又枯燥的审判，所有人都因缺乏证据而被宣告无罪，曼德拉则将其归功于这支出色的辩护团队。

此后不久，曼德拉因被指控犯有蓄意破坏罪而再度出庭，并又一次被判处死刑。最终，他和其他六名同志被判处终身监禁。法院再次被用作政治平台，曼德拉在审判期间发表的讲话仍被频频引用。"我曾为反对白人统治而斗争，也曾为反对黑人统治而斗争。"曼德拉如是说，并且深刻地总结道："这也是我准备为之牺牲的理想。"③

应用法律研究中心（Central Intelligence Agency，CALS）和法律资源中心（Legal Resources Centre）成立于 20 世纪 70 年代，并且一直利用法律案件来对抗政治不公正现象，如强制搬迁和通行证法。1994 年后，这些机构致力于处理涉及个人的案件，特别是社会经济权利案件。在后种族隔离时代，由应用法律研究中心所辩护的一些重大的人权案件有助于形成政府对艾滋病病毒/艾滋病

---

① Cameron, *Justice*, p.38.
② Ibid., p.40.
③ Ibid., p.49.

的政策。这些政策也涉及向那些即将死于艾滋病的人免费提供救命药物——而此举却被当时塔博·姆贝基领导的政府所抵制。[1]最近，像非洲论坛这样支持白人少数族裔权利的压力集团，以及专注于检举和征税的撤销税收滥用组织（Organisation Undoing Tax Abuse, OUTA），一直在通过诉讼案件推行他们的行动主义。

反对派政党越来越多地通过诉诸法院来裁决政治事务。这种"法律战"引起专家们的担忧，他们担心法院被过度利用，并可能最终触及政治领域，影响议会等机构的运作。《宪法》确立的三权分立原则是一项由立宪主义者坚决捍卫的民主原则。这意味着国家的权力被划分为三个不同但相互依存的部门：行政部门（内阁）、立法部门（议会）和司法部门（法院）。

凯瑟·鲍威尔（Cathy Powell）是开普敦大学的高级法律讲师，她在接受当地电台采访时表示：反对党经常求助于法院，因为政府的另外两个部门，立法部门和行政部门"没有做好他们的工作"。她认为这是一场国家灾难。[2]南非自豪于其强大的制度，但对法院的过度依赖可能会导致它们在政治压力下被削弱。

转　　型

1994 年后，法官不再由部长和总统秘密任命。他们现在必须

---

[1] See also Chapter Ten, on civil society.

[2] 'Debate: Is there excessive "lawfare" in South Africa?', 702, 5 May 2017, http://www. 702. co. za/articles/254963/debate-is-there-excessive-law-fare-in-south-africa, last accessed 17 January 2019.

参加司法事务委员会(Judicial Service Commission)公开播出的面试,然后由该委员会向总统提出建议。在种族隔离制度下任命的法官被保留下来,以实现平稳过渡和司法稳定,但他们也像其他法官一样受到《宪法》的约束。[①]

此后,司法部门一直试图将自己从过去的白人男性专门领域转变为一个代表南非人口结构的机构。在 227 名法官中,有 82 名是女性,145 名是男性,并且近三分之二是黑人。[②]

政府的平等权利监督机构——性别平等委员会(Commission for Gender Equality)在 2016 年的一份报告中发现司法部门的下层机构存在结构性问题,导致被考虑到的女性人数较少。例如,当时男性律师的数量至少是女性的两倍,而男性辩护律师的数量则是女性的三倍。[③]

司法转型也引发了种族摩擦。2004 年和 2011 年,西开普省地区爆发种族纠纷,由于需要更多的黑人法官,导致白人男性候选人的任命被忽略,其中的一些候选人认为这份工作非常适合他们,因为他们有作为活动家的背景。[④]

---

① Cameron, *Justice*, p. 111.

② 'The make-up of South Africa's judiciary', Judges Matter, 29 March 2017, http://www.judgesmatter.co.za/opinions/south-africa-judges/, last accessed 17 January 2019.

③ 'Lack of Gender Transformation in the Judiciary: Investigative Report', Commission for Gender Equality, 2016, http://www.cge.org.za/wp-content/uploads/2016/12/CGE-Lack-of-Gender-Transformation-in-the-Judiciary-Investigative-Report-.pdf, last accessed 17 January 2019.

④ Angela Quintal, 'Tempers flare in judicial "race row"', Independent Online, 26 October 2004, https://www.iol.co.za/news/south-africa/tempers-flare-in-judicial-race-row-225172, last accessed 22 April 2019; and Glynnis Underhill, 'New race row divides judiciary', *Mail & Guardian*, 5 August 2011, https://mg.co.za/article/2011-08-05-new-race-row-divides-judiciary, last accessed 22 April 2019.

表 5　具有里程碑意义的重要的宪法法院判决

1995 年	废除死刑：国家诉马宽亚内和另一人（State v Makwanyane and Another）	死刑被认定不符合《临时宪法》（Interim Constitution）和任何其他法律，并宣告死刑违宪。
1999 年	选举权：奥古斯特和另一人诉选举委员会及其他人（August and Another vs Electoral Commission and Others）	因犯们就其投票权问题向独立选举委员会（Independent Electoral Commission, IEC）提出质疑，法院裁定所有囚犯都应有投票权。
2000 年	住房权：南非共和国政府及其他人诉格罗特布姆及其他人（Government of the Republic of South Africa and Others v Grootboom and Others）	该判决确立了住房权对穷人的意义。然而，艾琳·格罗特布姆（Irene Grootboom）在隆冬时节被逐出家门后诉诸法庭，但她却未能获得住房。
2000 年	分权：南非人身伤害律师协会诉希思及其他人（South African Association of Personal Injury Lawyers v Heath and Others）	法院裁定，威廉·希思（Willem Heath）法官不能领导特别调查组（Special Investigating Unit）以及在其中履行调查员和法官的双重职责。
2001 年	安全权：卡米切勒诉安全和安保部部长及另一人（Carmichele v Minister of Safety and Security and Another）	阿利克斯·卡米切勒（Alix Carmichele）在被一名因暴力犯罪而被保释的男子袭击后向法院求助。宪法法院裁定，国家有义务保护妇女。
2002 年	健康权：卫生部部长及其他人诉治疗行动运动（Minister of Health and Others v Treatment Action Campaign）	在治疗行动运动（Treatment Action Campaign, TAC）提起的一个案件中，政府被迫取消了阻止公共卫生机构使用奈韦拉平（Nevirapine，该药物可阻断艾滋病病毒的母婴传播）的限制。
2006 年	宗教自由：夸祖鲁-纳塔尔教育机构行政委员会成员及其他人诉皮伊（MEC for Education, Kwa-Zulu-Natal and Others v Pillay）	宪法法院裁定，印度教女孩可以根据自己的宗教信仰戴鼻钉上学。

续表

2012 年	认识到法院权力的限度:国库及其他机构诉撤销税收滥用组织及其他机构(National Treasury and Others v OUTA and Others)	在一项不受欢迎的裁决中,宪法法院推翻了高等法院的一项裁决,该裁决批准一项临时命令:禁止政府对约翰内斯堡的一些高速公路收取电子通行费。法院裁定这是一项政策问题,而不是权利问题,应由政府处理。
2016 年	总统的宪法义务:经济自由斗士党及其他人诉国民议会议长及其他人(EFF and Others v Speaker of the National Assembly and Others)	在反对党经济自由斗士党提起的一个案件中,雅各布·祖马被裁定未能履行其维护、保护和捍卫《宪法》的总统职责,因为他未能听取宪法规定的关于其私人住宅公共开支的报告。
2017 年	部长们的宪法义务:南非社会保障局和另一人诉社会发展部部长及其他人(SASSA and Another v Minister of Social Development and Others)	时任社会发展部部长巴萨比勒·德拉米尼(Bathabile Dlamini)受命确保对 1000 多万人的社会福利补助金的管理得到纠正。部长被指控未能履行其职责,她不得不自行承担该案件五分之一的费用。

破坏刑事司法体系

　　虽然宪法法院是南非法律体系最好的缩影,但在过去的 25 年中,刑事司法体系的其他部门却经历了动荡,尤其是当它试图起诉政客的时候。

　　1999 年,在南非达成数十亿兰特的军火交易后,第一位也是迄今为止唯一一位入狱的政客是前非国大党鞭和议会国防委员会主席托尼·延戈尼(Tony Yengeni)。2003 年,延戈尼因从参与军火交易的一家公司那里获得一辆奔驰四驱汽车而被判欺诈罪。随后,他因不得不独自承担腐败交易的罪责而愤愤不平。显然,党内许多人同情他,并合力将他送进开普敦戒备森严的波尔斯穆尔监狱(Pollsmoor Prison)中;在此监狱,他只服完四年刑期中的四个月。后来有指控称他实际上收受了数百万兰特的贿赂,但却未遭到指控。①

对祖马总统的腐败指控也与军火交易有关,但到目前为止,他成功逃脱了法庭的审判,纵使他的财务顾问沙比尔·谢赫于2005年被认定犯有腐败和欺诈罪。国家检察官们开始注意到在谢赫被起诉期间有"严重的政治干预",这引起他们的严重关切。检察官们及其他人质疑祖马作为涉嫌受贿的官员为什么没有与谢赫一起受审。②对谢赫的判决切实地牵扯到了祖马,以至于姆贝基"解除了"他"作为共和国副总统和内阁成员的职务"。③祖马为免于牢狱之灾的斗争从此正式开始。他的斗争没有放过任何人,并且已经持续了十多年;他最终于2009年成为总统并利用他的权力废除了刑事司法体系和司法部门。

这场斗争的政治风险是如此之高,以至于当祖马于2005年被指控强奸一位也曾参与反对种族隔离斗争的战友之女时,他声称这是姆贝基阵营为他设计的一出美人计。他被无罪释放,但在此之

---

① 'Who's who in the arms deal?', Corruption Watch, 20 January 2015, https://www.corruptionwatch.org.za/whos-who-in-the-arms-deal/, last accessed 18 January 2019.

② Breytenbach, *Rule of Law*, p. 128.

③ Ray Hartley, 'How Zuma lost control—and the people who let him down', *Sunday Times*, 11 February 2018, https://www. timeslive. co. za/sunday-times/opinion-and-analysis/2018-02-10-how-zuma-lost-control-and-the-people-who-let-him-down/, last accessed 18 January 2019.

前,他提供了关于所发生的性交的详细证词,该证词表明他相信性交后通过洗澡就能保护他免受艾滋病病毒/艾滋病的侵害。祖马的这一错误看法极具讽刺意味,因为在他担任副总统期间,他曾担任南非国家艾滋病委员会(South African National AIDS Council)主席和道德复兴运动(Moral Regeneration Movement)主席。高等法院法官在对祖马的"无罪"判决中附加上鲁德亚德·吉卜林(Rudyard Kipling)著名诗歌《如果》中的句式:"如果你能控制自己的身体和性冲动,那时你才是一个男人,我的孩子。"①

　　正如解放运动在反对种族隔离斗争时期利用法院一样,祖马也利用对他的审判为自己博取同情心。他会在法庭外对一大群激进的支持者发表讲话,并演唱他那标志性的斗争歌曲《带上我的机枪》。②媒体报道他要垮台,但 2007 年他被选为非国大主席时却打破了人们的预测。

　　九个月后,法院以姆贝基干涉起诉为由,撤销了以腐败罪起诉祖马的决定。一年后,这一决定被最高上诉法院(Supreme Court of Appeal)推翻,但那时非国大早已解除姆贝基的总统职务,并由非国大副领导人卡莱马·莫特兰蒂接任。

　　让祖马免于牢狱之祸的第一步是解散蝎子刑事鉴定组(Scorpions),该组织是一个独立的联邦调查局式的单位,于 1999 年在对有组织犯罪的极度关注中成立。它的大部分精力都集中在政府于 1999 年达成的数十亿兰特的军火交易上,并集结了全国最优秀的

---

① Ray Hartley, 'How Zuma lost control—and the people who let him down', *Sunday Times*, 11 February 2018, https://www. timeslive. co. za/sunday-times/opinion-and-analysis/2018-02-10-how-zuma-lost-control-and-the-people-who-let-him-down/, last accessed 18 January 2019.

② Ibid.

打击犯罪的精英。①然而,它确实因高调打击违法者,并经常颇具策略地泄露消息给媒体,使其树敌不少。那些感受到蝎子刑事鉴定组刺痛的人指责该组织为姆贝基的政治利益服务。

在 2009 年大选前的一个月前,代理国家检察长莫科特迪·姆普西(Mokotedi Mpshe)宣布对祖马的指控将不予追究。②直到 2016 年 4 月,在民主联盟进行了漫长的法庭斗争后,一家法院才裁定姆普西"发现自己处于压力之下……因此作出了不理性的决定"。针对祖马的案件重新恢复审理。但在这七年中,祖马有计划地解散了警方和国家检察机关,试图阻止他们继续追究对他的指控。

他任命了自认为是忠心耿耿的人员,其中大多数来自他的家乡夸祖鲁-纳塔尔省:一位新的警察局长取代姆贝基政府任命的警察局长,随后便因腐败而被停职;而统一情报局(the unified intelligence service)和霍克斯小队也都任命了新负责人,它们取代了蝎子刑事鉴定组,并转由警方直接控制。祖马还任命了一位听命于他的新检察长门兹·西梅拉内(Menzi Simelane)。由前检察官转为民主联盟议员的格林尼斯·布雷滕巴赫(Glynnis Breytenbach)在她内容丰富的全盘揭秘著作中吐露出她理想的破灭:"他直截了当地告诉我们,他之所以担任检察长是为了执行执政党的政策。如果你想独立起诉,那你的起诉举动将令人作呕。他对法律和《宪

① 'Monograph 96: The Scorpions. Analysing the Directorate of Special Operations, Jean Redpath', Institute for Security Studies, 1 March 2004, https://issafrica.org/research/monographs/monograph-96-the-scorpions.-analysing-the-directorate-of-special-operations-jean-red-path, last accessed 18 January 2019.
② Hartley, 'How Zuma lost control'.

法》只字未提。完全没有。"①

祖马的许多任命被认为是难以让人信服的,并且不能长久。新任警察局长在上任三年后因一桩违规租赁丑闻而被解雇。检察长西梅拉内任职不到两年,法院就宣布他不适宜担任此职务,因为他曾对调查委员会撒谎。下一任检察长也在一年多后被迫离职,因为他之前有违法记录。当霍克斯和情报部门负责人的个人忠诚度受到质疑时,他们便会被祖马抛弃。②

祖马试图改变宪法法院的尝试收效甚微。在他就职之前,他表示宪法法院法官的地位必须被审查,因为他们"不是上帝"。在他成为总统后,祖马质疑为什么少数人的判决"比享有大多数人的判决更有逻辑性",并表示法院的工作方式必须改变。③

当派厄斯·兰加(Pius Langa)于 2009 年退休后,首席大法官的职位出现空缺,祖马不予理会曾对他提出批评意见的兰加的副手迪克冈·莫塞内克。相反,他任命了桑迪莱·恩格科博(Sandile Ngcobo),后者曾在一桩与祖马有关的案件中撰写过一份有利于少数派的判决书,祖马错误地认为他可能是一位盟友。恩格科博法官担任宪法法院法官的任期一直持续到 2011 年,祖马随后提名了莫洪恩·莫洪恩。④许多法律界人士预计宗教传统主义者莫洪恩会屈服于祖马,但事实并非如此。2016 年 3 月,针对祖马在恩坎德拉

① Breytenbach, *Rule of Law*, p. 137.

② Hartley, 'How Zuma lost control'.

③ Justice Sandile Ngcobo delivered a minority judgment in favour of Zuma in 2008 when he was the only one on the Constitutional Court bench who disagreed that the search-and-seizure warrants used by the Scorpions three years earlier to gather information from the offices of his lawyer, Mike Hulley, were legal.

④ Hartley, 'How Zuma lost control'.

的宅邸,莫洪恩作出判决,该判决的措辞极为严厉,若祖马足够尊重法院,听从判决并下台的话,他的政治生涯就到此为止了。但法院却发现祖马未能遵守保民官关于恩坎德拉报告的规定,该报告命令他偿还用于非安全升级的公共资金,这与他在宣誓就职时所承诺的"维护、捍卫和尊重作为共和国最高法律的《宪法》的义务前后矛盾"。①

祖马在任命图利·马东塞拉为保民官时也犯了同样"错误"——保民官是宪法规定的政府官员。她撰写的两份定罪报告促成祖马提前结束总统任期。在 2014 年的报告中,她发现祖马至少花费 2.5 亿兰特的政府资金用于升级他在夸祖鲁-纳塔尔省农村地区的恩坎德拉私人宅邸,但这些钱并不像他所声称的那样全部用于安全升级。她的第二份报告详细描述了被祖马称之为朋友的商人家族,即古普塔家族,是如何腐化包括祖马本人在内的众多官员和政客的。由马东塞拉建议,雷蒙德·宗多法官领导的这次调查,已经听取了证词,表明祖马身边的许多人都参与腐败行为,但调查也超出这一范围,并且更广泛地深入到执政的非国大中。

由于非国大议员和检察部门不愿采取行动导致的拖延,使得追究祖马对恩坎德拉案的责任是一个缓慢的过程。虽然马东塞拉展开了事无巨细的调查,但她的权力也仅限于建议行动方案。

非国大领导人更倾向于相信祖马的辩护,即所有恩坎德拉的花费确实是为了确保他的安全。马东塞拉表示,祖马必须偿还不符

---

① Ranjeni Munusamy, 'Nkandla judgment: The Mastery of the Concourt vs the Invincibility of Jacob Zuma', *Daily Maverick*, 1 April 2016, https://www.dailymaverick.co.za/article/2016-04-01-nkandla-judgment-the-mastery-of-the-concourt-vs-the-invincibility-of-jacob-zuma/, last accessed 22 April 2019.

合条件的公共资金。警察部部长纳蒂·恩莱科（Nathi Nhleko）受命确定偿还金额，而他也忠诚地得出了祖马不欠国家一分钱的结论。然而，公众很难相信，由他的一位妻子管理的众多住宅、露天剧场、游泳池、牛棚、鸡圈和糖果店，仅仅是为了保证他的安全。

议员们在观看了一段视频后便通过了警察部部长的报告，该报告让祖马有效地脱离了困境；在以《我的太阳》（O Sole Mio）为背景音乐的视频中，警察部部长前往恩坎德拉演示了如何从游泳池抽水灭火。令人惊讶的是，议员们似乎相信"消防水池"是为安全目的而建这一荒谬的故事。

祖马的国家安全部部长戴维·马洛博（David Mahlobo）甚至更加努力地试图保护祖马免受指控。他继续调查有关马东塞拉是中央情报局（Central Intelligence Agency, CIA）特工的说法。这是诋毁她的经典伎俩，因为此事几乎无法被证明，而且她和美国驻比勒陀利亚大使馆也都否认了这些指控。

然而，每当腐败行为被曝光时，国家检察机关却不会严格追究祖马和他的任何助手，但他们却对祖马的批评者穷追不舍。2016年10月，检察长宣布，他将对前财政部部长普拉文·戈尔丹提出控告，指控他涉嫌非法授权提前退休。几个月后，由于此案显然没有胜诉的机会，相关指控被撤销。

在议会中，反对党经济自由斗士党采取大声疾呼的方式来对抗这一问题，每当祖马出现在立法部门时，他们就高唱"还钱"以扰乱会议。在议会未能采取其建议的补救措施后，他们还行动起来向宪法法院提出诉讼。2016年3月，法院裁定祖马未能履行其维护、保护和捍卫《宪法》的职责。祖马对此判决一笑置之，并对他可能造成的任何"混乱"表示歉意，并补充说他当时的所作所为是合法的,因为当时的宪法法院尚未就此案做出裁决。①

非国大领导人继续支持祖马,该党的议员们利用他们在议会中的多数席位来抵制对祖马的多次不信任动议。这促使经济自由斗士党和其他三个反对党于 2017 年 12 月再次诉诸法庭。②法庭给议会 120 天的时间来启动弹劾程序,但在此时间结束之前,祖马却于情人节当天主动辞职。③

让正义重回正轨

纳尔逊·曼德拉在担任总统期间曾在宪法法院面临两项不利裁决,但想到自己长期以来为争取法律下的平等而进行的斗争,他便对此进行了深刻的自我反省:"这两项警诫清楚地表明,在新南非,没有任何人,甚至总统,可以凌驾于法律之上,普遍的法治,特别是司法部门的独立性应得到尊重。"④

拉马福萨在南非向民主制度过渡期间曾与曼德拉密切合作。他不仅对自己帮助制定的《宪法》有着深刻的理解,而且还重视牢固制度的价值,尤其是牢固经济制度的价值。许多人问及拉马福

---

① Hartley, 'How Zuma lost control'.

② Claudi Mailovich, 'How we got to the ConCourt hearing Zuma's impeachment case', *Sunday Times*, 29 December 2017, https://www. timeslive. co. za/politics/2017-12-29-how-we-got-to-the-concourt-hearing-zumas-impeachment-case/, last accessed 18 January 2019.

③ 'Jacob Zuma resigns as president of South Africa', News24, 14 February 2018, https:// www. news24. com/SouthAfrica/News/jacob-zuma-resigns-as-president-of-south-africa-20180214, last accessed 18 January 2019.

④ Lauren Segal and Sharon Cort, *One Law, One Nation: The Making of the South African Constitution*, Auckland Park: Jacana, 2011, p.10.

萨是否有足够的胆量和必要的支持来贯彻其严厉的反腐败讲话精
神。由副首席大法官雷蒙德·宗多主持的调查委员会已经开始审
理令人震惊的腐败和国家劫持指控,其中牵涉到大量著名的非国
大领导人。这些案件的数量可能会在未来几年内阻塞法院系统,
而检察机关的权力也需要加强,特别是在最近有经验的检察官大
规模外流之后。

然而,如果拉马福萨不兑现其整肃治理的誓言,他将失去信
誉。不过,他是个进展缓慢的管理者。在他第一年任期即将结束
时,他宣布:在经过公开透明的面试程序后,国际刑事法院(Inter-
national Criminal Court)检察官的前高级法律顾问莎米拉·巴托
希将成为新任检察长,这在南非尚属首次。司法专家、反对党和媒
体称赞拉马福萨对她的任命显示出他对法治的承诺。

然而,祖马才是大老虎。对拉马福萨的大部分支持都来自那
些希望看到这位前总统被绳之以法的人。祖马给总统府的账户留
下一大堆法律账单,金额达数百万兰特。12 月,一家法院裁定祖马
应对这些账单负责,但祖马对该裁定提出上诉。与此同时,账单也
在不断增加。对祖马腐败指控的审判正在进行中,尽管他一再要
求出庭,但迄今为止,他的风格是利用一切可能的方法来拖延法律
程序。他利用出庭的机会召集支持者,而他们也经常成群结队地
出现。像谢赫这样的前盟友和同伙本可以作证指控他,但谢赫却
因保外就医而被提前释放。①

---

① Andre Jurgens, 'There are tales Schabir Shaik can tell…', *Sunday Times*, 16
October 2017, https://www.timeslive.co.za/politics/2017-10-16-there-are-tales-
schabir-shaik-can-tell/, last accessed 18 January 2019.

第十章

公民社会：来自外部的推力

在南非，几乎每天都会出现抗议活动。穷人们对不达标的生活条件或缺乏市政服务而感到灰心丧气，他们走上街头，有时会采取暴力方式，以此作为最后的手段来表达他们的诉求。

然而，2017 年 4 月 7 日的情况有所不同。当时的总统雅各布·祖马在深夜出人意料地对内阁进行了改组，能力出众的财政部部长普拉文·戈尔丹被一个倒霉的新人所取代；几天后，成千上万的民众在南非最大的四座城市——比勒陀利亚、德班、约翰内斯堡和开普敦发起抗议活动。所有种族的中产阶级全部请假，离开他们的舒适区以表达他们的不满，挥舞着的海报上写着："祖马必须下台。"自种族隔离时代以来，从未有如此多的南非人如此广泛地聚集在一起抗议政府。

国库被认为是对抗祖马及其在政府内部和企业中的同伙的最后堡垒，这些人花费精力在一个被南非人称之为"国家劫持"的项目中将国家资金非法转入到他们的口袋之中。经济灾难迫在眉睫，两家评级机构将南非的评级降至垃圾级。戈尔丹后来证实：

"这一突如其来的评级公告对南非经济的破坏性影响估计约为5000亿兰特。"①

这些游行是在"拯救南非运动"(Save South Africa campaign)下组织的，该运动是由反对祖马领导权的公民社会组织、政客、企业和个人组成的一个松散团体。几个月后，当西里尔·拉马福萨被选为非国大主席时，他们如愿以偿。在祖马被迫辞职几周后，拉马福萨接任国家总统职位。公民社会阻止了祖马对国家的破坏，就像23年前公民社会对种族隔离政府所做的那样。

种族隔离时期

在殖民时期，最早的一些反对奴隶制和种族主义的斗争来自传教士和人道主义者。他们希望废除奴隶制，但却遭到拥有奴隶的布尔农民和英国定居者的反对。②一个多世纪后，尽管一些教会利用上帝"选民"的概念来为政府的种族隔离意识形态辩护，但依旧是神职人员和那些有组织的宗教人士团结在一起，与种族隔离制度的不公正现象作斗争。

在这些抗议者中，有世界基督教协会(World Council of Chur-ches)，他们在1960年沙佩维尔屠杀后采取了反对种族隔离的立

---

① Marianne Merten, 'State Capture wipes out third of SA's R4.9-trillion GDP—never mind lost trust, confidence, opportunity', *Daily Maverick*, 1 March 2019, https://www.dailymaverick.co.za/article/2019-03-01-state-capture-wipes-out-third-of-sas-r4-9-trillion-gdp-never-mind-lost-trust-confidence-opportunity/, last accessed 22 April 2019.

② Saul Dubow, *South Africa's Struggle for Human Rights*, Auckland Park: Jacana, 2012, p.30.

场，当时有 69 人在警察向抗议者开枪后被杀害；讲阿非利堪斯语的白人神职人员贝耶斯·瑙德（Beyers Naude），于 1963 年成立基督教协会（Christian Institute），以促进种族间的和解；此外，来自索韦托的主要是黑人神学家的团体，他们于 1985 年发表《凯罗斯文件》（*Kairos Document*），该文件质疑一些教会在紧急状态期间针对种族隔离政府的恶毒政策反应冷淡。[①]

南非教会理事会（South African Council of Church）成立于 1968 年，是一个由大约三十多个教会团体组成的跨宗派论坛，已成为最突出和最有道义的反种族隔离的发声团体之一。它旨在团结教会为民主而战，反对那些支持种族隔离的教会。[②]该组织已存在半个多世纪，并通过谴责非国大政府中的腐败行为再次发挥重要作用，而非国大政府正是它曾为之奋斗以求建立的政府。其队伍中的重要人物，如名誉大主教和诺贝尔和平奖获得者德斯蒙德·图图和弗兰克·奇卡内牧师再次现身并大声疾呼，就像他们在种族隔离时期所做的那样。

同时期也有一些其他公民社会组织得以延续。最古老的组织之一是创立于 1955 年的"黑腰带"（Black Sash），它因中产阶级白人女性为抗议黑人选民被剥夺选举权而创立。她们最初的关注点是宪法问题，但后来将围绕种族歧视的道德、法律和社会经济问题也考虑在内。她们与其他妇女团体一起组织游行，还设立咨询办公室，人们在那里可以获得免费的律师助理咨询。[③]该组织仍在游

---

① Lourens du Plessis, 'South Africa', in Gerhard Robbers（ed.）, *Encyclopedia of Law and Religion: Volume 1, Africa*, Leiden: Brill, p.272.

② 'Founding', South African Council of Churches, http://sacc.org.za/history/, last accessed 22 April 2019.

③ 'History of the Black Sash', Black Sash, https://www.blacksash.org.za/index.php/our-legacy/history-of-the-black-sash, last accessed 22 April 2019.

说政府，并围绕社会经济问题提起诉讼。

法律权利成为那些被剥夺公民权群体的重要武器。到 20 世纪 70 年代，涌现出一些非政府的公众利益法律组织来捍卫人权，如 1978 年成立的法律资源中心，由亚瑟·查斯卡尔森（Arthur Chaskalson）领导，他于 1994 年成为民主南非的第一位首席大法官。该中心对种族隔离立法发起直接挑战，如通行证法和《集团居住法》(the Group Areas Act)。①工会成员在辩论获得法定承认的战略利弊时，也诉诸法律。

公民社会组织间紧密合作，但在很大程度上独立于主流社会和被禁的政治组织而运作，如 20 世纪 70 年代的非国大。除"黑腰带"以外，"释放曼德拉运动"（Release Mandela Campaign）、"索韦托父母危机委员会"（Soweto Parents Crisis Committee）以及"被拘留者父母支持委员会"（Detainees' Parents Support Committee）等组织也很突出。虽然政府指责这些公民社会组织为恐怖主义，但他们很难在法庭上证明这一点。②

到 20 世纪 80 年代中期，公民社会通过与联合民主阵线的联系而向非国大靠拢；在非国大遭取缔期间，联合民主阵线便成为南非国内解放运动的代表。此时，在南非国内，政府与那些反对种族隔离的平民发生小规模冲突，而大规模的抵抗也在公开场合爆发。1983 年联合民主阵线成立时，其创始人之一，开普敦活动家和神职人员阿兰·博萨克（Allan Boesak）呼吁建立一个"教会、公民协会、工会、学生组织和体育机构的联合阵线"以对抗压迫。他的呼吁得到充分的支持。在来自欧洲和其他地方的外国资金的帮助下，联

---

① Dubow, *South Africa's Struggle for Human Rights*, p.84.
② Edwin Cameron, *Justice: A Personal Account*, Cape Town: Tafelberg, 2014, p.29.

合民主阵线再次提出对 1955 年《自由宪章》所呼吁的权利的认识，并围绕着"联合民主阵线团结一致，种族隔离制度分崩离析"的口号进行集会。①联合民主阵线得到所有种族活动家的支持，成立之初是为了集中精力反对三院制议会：该议会允许有色人种和印度人进行名义上的政治参与，但却排斥非洲黑人。

迫于来自国内和国际的压力，政府放松了对政治组织的一些限制，因此，联合民主阵线获得一丝喘息空间。室外政治集会仍被禁止，但却允许在室内集会和召开会议。包括另类报刊和社区报纸在内的媒体也越来越多地报道反对力量对种族隔离制度的反抗而免受处罚。②

20 世纪 80 年代，联合民主阵线及其 400 个公民、教会、学生和工会附属机构的捍卫权利的言论在使种族隔离政府失去合法性方面发挥了重要作用。③成立于 1985 年的南非工会大会组织了反对种族隔离法律的罢工，并强调工人的权利，它为联合民主阵线提供了急需的动力，因为后者有时在组织会议和抗议游行方面存在困难。④

1991 年，在解除对非国大和其他解放组织的禁令后，联合民主阵线举行了最后一次会议。非国大的坚定分子沃尔特·西苏鲁告诉代表们：联合民主阵线确实"决定性地扭转了局势而不再有利于（国民党）政权的进一步发展"。它使权力从种族隔离政权向解放

---

① 'Turning the Tide: A chapter from the UDF. A history of the United Democratic Front in South Africa', South African History Online, https://www. sahistory. org. za/articles/turning-tide-chapter-udf-history-united-democratic-front-south-africa, last accessed 22 April 2019.

② Ibid.

③ Dubow, *South Africa's Struggle for Human Rights*, p.88.

④ 'Turning the Tide', South African History Online.

运动倾斜。①

种族隔离结束，进入艾滋病时期

在南非实现了反种族隔离活动家们为之奋斗的民主过渡后不久，国家就面临着新的重大挑战。20 世纪 80 年代，艾滋病成为世界性的重大问题，而非洲国家受到的打击最为严重。艾滋病在南非的蔓延开始明显失控，特别是在流亡者从该病流行率较高的邻国返回后。由于巨大的羞耻感，许多人宁愿生活在无知中，也不愿接受病毒检测。②

一位从小就参加反种族隔离斗争的年轻活动家扎基·阿克马特（Zackie Achmat）在这一时期崭露头角。《纽约客》（*The New Yorker*）称他为"自纳尔逊·曼德拉以来南非最重要的持不同意见者"。③阿克马特是一名同性恋权利活动家，也是 1998 年"治疗行动运动"的联合创始人，他负责药品定价这一生死攸关的问题。他自己也是艾滋病病毒携带者，在大多数患者仍无法得到治疗的时候，他拒绝继续接受治疗。抗逆转录病毒药物的生产成本很低，但国际制药公司持有专利就意味着穷人甚至是中产阶级都负担不起该药物。当时，人们认为数以千万计的非洲人可能面临死于一种他

---

① 'Turning the Tide', South African History Online.

② Cameron, *Justice*, p. 95.

③ Samantha Power, 'The Aids Rebel', *The New Yorker*, 11 May 2003, https://www.newyorker.com/magazine/2003/05/19/the-aids-rebel, last accessed 22 April 2019.

们负担不起治疗费用的疾病。①

然而,以新的和复杂的方式进行的抗击艾滋病病毒/艾滋病的斗争被证明是异常艰难的。南非是个保守社会,与艾滋病作斗争时涉及的关于性和性行为的对话是艰难且令人不快的。这也使得以前的同志们彼此对立起来。

20世纪90年代初,公民社会组织与非国大领导人(后来的执政党)合作,制定了南非防治艾滋病政策。当治疗行动运动成立时,公民社会组织期望能继续进行这项工作,但却遭到塔博·姆贝基的阻挠,他在1999年成为总统后不久就明确表示他相信关于艾滋病病毒/艾滋病的持不同意见者。姆贝基还认为艾滋病药物有毒,不应该由公共卫生系统提供。性方面的复杂性也开始发挥作用。在2001年的一次演讲中,姆贝基将矛头对准活动家们,他称治疗行动运动的抗议者们认为非洲人是"细菌携带者,低等的人类",他们无法使自己的"激情服从于理性"。②姆贝基在种族隔离时期的大部分时间都是在流亡中度过的,他对像联合民主阵线这样的机构是如何组织起来反对种族隔离的缺乏一手经验。他不信任外国资助的非政府组织,他认为这些组织追求的是西方的议程,而不是非洲的。时至今日,许多活动家仍将数十万与艾滋病有关的死亡归咎于他。

在药品价格问题上,公民社会活动家们认为,在商业和政治方面需要一种新的思维方式。起初,他们的观点看似颇为离奇,但经过不懈的努力,他们很快在南非和国外的普通民众中获得同情。

----

① Cameron, *Justice*, p.118.
② Ibid., p.131.

他们在法庭上质疑政府的观点。2001 年，治疗行动运动对卫生部部长曼托·查巴拉拉−姆西曼（Manto Tshabalala-Msimang）提起一项诉讼，该诉讼要求公共卫生系统向艾滋病病毒呈阳性的孕妇提供奈韦拉平，以防止其婴儿也遭受感染。法律活动家埃德温·卡梅伦法官在与艾滋病病毒/艾滋病的斗争中处于核心地位，多年后他在回忆录中写道，公民社会活动家们对诉诸法庭感到"心情沉重"，因为许多人支持非国大，并与现在在政府中任职的前活动家们有联系。[1]一些活动家甚至不得不劝说自己：法庭行动并非叛国，而是民主国家追求的合法行动。[2]

卡梅伦反思了活动家们更广泛的成功经验：

> 他们彻底改变了我们对穷人有权获得适当医疗保健的认识。如今，他们的观点被医疗保健规划者、政府、国际组织甚至是制药公司广泛接受。真正改变道德面貌的是治疗行动运动及其在世界各地的盟友对制药公司不道德地利用艾滋病药物专利发起的有原则的、巧妙的、高能的攻击。[3]

另一位终身活动家是马克·海伍德（Mark Heywood），他领导了维特瓦特斯兰大学的艾滋病法律项目（AIDS Law Project），并与阿克马特共同创立了治疗行动运动。他表示，"反对种族隔离的斗争以及预防、治疗艾滋病感染的斗争之间存在连续性。自由对于

---

[1] Cameron, *Justice*, p.151.

[2] Mark Heywood, *Get Up! Stand Up! Personal Journeys Towards Social Justice*, Cape Town: Tafelberg, 2017, p.122.

[3] Cameron, *Justice*, p.118.

尊严和自主性至关重要,是生存和蜕变的机会。它旨在提供平等。而这正是人民在解放斗争中为之奋斗和牺牲的内容"。①

就像反对种族隔离的斗争一样,反对药品价格的斗争也是全球性的。2001 年,治疗行动运动站在政府一边参与了一起由大型制药公司(Big Pharma)提起的,以纳尔逊·曼德拉为第一被告的诉讼,随后便与国际艾滋病病毒/艾滋病非政府组织取得联系。制药公司对政府在市场上创造竞争和降低药品价格的法律感到不满。海伍德写道,基础药物的定价成为了"可能是 21 世纪第一次全球协调的人权运动"。互联网和电子邮件等新技术对此运动有所助益。作家约翰·勒卡雷(John le Carre)、歌手安妮·蓝妮克丝(Annie Lennox)和波诺(Bono)也加入其中。政府在这场诉讼中获胜,抗逆转录病毒药物的价格急剧下跌。②

海伍德评述道:"新的斗争"在许多方面不同于反种族隔离斗争。"与以往的斗争不同的是,使活动家们遇害的不再是种族隔离的子弹或刽子手的绞索,而是一种已经能够治疗的病毒。但是,死亡的人数却越来越多。"根据治疗行动运动的估计,到 2003 年,每天有 600 人死于艾滋病病毒/艾滋病。海伍德写道,与过去的种族隔离政府不同,艾滋病病毒不存在种族歧视,"但对艾滋病的治疗服务却存在不平等现象与阶级差异性"。③

治疗行动运动使用不合作主义策略,模仿非国大在 20 世纪 50 年代的蔑视不公正法运动,试图刺激姆贝基采取行动。在 2003 年 3 月 21 日人权日发起的运动中,抗议者举着印有姆贝基的海报,上

---

① Heywood, *Get Up! Stand Up!*, p. 92.
② Ibid., pp. 115 – 118.
③ Ibid., p. 137.

面写着"因未能阻止每天 600 例艾滋病病毒/艾滋病患者的死亡而被通缉"。他们还把旧的斗争歌曲改成关于治疗行动运动和抗逆转录病毒治疗的内容。法院迫使政府开始在公共卫生系统中提供艾滋病药物；此后不久，姆贝基的权力开始减弱。雅各布·祖马于2007 年接任党的领导人和总统。到那时，内阁在治疗行动运动的帮助下，已为未来几年编写了一份国家卫生战略计划，官方政策设定的目标是到 2011 年让 250 万人接受抗逆转录病毒治疗。[①]

国家劫持的冲击

祖马政府最初对于艾滋病病毒/艾滋病活动家来说是一种安慰。尽管他看起来很无知，因为他在 2006 年的强奸案审判中作证表示（该案中他被宣告无罪），在无保护措施的性行为后通过洗澡就能防止艾滋病病毒感染，但他的政府却推动了药物的公开推广。南非国民的预期寿命开始稳步增长，从 2006 年的男性 52 岁、女性56 岁低点达到 2018 年的男性 61 岁、女性 67 岁。[②]海伍德写道：祖马的卫生部部长艾伦·莫茨尔莱迪（Aaron Motsoaledi）"以其战胜艾滋病的热情和决心使活动家们都为之倾倒"。[③]

随着政府对防治艾滋病事业的重视，海伍德的艾滋病法律项目于 2010 年停工并转变为一个更大的社会正义组织，名为第 27 条

---

① Heywood, *Get Up! Stand Up!*, p.154.

② 'Mid-year population estimates', Statistics South Africa, 2018, https://www. statssa.gov.za/publications/P0302/P03022018.pdf, last accessed 22 April 2019.

③ Heywood, *Get Up! Stand Up!*, p.157.

组织(Section27,这指的是《宪法》中涉及社会经济权利的章节）。当第 27 条组织与治疗行动运动和大约 50 个组织一起参加由劳工联盟科萨图组织的公民社会会议时,立即引发争议,该会议本质上是为了对抗祖马和他执政时期出现的腐败现象。非国大对此展开猛烈抨击,称第 27 条组织是"由外国资助的、伪装成公民社会倡导者的帝国主义代理人",他们正试图诋毁和推翻执政党。①但该会议的组织者表示,这次集会只是试图"重新发现公民社会组织之间的团结",之前它们一直在服务提供、人权和问责问题上各自为政。②后续会议从未举行过,但此次会议为七年后工会和公民社会试图推翻祖马的共同事业埋下种子。

在最初对祖马执政的第一年采取观望态度后,公民社会组织于 2010 年开始组织起来,当时有人试图围绕政府引入更多的保密措施。《国家信息保护法案》(*Protection of State Information Bill*),又被媒体称为《保密法案》(*Secretary Bill*),该法案将赋予政府官员出于国家利益考虑而将政府信息列为"最高机密"的权利。这是一项宽泛的法案,同时也将举报和调查性的新闻定为犯罪。③2011年,尽管新成立的非政府组织"有权知情运动"(the Right to Know Campaign)开展了激烈的抗议活动,但大多数非国大议员还是投票

---

① Greg Nicolson, 'Section27: "Everywhere they need help—we just give them help"', *Daily Maverick*, 15 May 2013, https://www.dailymaverick.co.za/article/2013-05-15-section27-everywhere-they-need-help-we-just-give-them-help/, last accessed 22 April 2019.

② Nonkosi Khumalo and Mark Heywood, 'ANC statement reminiscent of Mbeki-era paranoia—TAC/SECTION27', Politicsweb, 3 November 2010, https://www.politicsweb.co.za/documents/anc-statement-reminiscent-of-mbekiera-paranoia—ta, last accessed 22 April 2019.

③ Chipkin et al. (eds), *Shadow State: The Politics of State Capture*, Johannesberg: Wits University Press, 2018, p. 2.

通过了该法案。他们仍在反击这项被搁置的法案。

在祖马担任总统期间,贪腐问题日益受到关注。祖马本人在成为总统前就曾面临许多腐败指控,但国家检察院以政治为由撤销了这些指控(这些指控后来又被恢复)。祖马总统任期内的第一宗重大丑闻发生在他试图用纳税人的钱将恩坎德拉私人宅邸上价值数百万兰特的升级改造工程冒充成安全升级工程,该宅邸位于夸祖鲁-纳塔尔省的农村地区。第二桩丑闻是古普塔商人家族显然是祖马的朋友,他们以及祖马家族成员都可以从祖马的职位上获得不正当的个人利益。①

劳工联盟科萨图(如今隶属于非国大)于 2012 年启动腐败观察组织(Corruption Watch),因此,它是一种政治行为。贪腐已经渗透到整个政府系统,甚至包括交通警察和移民官员,而其中很少会有被起诉的情况。除了公开宣扬透明度和问责制外,腐败观察组织还调查向其举报的腐败案件,然后再悄悄地将这些案件移交给当局。②

尽管要求祖马下台的呼声越来越高,但他还是在 2012 年底的一次党员集会上再次当选为非国大主席。有权势的非国大全国执行委员会有八十位领导人,其中大多数都依赖祖马担任部长职务,而且显而易见的是:这就和种族隔离政府一样,仅仅从内部打击腐败十分困难。还需要外部压力。

似乎每周都有媒体报道揭露涉及祖马,古普塔家族及其同伙的不当行为。像前财政部部长普拉文·戈尔丹这样的内部人士敦

---

① See Chapter Five, on corruption.

② Corruption Watch, https://www.corruptionwatch.org.za/, last accessed 22 April 2019.

促南非公众从这些报道中找到模式并"将点滴细节整合在一起"。很明显,这些欺诈和腐败事件是有联系的,它们构成了祖马及其私人顾问团更大项目的一部分,该项目被称为国家劫持。

2017 年,在非国大的十二月选举大会召开前发生的三件事终于开始让非国大内部的意见转向反对祖马。首先是教会,它们对祖马领导权的道德影响越来越关注。2017 年初,南非教会理事会发布了其消除负担小组(Unburdening Panel)报告草案。在该草案发布前,理事会为那些可能参与了国家劫持项目,或者可能了解该项目的人提供了一个忏悔空间,使他们可以自由发言而不必担心被起诉或迫害。

其次,还有南非的学者,他们编写了自己的报告,证实了教会所说的许多内容。正如戈尔丹所敦促的那样,他们合作两个月"将点滴细节整合在一起",最终于 2017 年 5 月发布了一份题为《承诺的背叛》(Betrayal of the Promise)的报告。虽然这份报告中的大部分内容已经公之于众,但更大范围内的严酷现实终于开始触及民众痛点。

第三,就是媒体。与种族隔离时期不同,记者现在享有宪法保护,可以自由报道,尽管偶尔也会有人试图对他们进行禁言。来自古普塔家族旗下公司的一台载有大量机密电子邮件和文件的整个计算机服务器被泄露给媒体,并由从事调查性新闻的非政府组织屎壳郎调查机构新闻调查中心(Centre for Investigative Journalism)和在线出版物《独行者日报》联合发表。被称为"古普塔泄露"(GuptaLeaks)的大部分内容成为《承诺的背叛》这一报告中的证据。它还证实了已经出现在公共领域的信息,但直到那时,被牵连的各方还仍旧对这些信息矢口否认。一些泄露的内容还包含着新的信息。

《承诺的背叛》的作者们后来在一本题为《影子国家：政府俘获的政治》(*Shadow State: The Politics of State Capture*)的书中讲述了他们的经历，这三起事件最终"引发了一场风潮，有效地将公众的叙述从一个孤立的腐败个例转变为关于国家劫持的系统性过程，该过程由致力于明确政治项目的权力精英所协调"。[①]

随着保民官图利·马东塞拉于 2016 年 10 月发布《国家劫持》报告，大部分势头已然开启，该报告建议成立一个调查委员会以调查国家劫持和腐败现象。[②]除了祖马的亲信们对马东塞拉的攻击外——他们颇为诡异地指责她是一名外国特工——政界对该报告的反应平淡。

与此同时，祖马于 2017 年 4 月解除了普拉文·戈尔丹的财政部部长职务，此举引发全国范围内的游行，其规模之大犹如在种族隔离时期的南非所见。这些游行是在新组织的旗帜下，与"拯救南非运动"和"未来南非"(Future South Africa)这些组织的老一辈骨干分子、斗争领袖一起组织起来的。16 个月前，类似的手段曾让能力出众的财政部部长恩兰拉·内内被一位前自治市市长所取代，时长仅为一个周末；之后祖马便受到党内领导人的训斥，戈尔丹随即被任命。祖马对财政部的干预，以及随之而来的金融混乱，引发了中产阶级的激烈反应。对大多数学生而言，学费高得令人望而却步，他们反对上调大学学费行动的有效性也鼓励了中产阶级；学

---

① Chipkin et al., *Shadow State*, p. xxv.

② The Public Protector is one of six independent state institutions set up under the Constitution to support democracy and investigate public complaints about government abuses.

生行动开始于 2015 年 10 月,随后持续数月之久。在社交媒体和海报上,"学费必须下降"的标签被改为"祖马必须下台"(ZumaMust-Fall)。

记者、社会运动、工会、法律援助中心、非政府组织、教会与学术界联合并动员起来反对国家劫持的方式,让人想起 20 世纪 80 年代公民社会反对种族隔离的方式。意识形态迥异的团体和民众为了一个共同的目标而走到一起:广泛支持《宪法》、民主以及现代化的专业政府。①然而,这一次的政治斗争是在国家政府内部展开的,而且是为了国家政府。公民社会团体利用诉讼和游行,并且他们也试图游说非国大领导人改变这一说辞:即政府中的犯罪行为可以被辩解为一种通过彻底经济变革来实现某种地方及黑人所有权的必要手段。②

商业协会也被动员起来,如南非商界领导协会(Business Leadership South Africa),该协会由一批首席执行官组成,他们发布新闻声明公开批评政府。他们还筹集资金支持各种反国家劫持运动,包括反对公共关系机构贝尔·波廷格的运动,该机构由古普塔家族资助,通过在社交媒体上进行宣传来煽动南非分裂。为将祖马赶下台,商界甚至与工会和南非共产党结盟。③

祖马政府周围的官员把对祖马的反对说成是"白人垄断资本主义"的种族主义帮凶的行为——该行为反对"彻底经济变革"的政治和社会力量——或者把反对祖马的人称为为外部势力谋取利

---

① Chipkin et al., *Shadow State*, p. 1.
② Ibid., p. 12.
③ Ibid., p. 10.

益者。①"外国代理人"的标签并不新鲜,它源于这样一个事实:即由于当地严重缺乏慈善文化氛围,公民社会组织大多依赖外国资金来源,而这些资金通常又是由支持民主的慈善家和政府所资助的。

2017 年 12 月,当西里尔·拉马福萨在非国大会议上当选为该党领导人后,祖马在全国范围内失去权力。公民社会为推翻祖马而付出努力,而拉马福萨的支持者则是这些努力的幕后推手,在党内元老说服祖马辞职后,拉马福萨于 2018 年 2 月接任总统。自那时起,像"拯救南非运动"等组织提出的许多要求都得到了满足,如恢复刑事司法体系的信誉,任命一个委员会负责调查国家劫持以及采取措施整肃政府和国有企业中的腐败问题。②

拉马福萨担任总统并非全是好消息。祖马似乎仍然掌管着他家乡省份夸祖鲁-纳塔尔的赞助网络,而非国大最高领导层中几乎有一半的人不支持拉马福萨当选为该党领导人,并且仍然在积极反对他。同时,在公民社会中,"拉马福萨效应"可能很快就会让许多非政府组织赔钱,因为在资助者看来,危机时刻已经过去。曾资助过许多公民社会组织和新闻机构的开放社会基金会(Open Society Foundation)前主任法蒂玛·哈桑(Fatima Hassam)告诉《独行者日报》记者丽贝卡·戴维斯(Rebecca Davis):"由于拉马福萨效应,人们担心会出现社会正义资金危机。"哈桑说:"有那么一刻,人们意识到我们需要资助一家自由媒体——但当西里尔·(拉

---

① Chipkin et al., *Shadow State*, p.7

② Sipho Pityana, 'How civil society is taking the fight to government', News24, 20 October 2017, https://www.news24.com/Columnists/GuestColumn/how-civil-society-is-taking-the-fight-to-government-20171020, last accessed 22 April 2019.

马福萨)被任命的那一刻,这种意识就烟消云散了。"她警告说:"如果你的资金取决于谁在担任政治职务,那你就会对可持续性造成更大的威胁,"她接着说道:"民主就像洗澡一样,你必须每天都得洗。"①

---

① Rebecca Davis, 'SA civil society veteran warns of the dangers of the "Ramaphosa effect"', *Daily Maverick*, 7 February 2019, https://www.dailymaverick.co.za/article/2019-02-07-sa-civil-society-veteran-warns-of-the-dangers-of-the-ramaphosa-effect/, last accessed 22 April 2019.

第十一章

暴力社会中的暴力政治

南非政治是在暴力的背景下进行的。种族隔离时代的分裂一直延续到后种族隔离时代的社会中，给这个国家留下虐待妇女、殴打和谋杀的悲惨名声。警方每年记录约 65 万名暴力受害者。①《南非是世界上最暴力和最不安全的国家之一》，这是一份报纸头条对这种情况的总结。②人们对警察的信任度很低，公司和个人雇用了50 多万名私人保安，其数量是警员数量的两倍之多。③这笔私人安保的费用估计为每年 37 亿美元。

---

① Chandre Gould, 'Comment: Why is crime and violence so high in South Africa?', AfricaCheck, 17 September 2014, https://africacheck. org/2014/09/17/comment-why-is-crime-and-violence-so-high-in-south-africa-2/, last accessed 22 April 2019.

② 'South Africa is one of the most violent and unsafe countries in the world', BusinessTech, 18 June 2015, https://businesstech. co. za/news/government/90808/south-africa-is-one-of-the-most-violent-and-unsafe-countries-in-the-world/, last accessed 22 April 2019.

③ Krista Mahr, 'High South African crime rates and low faith in police boost private security in Guateng', *Financial Times*, 13 May 2017, https://www. ft. com/content/ab7600e4-2068-11e7-b7d3-163f5a7f229c? mhq5j = e1, last accessed 22 April 2019.

这种暴力气氛被带入政治生活。在南非以外的地方，人们对此知之甚少。大多数国际观察人士认为纳尔逊·曼德拉、大主教德斯蒙德·图图以及"彩虹之国"概念所带来的和解奇迹仍然存在。然而，毫无争议的是，政治谋杀和恐吓现在已经破坏了南非的政治。暴力和恐吓是对民主进程的一种威胁。除非这些问题得到解决，否则选举的合法性显然存在遭受破坏的风险。

2016年6月，时任警察部部长恩科西纳蒂·恩莱科(Nkosinathi Nhleko)宣布成立一个警察特别工作组来调查和预防政治谋杀。①他在一份声明中说道："我们严重关切地注意到谋杀事件，特别是政治人物成为受害者或谋杀事件与即将成立的地方政府有关。我们不能允许这样的情况继续下去，尤其是在民主背景下。"一年后，恩莱科报告说，谋杀仍在继续，特别工作组的工作也在继续，该工作组由7名侦探，5名犯罪情报官员，4名霍克斯成员和11名出租车暴力工作组的成员组成。②

恩莱科没有公布任何起诉细节，也没有公布警察工作组的调查结果。调查工作的失败让公众对问题的严重性一无所知。至少同样令人担忧的是，警方未能起诉这些谋杀案的参与者。在2016年发生了一连串政治谋杀事件后，政治评论家加雷思·范奥塞伦注意到："在每起案件中，警方都表示杀人动机不明，但也不排除政治因素。在每起案件中，都没有关于逮捕的报道，并且警方要求公

---

① African News Agency, 'Special police task force to probe political killings, says police minister', *Financial Times*, 5 June 2016, https://mg.co.za/article/2016-06-05-special-police-task-force-to-probe-political-killings-say-minister, last accessed 22 April 2019.

② '2016 political violence in South Africa', eNCA, 27 July 2016, http://www.enca.com/south-africa/2016-political-violence-in-south-africa, last accessed 22 April 2019.

众提供情报。"①据分析师戴维・布鲁斯（David Bruce）统计，2014年在他揭露的 120 起政治谋杀中，只有 10％的案件可能被定罪。②

其他人则认为暴力的规模甚至更大。一家广播公司表示，在1994 年至 2013 年期间，他们仅在夸祖鲁-纳塔尔省就登记了 450 起政治谋杀。然而，在这些谋杀案中，只有不到十分之一的案件被成功定罪。③

非国大内部的暴力

从分析中可以清楚地看出，直到最近，大多数暴力和谋杀都是在非国大内部发生的。这反映在《经济学人》一篇关于夸祖鲁-纳塔尔省的文章标题上：《一个最暴力的地区：南非执政党正在与自己交战》。④

这些内部冲突几乎每周都有媒体报道。2018 年 5 月 11 日晚

① Gareth van Onselen, 'Political assassinations are on the rise', *Rand Daily Mail*, 29 February 2016, https://www.businesslive.co.za/rdm/politics/2016-02-29-political-assassinations-are-on-the-rise/, last accessed 22 April 2019.

② David Bruce, 'Political Killings in South Africa: The Ultimate Intimidation', Institute for Security Studies Policy Brief, 3 November 2014, https://issafrica.org/research/policy-brief/political-killings-in-south-africa-the-ultimate-intimidation, last accessed 22 April 2019.

③ 'Hundreds of political killings left unsolved', eNCA, 20 July 2016, http://www.enca.com/south-africa/hundreds-of-political-killings-left-unsolved, last accessed 22 April 2019.

④ 'A most violent region: South Africa's ruling party is at war with itself', *The Economist*, 30 September 2017, https://www.economist.com/middle-east-and-africa/2017/09/30/south-africas-ruling-party-is-at-war-with-itself, last accessed 22 April 2019.

七点,在夸祖鲁-纳塔尔省的彼得马里茨堡(Pietermaritzburg)地区,当穆萨文科西·马卡塔·麦楚努(Musawenkosi Maqatha Mchunu)驶入自己的车道时遭到持枪歹徒的伏击,枪手们向他连开几枪。①他身中数枪,被紧急送往医院,但因伤势过重而死亡。麦楚努是非国大地区分部的一名召集人。这起谋杀事件虽然并不罕见,但却足以让非国大担心,以至于拉马福萨总统和其他几位非国大领导干部都去探望他的遗属。②在这次事件中,谋杀似乎是出于政治动机而非经济动机。麦楚努是拉马福萨的主要支持者,而在该地区,非国大的大多数分部都支持前总统雅各布·祖马。③

　　非国大的内部暴力往往是争夺政治影响力的部分内容——这是获得政府合同的一种手段。④政治经常(但绝不是唯一)由腐败驱动。由于政治权力是通往财富和影响力的必经之路,因此党内的反对者会被杀害。无论通过什么方式获得职位,官员都可以获得特权

---

① 'SAPS political violence task team probes murders of ANC and IFP members', Independent Online, 12 May 2018, https://www.iol.co.za/news/south-africa/kwazulu-natal/saps-political-violence-task-team-probes-murders-of-anc-and-ifp-members-14939632, last accessed 22 April 2019.

② 'Ramaphosa arrives at the KZN home of slain ANC councillor', *The Citizen*, 14 May 2018, https://citizen.co.za/news/south-africa/1925899/ramaphosa-arrives-at-the-kzn-home-of-slain-anc-councillor/, last accessed 22 April 2019.

③ 'SAPS political violence task team probes murders of ANC and IFP members'.

④ See Mary de Haas, 'The Killing Fields of KZN: Local Government Elections, Violence and Democracy in 2016', *South African Crime Quarterly*, no. 57 (2016), pp. 43 - 53; Karl von Holdt, 'South Africa: The Transition to Violent Democracy', *Review of African Political Economy*, vol. 40, no. 138 (2013), pp. 589 - 604; and Jakkie Cilliers and Ciara Aucoin, 'Economics, Governance and Instability in South Africa', Institute for Security Studies Policy Brief, 19 June 2016, https://issafrica.org/research/papers/economics-governance-and-instability-in-south-africa, last accessed 22 April 2019.

和资源,他们用此来奖励自己、家人以及亲属。正是这种腐败和赞助助长了非国大内部的谋杀。这一点已为该党所承认。引用非国大秘书长格维德·曼塔什的原话来说:"现实情况是,委员会候选人的选择始终是一个生死攸关的问题。"[1]但现在,非国大这种内部谋杀的模式正在改变。最近,民主联盟的多名成员也惨遭杀害。[2]

　　谋杀已成为南非政治中根深蒂固的因素。未来几年,有三种趋势可能会加剧这种威胁。首先,随着非国大开始失去对国内一些地区的控制,它对反对派采取了不太宽容的态度。2006 年,非国大将开普敦的控制权输给由民主联盟所领导的政治联盟。[3]非国大对此的反应并不民主:它试图用行政手段赶走民主联盟。当此方法失败后,非国大便走上街头,宣称民主联盟将使开普敦"无法治理"。[4]但这种手段被证明是无效的。近年来,非国大在开普地区一直被内部纷争所困扰,而民主联盟则持续壮大。2009 年,民主联盟拿下西开普省,这是非国大第一次丢失一个省。随后,非国大加大

---

[1] Van Onselen, 'Political assassinations are on the rise'.

[2] Two DA councillors have been shot around the time of writing: Xolile Gangxu—see Siyavuya Mzantsi, 'Reward offered after DA councillor shot dead', Independent Online, 21 June 2017, https://www.iol. co. za/capetimes/news/reward-offered-after-da-councillor-shot-dead-9909247, last accessed 22 April 2019; and Kingsol Chabalala—see Hlengiwe Nhlabathi, 'Attempt to kill DA leader was "politically motivated"', News24, 20 August 2017, http://www. news24. com/SouthAfrica/News/attempt-to-kill-da-leader-was-politically-motivated-20170819, last accessed 22 April 2019.

[3] 'History', Democratic Alliance, https://www.da.org.za/why-the-da/history, last accessed 22 April 2019.

[4] The Democratic Alliance published a list of incidents of gradually escalating violence and intimidation. Democratic Alliance, 'Timeline of ANC & ANCYL's WCape ungovernability campaign', Politicsweb, 15 August 2012, http://www. politicsweb. co. za/party/timeline-of-anc—ancyls-wcape-ungovernability-camp, last accessed 22 April 2019.

攻击力度。开普敦地区非国大青年联盟秘书姆夫佐·曾齐勒（Mfuzo Zenzile）于 2012 年承认他曾对该地区的当选政府发出威胁，他宣称："我们的备忘录表明：如果我们的要求在七天内没有得到满足，那我们将使该省市无法治理。"①

非国大领导成员，以及必须指出的——朱利叶斯·马勒马的经济自由斗士党所使用的这种煽动性语言，对巩固南非的民主结构几乎毫无帮助。

近年来还出现了另一种更让人不寒而栗的发展：雇佣杀手的突现。开普敦大学的马克·肖（Mark Shaw）和金·托马斯（Kim Thomas）发表了一篇题为《暗杀的商业化：2000—2015 年南非的"谋杀"与合同谋杀》（*The Commercialization of Assassination：'Hits' and Contract Killing in South Africa，2000—2015*）的论文。②托马斯和肖记录了 1000 多起暗杀或企图暗杀的个案。这些案件绝非都是政治性的。肖说："如果国家行为者和犯罪行为者交叉参与实施这种暴力，或以促成暴力结果的方式进行合作，情况就会特别严重。其结果在合法与非法行为之间的区别模糊不清，从而导致以暴力或暴力威胁取代信任。"③

---

① Pretoria News, 'ANCYL charged after threat to make DA turf ungovernable', Independent Online, 2 August 2012, https://www.iol.co.za/pretoria-news/ancyl-charged-after-threat-to-make-da-turf-ungovernable-1355187, last accessed 22 April 2019.

② Mark Shaw and Kim Thomas, 'The Commercialization of Assassination: "Hits" and Contract Killing in South Africa, 2000—2015', *African Affairs*, vol. 116, no. 465 (2017), pp. 597—620.

③ Natalie Simon, 'Rise of the hired hitman: assassinations and democracy in SA', News24, 18 November 2016, http://www.news24.com/Columnists/GuestColumn/rise-of-the-hired-hitman-assassinations-and-democracy-in-sa-20161118, last accessed 22 April 2019.

在马克·肖的著作《雇佣杀手：揭露南非黑社会》(*Hitmen for Hire：Exposing South Africa's Underworld*)一书中,他解释了谋杀对政治制度造成的灾难性损失:"暗杀制度是一个恶性的政治循环:它赋予了那些权力来自枪支的人以权力,而剥夺了那些依靠自身地位和能力来提供服务的人员的权力。在南非,如果对这种情况不加以制止,将导致民主制度的根基被破坏。"①自这些报告发表以来,有进一步的证据表明,政治谋杀的浪潮正在上升。2018 年 3 月,开普敦大学和打击跨国有组织犯罪全球倡议(Global Initiative against Transnational Organized Crime)进行了新的调查。②调查结果显示自 2013 年以来,政治谋杀和暗杀的数量不断上升。

正是下列这些问题的结合体——政治谋杀与腐败行为和党内纠纷有关连;非国大支持率的下降和曾用于解决非国大内部矛盾的暴力的外部化;以及最后,职业杀手的兴起——才使得选举如此危险。得出南非已然末日的结论是错误的,但忽视这些警告信号同样是不负责任的。

2014 年大选的教训

近年来,非国大已开始将其暴力外转向其政治对手。以祖鲁

---

① Mark Shaw, *Hitmen for Hire: Exposing South Africa's Underworld*, Johannesburg; Cape Town: Jonathan Ball, 2017, p.67.

② 'The Rule of the Gun: Hits and Assassinations in South Africa, January 2000 to December 2017', The Global Initiative Against Transnational Organized Crime, University of Cape Town, March 2018, https://assassinationwitness. org. za/wp-content/uploads/2018/03/The-rule-of-the-gun_Assassination-Witness. pdf, last accessed 22 April 2019.

人为主的因卡塔自由党和它的对手,即分离出来的国民自由党(National Freedom Party),已经卷入冲突之中。民主联盟已经有议员惨遭杀害,而且这种趋势还在上升。但并非所有的政治暴力都涉及谋杀。为了解政党所承受的压力,研究人员戴维·布鲁斯对政治恐吓的受害者进行了匿名采访,这些受害者主要来自被非国大恐吓的政党。有两起案件涉及对民主联盟支持者的恐吓,另外一起涉及对经济自由斗士党党员的恐吓。①

一名来自姆普马兰加省民主联盟的受访者描述了这样一起事件:

> 因此,我们在某个社区举行活动,比如说有 20、30 或 40 位社区成员参加,非国大会确保他们在同一时间同一地点也有 20—30 个人过来,这些人制造噪音并干扰你们,使你们因噪声干扰而完全无法说话。两个月前,我在德尔马斯(Delmas)就遇到过一次,我们在那不得不取消一整天的行程,因为非国大的人真的会开车到处跟着我们,一旦我们在公园的某个场地停下来,开始召集人们来和我们交谈,他们就会过来围住我们,阻止人们和我们讲话。②

另一位来自德班北部伊伦贝(iLembe)地区民主联盟的受访者引述了以下事件:

---

① David Bruce, 'Just singing and dancing? Intimidation and the manipulation of voters and the electoral process in the build-up to the 2014 elections', Community Agency for Social Enquiry, April 2014, https://www.nelsonmandela.org/uploads/files/intimidation-in-elections.pdf, last accessed 22 April 2019.
② Ibid., p.55.

听着，我们实际上已经提醒了社区和民主联盟的成员，我们将在星期三举行这次集会……但当我们到达时，有非国大的成员聚集在我们要经过的地方的路上。当我们的会议开始时，他们的队伍不断壮大……而当我们的会议结束时，他们一边唱歌一边跳托伊-托伊舞（toyi-toying）并向我们走过来，接着开始猛砸我们的汽车[并]侮辱别人。①

经济自由斗士党的受访者这样说道：

经济自由斗士党的所有会议都被扰乱了，而且是以这种方式被扰乱的……原来有一种套路……你能在会场看到有人穿着非国大的 T 恤。在庞大的到场人数中，在没有海报和所有这些东西的情况下，我们从来没有在我们去过的地方，对不到两千人发表讲话。而你只需说："经济自由斗士党要开会了，朱利叶斯要讲话了。"人们便会蜂拥而至。你会看到身穿非国大 T 恤的七人小组在吼叫。然后你问他们："你们有什么问题，我们想举行我们的会议。"[他们回复：]"不，这是我们的社区，我们不能被赶走。这一自由……"等等等等。"如果你要在这里，那么你必须允许我们举行我们自己的会议，而且你们不能干扰。"接着他们会变得吵闹，甚至暴力，还有攻击性。有一次，作为人群中一分子的一个女孩真的把我的贝雷帽打到了地上。我认为他们想把我们描绘成暴力分子。你明白我的意思吧，因为如果你打掉我的贝雷帽，就会导致我们对他们

---

① Ibid., pp. 54 - 55.

进行人身攻击,毕竟显而易见的是,经济自由斗士党的成员重视贝雷帽的意义以及它们的领导力。所以,也许这就是他们破坏我们会议的策略,然后报告说我们在会议上殴打别人。因此,这就是会发生的事情。例如在比勒陀利亚,他们真的向我们扔东西,瓶子什么的。而警察却毫无用处。①

南非享有举行自由公正选举的声誉。这是一个合理的概括,但它并不完全准确。②布鲁斯得出这样的结论:"恐吓继续影响着南非人民,尤其是较贫困社区的人民在多大程度上可以大胆地公开支持,甚至参与那些在他们生活的地区不占支配地位的政党。"③

虽然非国大作为一个政党,在不参加竞选的时候可能会显得很沉寂,但它肯定会以一种令人印象深刻的方式开展其选举活动。凭借自诞生一个世纪以来为非洲人民的权利而奋斗的合法性,该党有能力动员其在全国各地的核心支持者。尽管该党在少数族裔中的支持率可能有所下降,其领导层也不再由白人、有色人种和印度人组成,但它却依旧赢得了大多数非洲人的支持。

2014年选举期间,任何旅行者在越过开普敦的白人郊区进入以非洲人为主的哈耶利沙(Khayelitsha)郊区后,都会不禁对非国大的支持程度感到震惊。灯柱上民主联盟的宣传海报少之又少。在选举日当天,尽管民主联盟和其他反对党也有支持者穿着属于自

---

① Ibid., p. 56.
② This is an edited version of an analysis by Martin Plaut, based in part on his personal experience of the election. See Martin Plaut, 'South Africa: How the ANC Wins Elections', *Review of African Political Economy*, vol. 41, no. 142 (2014), pp. 634—644.
③ David Bruce, 'Just singing and dancing?', p. 4.

身政党颜色的 T 恤衫，但非国大的 T 恤衫在非洲黑人地区却随处可见。部分原因只是因为非国大比它的对手分发了更多的 T 恤衫。正如一份报告所说："非国大周日在自由邦省的沃齐哈贝隆（Botshabelo）开展全国性的竞选活动，该党副主席西里尔·拉马福萨进行了街头访问。拉马福萨沿着沃齐哈贝隆 L 区的一条街道边走边向人们分发 T 恤并问候致意，留下一长串黄色 T 恤的身影。"①

这反映出非国大强大的消费力。任何政党都没有提供关于其选举预算的官方声明，但民主联盟的非官方估算表明：非国大的支出比其主要竞争对手高出四到五倍。在一定程度上，这是非国大高效投资部门总理府的成果，该机构通过政府合同为该党输送资金。②这种将公共资金转用于资助该党的做法一再受到批评。例如，2014 年 4 月选举前夕，有人透露非国大已经控制了南非国家电力公司的一家供应商。③南部非洲问责制研究所（Institute for Accountability in Southern Africa）所长，保罗·霍夫曼（Paul Hoffman）律师从《宪法》角度出发将这笔交易称为"非法交易"。他警告说，"这意味着从国有实体获得的资金将直接进入非国大的金库……没有其他政党敢进行这样的交易，他们既是[玩家又是裁判]"。

非国大已经设法通过利用国家产业来充实其资源。《邮卫报》（*Mail & Guardian*）的一篇社论对此进行了讨论：

---

① Andre Grobler, 'Ramaphosa leaves yellow T-shirt trail', News24, 16 March 2014, https://www.news24.com/elections/news/ramaphosa-leaves-yellow-t-shirt-trail-20140316/comments, last accessed 22 April 2019.
② See, for example, City Press, 'ANC's Chancellor House in secret R170m Eskom supplier deal', News24, 26 April 2014, https://www.news24.com/Archives/City-Press/ANCs-Chancellor-House-in-secret-R170m-Eskom-supplier-deal-20150430, last accessed 22 April 2019.
③ City Press, 'ANC's Chancellor House in secret R170m Eskom supplier deal'.

尽管非国大内部队伍存在幻灭情绪,外部嘲笑不断,但它仍能实现不受重力影响的漂浮状态,原因之一就是在职者的权力。非国大拿着礼品袋,并毫不含糊地向孩子们"份"[原文如此]发由纳税人资助的棒棒糖,让他们快乐地分散注意力……在最无耻的层面上,非国大一直在自己的政治集会上分发由国家资助的食品包、毛毯和 T 恤衫。民主联盟将非国大和南非社会保障局(South African Social Security Agency,SASSA)告上法庭,以制止这种对纳税人资金"荒唐和持续滥用"的行为。

这一主题的变化反映在由政府部门支付的报纸广告和路边广告牌上,例如一些广告表面上赞扬豪登省政府的服务成就,但却印有非国大的颜色,使用稍加调整的非国大口号。津巴布韦非洲民族联盟－爱国阵线(Zimbabwe African National Union-Patriotic Front,Zanu PF)曾尝试和试验过这种无耻手段,但并没有引起独立选举委员会的注意。①

2014 年 4 月 7 日,随着竞选活动的顺利进行,民主联盟领导人海伦·齐勒召开新闻发布会,强调了这一问题。②她提请媒体注意一系列涉及利用政府资源为政党谋取政治利益的滥权行为。齐勒形容政府的"终结饥饿"计划(Fetsa Tlala,End Hunger)不过是非国大竞选活动和政治赞助的一块遮羞布而已。该计划的预算近 20

---

① William Saunderson-Meyer, 'How the ANC's gravity-defying levitation is achieved', *Mail & Guardian*, 26 April 2014, http://www. thoughtleader. co. za/williamsaunder-sonmeyer/2014/04/26/how-the-ancs-gravity-defying-levitation-is-achieved/, last accessed 22 April 2019.

② Helen Zille, 'How the ANC is abusing state funds for election campaigning', Politicsweb, 7 April 2014, https://www. politicsweb. co. za/party/how-the-anc-is-abu-sing-state-funds-for-election-ca, last accessed 22 April 2019.

亿兰特,包括向公众分发数万件"终结饥饿"计划的 T 恤衫。这些印有非国大颜色的 T 恤衫,正面是以非国大旗帜为背景的祖马总统头像。背面还写着非国大的竞选口号"我们有一个好故事要讲述"。齐勒还质疑在豪登省主要高速公路沿线租用数十块巨型广告牌的行为。同样,这些广告使用的都是非国大的颜色,印着的非国大竞选口号也只是经过稍加编辑的版本。据民主联盟估算,豪登省 51 个广告牌每月的展示成本超过 200 万兰特,而该费用却由豪登省支付,而非非国大。这些广告牌的照片和印有雅各布·祖马头像的"终结饥饿"计划的 T 恤衫的样品都被提供给了媒体。

非国大还(悄悄地)暗示,如果另一个政党当选,那么许多非洲黑人赖以获得收入的社会补助制度可能会被取消。虽然这种说法并不属实,但似乎是一种有说服力的手段。选民们担心会出现这种情况的确凿证据自然很难找到。约翰内斯堡大学非洲社会发展中心(Centre for Social Development in Africa,CSDA)的一项调查显示,仅有不到一半的选民不知道他们所领取的养老金和残疾补助金是他们应有的权利。①社会补助金所涉及的人员规模巨大;有近 1600 万人领取此类补助:

> 约兰·萨迪(Yoland Sadie)教授在总结这项研究时将社会补助金在决定选民行为方面的作用表述为:即使它不是决定性的,也是非常重要的。②在此方面,政党在历史上代表着人

---

① Linda Ensor, 'Poor believe grants tied to party not state', *Business Day*, 23 May 2014, http://www. bdlive. co. za/national/2014/05/23/poor-believe-grants-tied-to-party-not-state, last accessed 22 April 2019.

② Yolanda Sadie, 'What Motivates Poor People to Support a Particular Party?', Media briefing session at the Centre for Social Development in Africa and Department of Politics at the University of Johannesburg, 27 May 2014.

口中的"黑人"或"白人"阶层,但选民对于这种身份认同感的传统却并不看重……然而,社会补助金却可以激励人们投票支持非国大,因为很大一部分支持该党的补助金领取者并不认为"当一个新的政党上台时,他们将继续领取补助金"。

利用国家资源(通过广告牌、报纸广告和集会上的食品包),并暗示如果选民支持反对党,他们的补助金和养老金就可能面临风险,这些手段似乎都是非国大"武器库"中的有效武器。

滥用媒体

国家的财政资源支持非国大,此外,国家广播公司,即南非广播公司的作用也是如此。南非广播公司是南非最大的新闻采集机构,拥有 4 家全国性的免费广播电视台中的 3 家,以及 18 家地区和全国性广播电台。它还使用南非所有的 11 种官方语言外加科伊桑语分支修语(!Xu)和奎语(Khwe)进行广播。作为执政党的工具,南非广播公司也有一段漫长而不堪的宣传史。虽然它仿照的是英国广播公司的模式,但种族隔离政府却将它用作宣传工具。①非国大跟随着种族隔离政府的足迹。这一不幸的事实反映在《邮卫报》前编辑、维特瓦特斯兰大学新闻学教授安东·哈伯(Anton Harber)的

---

① The National Party used the broadcaster to considerable effect after 1948: 'the ruling National Party has adroitly used the SABC as a tool with which to dominate its political opposition and to reassure its own followers.' William A. Hachten and C. Anthony Giffard, *The Press and Apartheid: Repression and Propaganda in South Africa*, London; Basingstoke: Macmillan, 1984, p. 200.

一篇文章中。这篇题为《南非：南非广播公司是非国大军火库中的关键武器》(*South Africa：SABC Is Key Weapon in ANC's Arsenal*)的文章总结道：南非广播公司是"该党最有力的武器之一"，因为它拥有比其他任何媒体都要多的受众。①

用南非所有的主要语言进行广播，这样南非广播公司就可以覆盖到其他媒体完全无法接触到的部分人群：

> 这就是为什么非国大对印刷媒体的不足有如此多的意见，但对南非广播公司的问题却三缄其口，因为非国大可以依靠它来屏蔽反对派的广告，淡化恩坎德拉并推行非国大的说辞。这就是为什么它准备向南非广播公司贷款 15 亿兰特，却只给媒体发展和多样性机构(Media Development and Diversity Agency)几百万兰特以支持社区媒体。②

此篇文章并不是第一次概述非国大对南非广播公司的利用。苏珊·博伊森(Susan Booysen)表示，该党在以前的选举中曾利用广播公司来提升其形象："非国大巧妙地利用公共广播公司，即南非广播公司来播放支持信息，特别是在选举前的政府活动和政府高层人士的声明方面。"③

对南非广播公司的担忧分为两类：政治偏袒和政治广告。许

---

① Anton Harber, 'South Africa: SABC Is Key Weapon in ANC's Arsenal', AllAfrica, 9 May 2014, http://allafrica. com/stories/201405091653. html, last accessed 25 April 2019.

② Ibid.

③ Susan Booysen, *The African National Congress and the Regeneration of Political Power*, Johannesburg: Wits University Press, 2011, p.220.

多政党都提出政治偏袒的问题。例如,2014 年,人民大会党指责当时南非广播公司的主席艾伦·察巴拉拉(Ellen Tshabalala)鼓励观众投票给非国大。人民大会党的声明写道:"我们一直怀疑南非广播公司在支持非国大,现在这一怀疑毫无疑问地得到证实。"①同样,泛非大会(Pan African Congress)青年部指责南非广播公司是"非国大的喉舌"。②

更严重的是对南非广播公司审查制度的指控,因为它拒绝播出(或"上线",南非人如是说)反对党的党政广播。民主联盟受到的影响最为严重,但并非只有它遭受影响。朱利叶斯·马勒马的经济自由斗士党也控诉遭受了同样的待遇。③南非广播公司两次拒绝批准播放民主联盟的广告。广播公司声称,该广告可能会煽动针对警察的暴力,它使用了虚假信息并攻击了另一个政党。非洲媒体监督组织(Media Monitoring Africa)仔细研究了这些争论,并逐一进行反驳。④某种意义上说,这一问题在媒体上成了热门话题。一位评论员怒不可遏地说道:"赫拉迪(赫拉迪·莫特森[Hlaudi Motsoeneng],南非广播公司首席运营官),快播放那该死

① COPE: Statement by the Congress of the People, SABC confirms it is the ANC's chief propagandist, 24 March 2014, https://www. polity. org. za/article/cope-statement-by-the-congress-of-the-people-sabc-confirms-it-is-the-ancs-chief-propagandist-24032014-2014-03-24, last accessed 22 June 2019.

② Hulisani Mmbara, 'SABC is the mouthpiece of the ANC', Mayihlome News, 17 July 2009, http://mayihlomenews. co. za/? currentaffairs = sabc-is-the-mouthpiece-of-the-anc, last accessed 25 April 2019.

③ Sue Valentine, 'Broadcaster betrays South Africa's young democracy', The Media Online, 13 May 2014, http://themediaonline. co. za/2014/05/sabc-betrays-south-africas-young-democracy/, last accessed 25 April 2019.

④ MMA responds to possible censorship at the SABC, 11 April 2014, accessed 21 May 2014. http://www. mediamonitoringafrica. org/index. php/news/entry/mma_responds_to_possible_censorship_at_the_sabc/.

的广告!"①南非广播公司最终妥协并播放了广告,但已造成相当大的损失。在任何选举中,时机都是至关重要的;并且由于律师们在申诉中争论不休,所以损失了好几天的时间。这些事件对提高南非广播公司的声誉毫无助益。

国家广播公司的政治偏袒已经足够糟糕了。而其他媒体的一些部门处于非国大控制之下的事实使问题变得更加严重。非国大采取的一系列措施直接源于过去种族隔离政府的政策手册,当时报社的创办是为了支持国家,而记者被资助或贿赂以支持该政权。非国大的倡议是在祖马总统支持者的协助下建立一家对本党友好的媒体公司,然后再由南非广播公司对其输送资源。其目的是资助总统的亲密盟友,古普塔家族拥有的报纸和电视台。②这始于《新时代报》的创办。资深记者曼迪·德瓦尔(Mandy de Waal)于2013年总结道:"《新时代报》是古普塔家族旗下的亲政府报纸,2012年获得1.25亿兰特的广告收入,其中近7500万兰特来自政府、半官方或与政府有关联的组织。对于一份在2012年甚至都没有认证发行量数据的全新报纸来说,这一成绩并不算太差。"③

---

① Richard Poplak, 'HANNIBAL ELECTOR: Hlaudi, play the damn commercial!', *Daily Maverick*, 30 April 2014, http://www.dailymaverick.co.za/article/2014-04-30-hannibal-elector-hlaudi-play-the-damn-commercial/, last accessed 25 April 2019.

② The relationship between the president and the Guptas, and its impact on South African media, is covered in considerable detail in an article written by a pseudonymous writer who goes by the name Lily Gosam. See Lily Gosam, 'Zuma, the Guptas and the great media heist', *Rand Daily Mail*, 18 January 2017, https://www.businesslive.co.za/rdm/politics/2017-01-18-zuma-the-guptas-and-the-great-media-heist/, last accessed 25 April 2019.

③ Mandy de Waal, 'The New Age: A growing media empire, built with your money', *Daily Maverick*, 19 April 2013, http://www.dailymaverick.co.za/article/2013-04-19-the-new-age-a-growing-media-empire-built-with-your-money/#.UXDlvYUYLow, last accessed 25 April 2019.

事情并没有就此结束。在古普塔家族于 2013 年创办了他们的电视频道非洲新闻网 7 频道后，据称南非广播公司开始挪用资金来支付风险投资。沃约·姆沃科（Vuyo Mvoko）提供了这方面的证据，他是向议会调查作陈述的四名南非广播公司的记者之一。①他解释说："南非广播公司高层没有告诉你们的是，他们允许南非广播公司的资金被用来创办一个竞争频道——非洲新闻网 7 频道。"姆沃科称，南非广播公司支付了制作和播放早餐简报的费用，这些简报经常有内阁部长和雅各布·祖马总统的特别报道。尽管赞助费和出席早餐简报的费用相当可观，但他们所获得的收入没有一笔会交付给南非广播公司。他说南非广播公司正在为其竞争对手买单："南非广播公司必须为其〔自身〕的衰落和创办这一替代频道买单。"南非《星期日泰晤士报》的标题说明了一切：《南非广播公司"建起"对手古普塔的电视台》。②

这些决策对南非广播公司的财务状况产生了灾难性的影响。2015 年民主联盟议员、通信组合委员会（Portfolio Committee on Communications）成员加文·戴维斯（Gavin Davis）警告说，南非广播公司正处于危机之中，"危机的规模逐渐显现"，并且该机构"正面临着财政崩溃"。③他的警告被视为危言耸听而未予理会。然而，

① Gaye Davis and Gia Nicolaides, 'Was SABC money used to fund Gupta-owned ANN7?', Eyewitness News, 13 December 2016, http://ewn. co. za/2016/12/13/ sabc-said-to-have-funded-establishment-of-gupta-owned-ann7, last accessed 26 April 2019; Bekezela Phakathi, 'SABC "built up" Gupta rival television station', Business Day, 13 December 2016, https://www. businesslive. co. za/bd/national/media/ 2016-12-13-sabc-built-up-gupta-rival-television-station/, last accessed 26 April 2019.

② Phakathi, 'SABC "built up" Gupta rival television station'.

③ '"SABC in crisis, facing financial ruin, " says DA', Channel24, 21 May 2015, http://www. channel24. co. za/TV/News/SABC-in-crisis-facing-financial-ruin-says-DA-20150521, last accessed 26 April 2019.

仅仅在两年后，这个可怕的预言就成为了现实。甚至连南非广播公司自己的发言人凯泽·卡尼亚戈(Kaizer Kganyago)也承认本机构的财政"面临压力"；此时，南非广播公司利用其储备金为其活动提供资金。①但卡尼亚戈却将责任归咎于外部原因，包括全球经济状况和议会对南非广播公司董事会是否适合担任职务的调查。然而，工作人员则表示，情况要糟糕得多。一位内部人士说："我们甚至不能确定[是否]能在月底支付工资。"另一位则表示："赫拉迪的恶报已然来临。"②

　　议会调查听取的进一步指控是，古普塔家族只是在未能夺取南非广播公司的新闻制作控制权后才创办了非洲新闻网 7 频道，而且批评这些事件的记者受到了国家安全局(State Security Agency)的调查。③据称，引入国家安全局的决定是由莫特森作出的。④他下令采取严厉措施：国家安全局的执法官去了南非广播公司一名员工的老家，就他的生活方式对当地人进行了采访。执法官还要求某些工作人员接受测谎仪测试。⑤

---

① Charl Blignaut, 'SABC faces collapse', 19 March 2017, http://www.news24.com/SouthAfrica/News/sabc-faces-collapse-20170319-3, last accessed 26 April 2019.

② 'Is This the Beginning of the End of the SABC?', City Press, 18 March 2017, quoted by Radio Islam News, http://www.radioislam.org.za/a/index.php/latest-news/20544-is-this-the-beginning-of-the-end-of-the-sabc.html, last accessed 22 June 2019.

③ '"Hlaudi has the president on speed dial"—Here's what you need to know from SABC inquiry', City Press, 13 December 2016, http://citypress.news24.com/News/hlaudi-has-the-president-on-speed-dial-heres-what-you-need-to-know-from-sabc-inquiry-20161213, last accessed 26 April 2019.

④ Charl Blignaut and Lloyd Gedye, 'Hlaudi calls in the spooks', News24, 27 November 2016, http://www.news24.com/SouthAfrica/News/hlaudi-calls-in-the-spooks-20161127-2, last accessed 26 April 2019.

⑤ Stephan Hofstatter, 'Secret purge: Hlaudi's dirty war at SABC', Sunday Times, 23 December 2016, http://www.timeslive.co.za/sundaytimes/stnews/2016/12/23/Secret-purge-Hlaudis-dirty-war-at-SABC, last accessed 26 April 2019.

控制关键的报纸

非国大采取的第三个手段是控制重要的独立报纸。2013 年 8 月,关于收购的最初迹象便已开始显现。据《邮卫报》报道,"南非独立新闻与媒体公司(Independent News & Media South Africa)预计将于本月晚些时候以 20 亿兰特的价格易手,该公司可能会发现自己处于南非政府和两名神秘的中国投资者的有效控制之下"。①民众也很快发现,该报道是准确的。包括《阿格斯角报》(the Cape Argus)、《开普时报》(the Cape Times)、《水星报》(The Mercury,德班)、《星报》(The Star,约翰内斯堡)和《比勒陀利亚新闻》(Pretoria News)在内的知名报纸已经易手。两家中国公司——中国国际电视总公司(China International Television Corporation)和中非发展基金(China-Africa Development Fund)——已经获得该公司 20％的股份。南非的国有公共投资公司(Public Investment Corporation,PLC)利用政府雇员养老基金(Government Employee Pension Fund)的资金购买了 25％的股份。独立新闻与媒体公司剩余的 55％的股份将由开普敦商人伊克巴勒·瑟芙(Iqbal Surve)及其公司塞昆加洛投资控股公司(Sekunjalo Investment Holdings)领导的财团所持有。塞昆加洛财团既包括基础广泛的部分组成人员,也

① Craig McKune and Sam Sole, 'Independent sale tightens media noose', *Mail & Guardian*, 8 August 2013, https://mg. co. za/article/2013-08-08-00-independent-sale-tightens-media-noose, last accessed 26 April 2019.

包括一些有政治关联的人和组织。①

　　《开普时报》的编辑阿利德·达斯诺伊斯（Alide Dasnois）被解雇，显然是因为她没有以瑟芙认可的方式来处理纳尔逊·曼德拉的死讯。②她曾匆匆忙忙地发表了一篇对曼德拉总统的特别的、"全方位的"致敬文章，但辩称她没有时间更改头版。她的支持者认为，瑟芙对记者的解雇行为更多的是与出现在报纸头版的新闻报道有关，它报道的是保民官针对授予瑟芙公司的一项有争议的投标所完成的调查报告。达斯诺伊斯得到了平反，但并没有重获职位。不久，读者开始抱怨《开普时报》对管理该城市的反对党民主联盟有偏见；该党经常被指控为种族主义者政党。③该事件的总体影响在于扼杀受雇于这些报纸的记者的良知。正如安东·哈伯所总结的："新任首席执行官伊克巴勒·瑟芙博士迅速采取行动，反对在他的一些报纸上出现的独立和批评声音。"④

---

① Craig McKune, 'Chinese companies scoop shares in Independent News', *Mail & Guardian*, 15 August 2013, https://mg.co.za/article/2013-08-15-chinese-companies-scoop-shares-in-independent-news, last accessed 26 April 2019.

② Wim Pretorius, 'Cape Times must apologise to former editor—press ombudsman', News24, 1 August 2016, http://www.news24.com/SouthAfrica/News/cape-times-must-apologise-to-former-editor-press-ombudsman-20160801, last accessed 26 April 2019.

③ Ed Herbst, 'The Cape Times: from hero to zero', Politicsweb, 30 September 2015, http://www.politicsweb.co.za/news-and-analysis/the-cape-times-from-hero-to-zero, last accessed 26 April 2019.

④ Anton Harber, 'Op-Ed: Twenty-five years after Mandela's freedom, SA media struggle', *Daily Maverick*, 11 February 2015, http://www.dailymaverick.co.za/article/2015-02-11-op-ed-twenty-five-years-after-mandelas-freedom-sa-media-struggle/#.VNvpmHb7d7k, last accessed 29 April 2019.

黑色行动

非国大使用的最后一种手段是：在选举期间操纵媒体。2016年地方选举期间，媒体代表非国大设立了一个秘密的"作战室"，预算为5000万兰特，以捏造有利于非国大和针对反对党的虚假报道。调查网站屎壳郎调查机构解释了所发生的事情："一个最初被称为作战室的秘密团队打算'削弱民主联盟和经济自由斗士党的竞选影响力'，并且在不暴露非国大是幕后推手的情况下，利用一系列媒体制定一项支持非国大的议程。"具体内容包括建立一个看似独立的新闻网站和聊天节目，利用社交媒体上的"网红"，并计划印刷虚假的反对党海报。①当此事因其中一个承包商未付款而被诉诸法庭时，非国大试图表明它没有参与这一行动，但很少有人相信这种否认。正如评论员兰杰尼·穆努萨米（Ranjeni Munusamy）所说："这不仅仅是犯罪行为和大人物被羞辱的问题。这也是对信任的侵蚀和对非国大信誉的进一步削弱……非国大不能简单地说洗手不干了或让别人来当替罪羊。"②

---

① Susan Comrie, 'Inside the ANC's "black ops" election campaign', amaBhungane, 24 January 2017, https://amabhungane.org/stories/inside-the-ancs-black-ops-election-campaign/, last accessed 26 April 2019.

② Ranjeni Munusamy, 'Black Ops, alternative facts and damn lies: The ANC's escalating credibility crisis', *Daily Maverick*, 30 January 2017, https://www.dailymaverick. co. za/article/2017-01-30-black-ops-alternate-facts-and-damn-lies-the-ancs-escalating-credibility-crisis/♯.WI8j9pKKSMk, last accessed 26 April 2019.

选 举 日

选举日当天发生的事件本身就表明了为什么很难将 2014 年的选举视为对人民意愿的完全合法反映。选举委员会前主席潘西·特拉库拉(Pansy Tlakula)明确表示 5 月 7 日禁止进行竞选活动——即选举日当天。她告诉记者:"在投票日不能进行任何政治活动。竞选活动于昨晚午夜结束。"① 但在整个选举日期间,环行开普敦周围的乡镇一圈就可以明显看到这一规定遭到了广泛及公然貌视。

当天接近尾声时,可以看到成群结队的汽车在街道上来回穿梭,车上的喇叭大声播放着党歌,车窗外是挥舞着旗帜的支持者。在投票站外,一些身着党色、挥舞着非国大旗帜的人群,在距离耐心等待投票的男女长队不到一米的地方跳舞,人数超过一百人。当警察和选举委员会的代表在投票站注意到这一点时,他们要么耸耸肩,要么说他们没有能力来处理这些违反规定的行为。

选举委员会似乎对处理这种违规行为缺乏积极性。它还拒绝干预其他与选举有关的问题,包括反对党和南非广播公司之间的激烈争论。反对党中有人怀疑选举委员会在对待其政党及其成员方面欠缺公平。这在为撰写《布鲁斯社会调查社区机构》报告(Bruce's Community Agency for Social Enquiry)而进行的访谈中有所体现,该报告认为选举委员会偏袒非国大,因为它在投票站使用的公

---

① SAPA, 'No campaigning on Election Day—Tlakula', *The Citizen*, 7 May 2014, https://citizen.co.za/news/south-africa/172339/campaigning-election-day-tlakula/, last accessed 26 April 2019.

务员代表具有党派性质。以下是因卡塔自由党一名党员的观点：

> 作为因卡塔自由党的一名党员，我们对独立选举委员会利用教师担任如你所知的投票站主持官员的事实感到不满，因为教师们属于南非民主教师联盟，而该联盟又是非国大的战略伙伴。每次有选举时，南非民主教师联盟都会公开表示，他们致力于确保非国大赢得选举。现在，如果你使用这些人来管理选举过程，那么这些过程势必会遭到他人的质疑。[①]

另一位受访者，来自人民大会党，他这样说道：

> 请记住，他们中的大多数是公务员，主要是教师，他们是南非民主教师联盟的成员。每次选举时，南非民主教师联盟都会宣布其对非国大的支持坚定不移。尽管他或她受雇于独立选举委员会，负责进行公正的选举，但另一方面又收到来自他们工会的指示，而工会是非国大的盟友，为非国大提供投票。[②]

选举委员会似乎对其职责进行了狭义的理解，只是为了确保在投票站内和计票中心发生的事情正好符合正确的做法与要求。尽管《宪法》要求选举委员会根据国家法律"管理"选举，并"确保这些选举是自由和公正的"，但选举委员会却依旧如此。[③]选举委员会

---

① Bruce, 'Just singing and dancing?', p.89.
② Ibid., p.90.
③ Constitution of the Republic of South Africa, 8 May 1996, paragraph 190, http://www. justice. gov. za/legislation/constitution/saconstitution-web-eng. pdf, last accessed 26 April 2019.

并非不可能运用宪法这一要求而采取更有力的行动,从而确保选举环境更有利于南非人民不受限制地表达自身意愿,而这一意愿也是他们曾为之艰苦奋斗的权利。

当然,预测未来如同痴人说梦,但我们可以借鉴过去的经验。安全研究所(Institute for Security Studies)的杰基·西利尔斯(Jakkie Cilliers)和席亚拉·奥科恩(Ciara Aucoin)对未来几年的前景进行了调查,得出了这个令人不寒而栗的结论:

> 随着非国大派系斗争的展开,南非在未来两年可能会经历社会不稳定性的显著增加,主要表现为更高水平的暴力抗议。参照目前的情况来看,暴力抗议将升级,我们预测在 2017 年 12 月的全国会议之前,非国大内部的暴力程度会格外高,而在 2019 年的省级和全国选举之前,社会和社区暴力也会更加普遍。①

政治评论家加雷思·范奥塞伦进一步指出:"随着非国大的内爆,派系主义的加剧以及赞助和裙带关系文化的闭关自守,我们不无理由地问道:距离行政部门或国家政府行政部门的高级成员被暗杀还有多久?"②这些预测是在祖马担任总统期间作出的。现在谈论西里尔·拉马福萨执政后局势会如何改变还为时过早。

---

① Jakkie Cilliers and Ciara Aucoin, 'South African Scenarios 2024: Politics, Violence and Growth in the Rainbow Nation', Institute for Security Studies, 20 June 2016, https://issafrica.org/research/papers/south-african-scenarios-2024-politics-violence-and-growth-in-the-rainbow-nation, last accessed 26 April 2019.

② Van Onselen, 'Political assassinations are on the rise'.

第十二章

拉马福萨总统上台

2017 年 12 月，非国大召开会议决定由谁接替雅各布·祖马担任领导人。由于该党在议会中占主导地位，所以无论选择谁，谁都将成为国家总统。有两位重要的候选人有真正的机会当选。第一位是有许多优点的恩科萨扎娜·德拉米尼·祖马博士。她曾是纳尔逊·曼德拉执政时的卫生部部长，塔博·姆贝基执政时的外交部长，后来还领导过非洲联盟委员会。作为一名"斗争活动家"，她也有可靠的斗争记录，种族隔离期间曾在海外流亡。然而，德拉米尼·祖马却有一个致命缺陷：她是雅各布·祖马的前妻。非国大内部的每个人都知道（或人们认为他们知道）她是祖马的代理人——祖马要确保在他离任后不会因腐败而被送进监狱。

德拉米尼·祖马面临的对手是西里尔·拉马福萨。在很多方面，他对非国大成员没有吸引力。的确，他是一名非洲黑人——在一个如今几乎全是非洲裔党员的政党中，这一条件必不可少。但是，他并不像他的前任那样拥有可靠的非国大或南非共产党的"血统"。20 世纪 90 年代，拉马福萨的背景因其在青年时期对黑人觉醒运动的支持而受到玷污。他没有加入非国大的地下组织,也没有流亡海外,而且在 20 世纪 70 年代,他是通过工会崛起的,而非武装斗争。此外,与曼德拉、姆贝基(科萨人)或祖马(祖鲁人)不同的是,他来自少数族裔。作为一名文达人(Venda),他没有牢固的部落基础。而且,他背负着的另一个名声污点与种族隔离制度结束以来最严重的警察暴行有关——2012 年 8 月的马里卡纳大屠杀,当时 34 名矿工被枪杀。这些杀戮加深了人们对他与商界关系过于密切的看法。在其反对者的宣传中,他是"垄断资本"的代表。

这一切都对他不利。从忠于非国大的角度来看,拉马福萨并不是真正的"我们中的一员"。然而,在他们需要的时候,在国家正处于灾难边缘时,非国大求助于拉马福萨。尽管他以最微弱的优势获胜,但这个多年来一直被嘲笑为南非政坛"差一点就功成名就"的人物最终被选中管理国家。非国大在作出这一选择时,就已将总统职位交给了这一代人中最精明、最有能力的政治家之一。

早　年

西里尔·拉马福萨于 1952 年 11 月 17 日出生在约翰内斯堡郊区,在北方大学(现为林波波大学)学习法律之前曾在那里接受基础教育。作为已故史蒂夫·比科黑人觉醒运动的支持者,他在取得律师资格之前曾在监狱服刑。其中包括 1974 年在臭名昭著的比勒陀利亚中央监狱(Pretoria Central Prison)被单独监禁 11 个月。①

---

① Ray Hartley, *Ramaphosa: Path to Power*, London: Hurst and Company, 2018, p.17.

拉马福萨并未从事法律工作,而是加入了刚刚起步的工会运动。20 世纪 70 年代,工会在经历了多年的镇压后刚刚得到重建,但有一个工业堡垒抵制了工会组织的所有进攻——金矿业和钻石矿业,南非的财富就建立在这些矿产之上。巨大的矿区是成千上万人的家,他们被封闭在带刺铁丝网和武装警卫的后面。拉马福萨明白通过安排文职工作人员这一方法可以接触到矿工,因为文职工作人员中有些人住在邻近的乡镇,在家庭和矿区之间流动。他还向矿业管理层展示自己的为人公道,以便他们与他达成协议。尽管如此,情况仍旧艰难。拉马福萨身穿棕色皮夹克,白天招募成员,晚上露宿街头,最终建立了工会,其成员在短短十年间从 6000 人增加到 35 万人。但在这一过程中并非没有发生过重大斗争。1987年 8 月,拉马福萨带领工会进行罢工。持续了三周的罢工是南非有史以来规模最大的一次罢工。数以千计的人失去工作,但工会却完好无损。拉马福萨的结论很简单:"他们没有赢,我们也没有输。"①工会和相关行业花了几个月,甚至几年的时间来恢复,但拉马福萨已经表明他的观点:他和他的成员是一支不可忽视的力量。

与管理层的斗争对矿工来说至关重要,但他们毕竟生活在一个种族隔离的国家,这就带来了必须应对的政治挑战。全国矿工联盟(National Union of Mineworkers)曾与一个黑人觉醒联盟结盟,但拉马福萨却提议其与南非工会联盟(Federation of South African Trade Unions,FOSATU)结盟,该联盟致力于非种族观点。接着他于 1985 年帮助工会联盟与非国大结盟,成立了南非工会大会。自 20 世纪 60 年代以来,非国大第一次有了一个有效的工会部

---

① Ray Hartley, *Ramaphosa: Path to Power*, London: Hurst and Company, 2018, p.39.

门,其中矿工是其最强大的组成部分。

进入政界又退出政界

拉马福萨给非国大带来了一份极为珍贵的礼物。他与公民组织联合民主阵线的合作巩固了他在党内的地位,该组织曾在街头和乡镇与种族隔离作斗争。1991 年纳尔逊·曼德拉出狱时,曼德拉的妻子温妮在他的左边;而西里尔·拉马福萨则在他的右边。拉马福萨成为非国大解禁后的第一任秘书长。

拉马福萨凭借其法律背景和工会经历,成为与白人政府就国家未来的宪法进行谈判的理想人选。他的对手是勒尔夫·迈耶。尽管他们之间存在分歧,但关系却很融洽,甚至郊游时一起去钓鳟鱼。不是渔民的迈耶讲述了拉马福萨是如何用一把钳子帮助他把鱼钩从手指上拔出来的。[1]拉马福萨对迈耶说:"勒尔夫,只有一种办法可以做到。如果你以前从未信任过非国大的人员,那你最好现在就做好准备"。在递给迈耶一瓶威士忌时,拉马福萨用一把钳子把鱼钩从迈耶的手指上猛地扯了下来。在这段插曲中,两人之间的信任据说已经建立起来了。资深评论员史蒂夫·弗里德曼(Steve Friedman)认为,拉马福萨成功地从执政的国民党那里获得了比该党曾希望提供的更多的权力:"国民党不再对决策拥有否决权。随着大笔一挥,南非自此从种族隔离变成

---

[1] Jeremy Gordin, ' The Ramaphosa enigma ', Politicsweb, 7 May 2018, https://www.politicsweb.co.za/opinion/the-ramaphosa-enigma, last accessed 22 June 2019.

多数人的统治。"①

显而易见的是当曼德拉只担任了一届总统就辞职时,拉马福萨是可能接替他的人选之一。然而,当曼德拉于 1999 年 6 月辞职时,拉马福萨并没有继任。当时,人们纷纷猜测,拉马福萨是被迫退出政坛的:他被塔博·姆贝基力压,后者得到了非国大强大的前流亡团体的支持。拉马福萨现在对有关他被赶出政界而进入商界的说法表示:"并不完全正确。那是我自己的选择。"②一群正在寻找合伙人的黑人商人使他轻松进入商界。他成为一家投资控股公司的副董事长,即新非洲投资有限公司(New Africa Investments Limited,NAIL)。在曼德拉的前私人医生恩塔托·莫特拉纳(Nthato Motlana)的领导下,新非洲投资有限公司旨在填补多年来阻碍黑人发展的种族主义政策在南非经济中留下的空白。莫特拉纳和他的同事们不仅想让自己富贵显达,还想为那些世代被剥夺机会的有色人种建立一个进入商界的桥头堡。莫特拉纳说,拉马福萨进入商界不会对自己造成任何政治伤害,然而,事实却恰恰相反。他对拉马福萨说道:"你将有足够的钱而不致腐败",但拉马福萨显然对这样的表述不甚满意。③

无论如何,事实证明莫特拉纳所言非虚。拉马福萨加入新非洲投资有限公司的时候,正逢以奥本海默家族为首的巨头英美资源集团考虑处置其部分资产的时候。英美资源集团正确地认识到:如果要生存下去,就需要把一些黑人商人带入白人的财富圈

---

① Martin Plaut, 'Cyril Ramaphosa', BBC Radio 4, 4 November 2007, https://www.bbc.co.uk/programmes/b0084wr0, last accessed 26 April 2019.

② Hartley, *Ramaphosa*, p.79.

③ Anthony Butler, *Cyril Ramaphosa*, Johannesburg: Jacana, 2007, p.330.

中。尽管这一战略有时被批评人士称之为"精英劫持",但却很成功。虽然拉马福萨后来抱怨英美资源集团在处置其部分持股时,保留了其最珍贵的资产——铂金矿,但新非洲投资有限公司却越来越强大。它很快就拥有了从报纸到啤酒厂和食品生产商的所有主要股份。对于一群以极少资本进入商业领域的人来说,这是一个惊人的成就。到 2005 年,该公司市值为 17 亿兰特。[①]

拉马福萨还成立了自己的投资公司:山杜卡集团。他精明的商业头脑和政治关系意味着他成为了那些寻找黑人伙伴的白人投资者的首选。随着时间的推移,批评意见开始出现:黑人经济赋权政策不可避免地导致了同样的黑人人物从交易中受益。应姆贝基的要求,针对如何能对这一问题进行补救,拉马福萨领导了一项调查。此调查导致 2003 年《广泛的黑人经济赋权》法案的出台。该法案在扩大受益者范围方面究竟有多大成效还有待商榷:但南非社会仍然是世界上最不平等的社会之一。种族隔离制度结束后,财富圈扩大到包括非洲人、印度人和有色人种在内,但精英阶层的排他性仍然不减。

拉马福萨在商界大展拳脚的同时,也维持着自己的政治关系。例如,在 1997 年的非国大会议上,他在该党有权势的全国执行委员会的选举中高居榜首。[②]1999 年 6 月姆贝基就任总统后,拉马福萨和姆贝基之间的关系便不再融洽。2001 年 4 月,非国大内部的紧张关系公开化,安全部部长史蒂夫·茨维特(Steve Tshwete)指控拉马福萨和另外两名资深党员,前姆普马兰加省省长马修斯·福萨(Mathews Phosa)和前豪登省省长托基奥·塞克斯韦尔参与

---

① Hartley, *Ramaphosa*, p.84.
② Butler, *Cyril Ramaphosa*, p.345.

了一场旨在推翻姆贝基的阴谋活动。①据路透社报道,茨维特声称他们三人指控姆贝基参与了暗杀颇受欢迎的党员、武装斗争老兵克里斯·哈尼的行动。②这些指控很离奇,被告人也拒绝了这些指控,但它们确实暴露出该党内部的严重分歧。《卫报》的克里斯·麦格雷尔(Chris McGreal)报道说:

> 由于这些指控的存在,非国大对姆贝基先生和被指控策划推翻他的三个人的安全表示担忧。尽管该调查是由非国大的一位内阁部长下令进行的,但在一份令人困惑的声明中,非国大试图将对党内异议的指控归咎于媒体。③

这些指控在拉马福萨的内心产生了极大的震动。他后来回忆说:"这太可怕了。我开始幻想被逮捕,以叛国罪被送上法庭,我想'这就是革命总会吞噬掉自己孩子的时候'。"④拉马福萨将此问题上报曼德拉,曼德拉建议他保持冷静,并承诺将与姆贝基进行交涉。但姆贝基拒绝屈服,他在电视上承认正在进行调查。关于非国大内部阴谋的奇怪指控,这既不是第一次,也不是最后一次,其

---

① Siyabonga Mkhwanazi, 'Ramaphosa, Sexwale named in anti-Mbeki plot', Independent Online, 24 April 2001, https://www.iol.co.za/news/politics/ramaphosa-sexwale-named-in-anti-mbeki-plot-65207, last accessed 26 April 2019.

② 'Sexwale, Phosa angry over Mbeki conspiracy claims', News24, 25 April 2001, https://www.news24.com/SouthAfrica/Sexwale-Phosa-angry-over-Mbeki-conspiracy-claims-20010425, last accessed 26 April 2019.

③ Chris McGreal, 'ANC veterans accused of plot to harm Mbeki', *The Guardian*, 26 April 2001, https://www.theguardian.com/world/2001/apr/26/chrismcgreal, last accessed 26 April 2019.

④ Hartley, *Ramaphosa*, p.129.

中一些指控还涉及外部势力和情报部门。①与其他指控一样,它们虽逐渐消失了,但也留下了颠覆气息,随之而来的还有不信任感的日益加深。拉马福萨和姆贝基之间的桥梁已被真正烧毁。

副 总 统

拉马福萨继续经商,同时与非国大保持密切联系。2012 年,正是在拉马福萨担任非国大纪律上诉委员会主席的期间,他监督了对该党青年领袖朱利叶斯·马勒马的开除。虽然马勒马后来成立了自己的政党:经济自由斗士党,但非国大却成功地摆脱了麻烦的煽动者。2012 年年末,拉马福萨决定在雅各布·祖马的领导下担任非国大的副主席。对非国大来说,他作为一名经验丰富的代表,可以成为与新兴黑人商业精英联系的纽带。2012 年 12 月,他以比祖马本人更大的优势正式当选。2014 年大选后,祖马还决定任命拉马福萨为南非副总统。拉马福萨作为一个千万富翁和祖马的准继任者出现在南非日常生活的中心地带。然而,主要的障碍仍摆在面前。

首先是 2012 年 8 月的马里卡纳大屠杀。当警察向大多数手无寸铁的罢工者开枪时(其中一名矿工可能有一把手枪),他们便犯下了自种族隔离制度结束以来最严重的暴行。拉马福萨通过持有隆明公司的股份而成为该铂金矿的一名股东,虽然他并没有下令

---

① City Press, 'ANC obsession with conspiracies is dangerous', News24, 16 March 2015, https://www.news24.com/Archives/City-Press/ANC-obsession-with-conspiracies-is-dangerous-20150430, last accessed 26 April 2019.

进行屠杀,但作为股东和董事会成员,尤其是作为公司转型委员会的主席,在某种程度上,对于所发生的屠杀事件,他被视为负有责任。在与政府部长和警方的一系列电话和电子邮件沟通中,拉马福萨似乎鼓励对矿工采取更强硬的立场。调查委员会最终认定,他不可能知道警察会作出何种反应,更不可能知道他们会发起如此残忍和计划不周的行动。对许多南非人来说,这一结论听起来有些空洞。因为他们不需要对警察非常熟悉就能知道警察有过度使用武力的长久历史。马里卡纳大屠杀并不是一件非同寻常或者不可预见的事件。

第二个障碍是如何处理针对雅各布·祖马及其盟友古普塔兄弟的无数腐败指控的问题。作为副总统,拉马福萨在国家被大量的可疑交易吞噬的时候是一个旁观者的身份,这些交易最终被表述为"国家劫持"。他的财富意味着他既不需要也没有兴趣参与这种滥用权力的疯狂行为,但随着媒体报道的不断涌现,他必须决定如何应对。由于局势的恶化,在大多数情况下,他保持低调等待时机。但最终,他无法再保持沉默。据透露,2016 年 10 月,古普塔家族曾向财政部副部长麦克比西·乔纳斯提供数百万兰特,希望他能在他们着手控制国家财政的时候为他们效力。拉马福萨抗议称"非国大不是拿来出售的",但他很谨慎地没有提及祖马的名字。①情况进一步恶化。财政部部长普拉文·戈尔丹一直是古普塔家族的强烈批评者。他遭受到攻击;被指控在担任税务局局长期间监督了未经授权的非法调查。此后,又有指控称戈尔丹与外国势力密谋推翻祖马。②这是祖马先损坏其对手形象,然后再攻击他

---

① Hartley, *Ramaphosa*, p.157.

② Ibid., p.166.

们的典型伎俩。

殊死搏斗

2017 年 3 月，当戈尔丹抵达伦敦试图安抚外国投资者时，祖马却在他下飞机的那一刻就命令他回国。[1]祖马在未与非国大同僚协商的情况下采取行动，随后戈尔丹被解雇。对拉马福萨来说，事情已经到了关键时刻，于是他在公众面前现身。拉马福萨说道："我对免去财政部部长的职务表示关切和反对，主要是因为他被免职的依据是一份情报报告，而我认为这份报告含有未经证实的指控。"[2]正如他的传记作者确切总结的那样：拉马福萨已越过了卢比孔河（Rubicon）。"拉马福萨第一次因行政决定而与祖马公开决裂，这实际上宣布了他将参加竞选……从这一点上看，这将是祖马和拉马福萨之间的一场殊死搏斗——当然这指的是政治意义上的搏斗。"[3]

随着非国大开始考虑应由谁在 2017 年 12 月的会议上接替祖马担任该党领导人，党内分歧进一步加深。虽然也出现了其他几位领导人候选人，但很快就可以看出有两个截然不同的阵营。一边是雅各布·祖马，他支持他的前妻恩科萨扎娜·德拉米尼·祖

---

[1]　Nqobile Dludla and Joe Brock, 'Gordhan arrives back in South Africa after Zuma recall', Reuters, 28 March 2017, https://uk. reuters. com/article/uk-safrica-gordhan-idUKKBN16Y2Q0?il＝0, last accessed 26 April 2019.

[2]　'＃CabinetReshuffle: Ramaphosa against Gordhan's removal', Independent Online, 31 March 2017, https://www.iol. co. za/news/politics/cabinetreshuffle-ramaphosa-against-gordhans-removal-8436396, last accessed 22 June 2019.

[3]　Hartley, *Ramaphosa*, p. 166.

马;另一边是拉马福萨和他的盟友。对祖马而言,德拉米尼·祖马获胜至关重要。他可能在多年前,即 1998 年就与她离婚了,但她却是他的"免死金牌":她是唯一能确保他在面对无数腐败案件时而不被追究责任的人。而至于她是否会从不同角度看待自己的候选资格,则是另外一回事。

两大阵营之间的冲突立即成为国家面临的首要政治问题,占据了报纸的大量版面。非国大内部的意见领袖们被极力拉拢,特别是各省的领导人,因为他们被视为大会表决的关键。据说两大阵营在全国范围内都使用了金钱和政府职位的承诺。拉马福萨赢得工会和南非共产党的支持。德拉米尼·祖马则得到非国大妇女和青年组织的支持。在选择代表团的许多地区性党务会议上都爆发了激烈的冲突。拉马福萨赢得非国大的五个省级代表团,而德拉米尼·祖马则获得四个,但这四个省中包括夸祖鲁-纳塔尔省,该省拥有全国最多的非国大成员。

竞选结果直到最后一刻才被揭晓。有阴谋论称,代表们被金钱诱惑而投票给德拉米尼·祖马,还有指控说公共资金被动用以设法确保总统候选人的胜利。[1]据独立警察调查局(Independent Police Investigative Directorate)局长罗伯特·麦克布莱德(Robert McBride)称,警方资金中有 5400 万兰特被挪用于此目的。[2]

---

[1] Marianne Thamm, 'NASREC PLOT: IPID targets senior SAPS members and former ministerial adviser in ANC vote-buying scandal', *Daily Maverick*, 7 January 2019, https://www.dailymaverick.co.za/article/2019-01-07-nasrec-plot-ipid-targets-senior-saps-members-and-former-ministerial-adviser-in-anc-vote-buying-scandal/, last accessed 26 April 2019.

[2] Amil Umraw, 'Robert McBride details ANC vote-buying scandal', *Business Day*, 8 January 2019, https://www.businesslive.co.za/bd/national/2019-01-08-robert-mcbride-details-anc-vote-buying-scandal/, last accessed 26 April 2019.

尽管如此，拉马福萨成功获胜——但也只是获胜。在总计4701 张选票中，他以 179 票的优势获胜。他获胜的部分原因是法院对一些可能倾向于他的竞争对手的代表做出了不利裁决，而且因为其他代表看到风向改变，转而支持获胜方。雅各布·祖马面无表情地坐着，他的支持者曾向他保证德拉米尼·祖马将会获胜。索韦托的街道上出现庆祝活动。总的来说，南非人大大地松了一口气。不过，拉马福萨的胜利是如此有限，以至于他必须对自己该如何进行国家改革格外谨慎。在非国大的六个最高职位中，只有三个属于他的阵营。在全国执行委员会中，他只获得了非常微弱的多数票。在多达 80 人的执行委员会中，约有 36 人属于祖马阵营。①而拉马福萨确信只有 29 人对他忠诚。在扫除腐败的狂欢中，他将不得不非常谨慎地行事。

祖马也没有对他的失败无动于衷。尽管失去了非国大领导权的选票，但他并没有立即辞去国家总统的职位。他不仅仅是在争取拖延即将到来的法庭案件，也是为了他家族的未来。他的孩子们从他的职位中受益多多，还获得了一系列有利可图的职位。2014 年，祖马的女儿图图基勒（Thuthukile）被任命为电信和邮政服务部部长（Minister of Telecommunications and Postal services）办公室主任，年薪为 100 万兰特。该职位从未面向社会公开征聘。另一个女儿古古·祖马-恩库贝（Gugu Zuma-Ncube）则收到了德班市的紧急资金救助，以便她能够继续制作祖鲁语电视连续剧。他的侄子库鲁伯斯（Khulubuse）卷入一系列金融丑闻，其中一些丑

① Amil Umraw, 'ANC Balance Of Forces: Is Ramaphosa In Control?', HuffPost, 5 May 2018, https://www. huffingtonpost. co. za/2018/05/05/anc-balance-of-power-is-ramaphosa-in-control_a_23427156/, last accessed 26 April 2019.

闻以矿工陷入贫困和自杀而告终。最大的受益者是祖马的儿子杜杜赞,他与古普塔家族一起掠夺南非国家电力公司和其他国有企业。①这也难怪祖马总统会战斗到底。与祖马关系密切的人士警告说,任何试图解除他总统职务的行为都将受到抵制。与祖马有关的一个团体宣称:"解除他的职务将造成大混乱。"②

拉马福萨慢慢地、小心翼翼地坚持着,但随着他的坚持,紧张局势反而加剧。甚至有阴谋论称,在解放斗争期间曾与祖马一起服役的军队会发生兵变。非国大一位议员的话被援引:他"听说祖马正计划宣布国家进入紧急状态,并封锁议会辖区及逮捕议员"。③当将军们拒绝合作以表明他们对宪法程序的忠诚时,这一计划显然已经落空。当拉马福萨试图摧毁该党所称的"对公共资源的寄生性掠夺网络"时,南非共产党指责祖马是"反革命分子反击战"的核心,该网络"在前总统雅各布·祖马的政治赞助下蓬勃发展"。④

尽管如此,在最终迫使祖马下台方面,拉马福萨确实成功了,

---

① Yunus Momoniat, 'President Jacob Zuma, our arch-Machiavellian', *Business Day*, 1 January 2018, https://www.businesslive.co.za/bd/opinion/2018-01-01-president-jacob-zuma-our-arch-machiavellian/, last accessed 26 April 2019.

② News24, 'Recalling Zuma will cause havoc, Transform RSA warns ANC leaders', *Daily Maverick*, 12 January 2018, https://www.dailymaverick.co.za/article/2018-01-12-recalling-zuma-will-cause-havoc-transform-rsa-warns-anc-leaders/, last accessed 22 May 2019.

③ Setumo Stone, 'How Ramaphosa "dodged a coup"—security bosses reveal all', News24, 22 July 2018, https://www.news24.com/SouthAfrica/News/security-bosses-reveal-how-cyril-dodged-a-coup-20180722-2, last accessed 22 May 2019.

④ Qaanitah Hunter, 'SACP expresses great appreciation for Ramaphosa, accuses Zuma of counter-revolution', *Daily Maverick*, 4 June 2018, https://www.daily-maverick.co.za/article/2018-06-04-sacp-expresses-great-appreciation-for-ramaphosa-accuses-zuma-of-counter-revolution/#.WxTIkEgvzcs, last accessed 22 May 2019.

即便该目标通过弹劾威胁才得以实现。①2018 年 2 月 15 日，拉马福萨宣誓就职，成为南非自种族隔离制度结束以来的第五任总统。他实现了自己长期以来被剥夺的雄心壮志。

①　Lizeka Tandwa, '♯ZumaResigns: I do not fear impeachment or no confidence vote, says Zuma', 14 February 2018, https://www.news24.com/SouthAfrica/News/zumaresigns-i-do-not-fear-impeachment-or-no-confidence-vote-says-zuma-20180214, last accessed 22 May 2019.

第十三章

2019年大选让国家微动，而非震动

非国大的一胜一负

那是一月初的一个周日清晨，南非第三大海滨城市德班刮起了大风。一向守时的西里尔·拉马福萨不得不等上几个小时，直到大风平息，他才安全地踏上在摩西·马布海达体育场（Moses Mabhida Stadium）搭建的舞台，开启非国大盛大的生日集会。在距离5月8日大选仅有四个月的时间里，这次集会同时也是该党竞选宣言的发布仪式。全国各城市为2010年国际足联世界杯足球比赛建造的十座体育场为非国大的集会提供了便利。到目前为止，非国大是唯一一个拥有足够多资金和支持者的政党，其支持者多到可以坐满这些体育场。

前总统雅各布·祖马紧跟在拉马福萨的身后进入体育场。虽然拉马福萨受到了人群激动而又客气的欢迎，但他们却为祖马疯狂。夸祖鲁-纳塔尔省是祖马的大本营，而德班又是该省的经济首都，但这一情景却并不是拉马福萨的支持者所希望看到的。他们希望党内的支持者团结在拉马福萨身后,但党内许多人认为,祖马在近一年前被迫辞职时受到了不公正的对待。在南非政坛中,劣势者往往表现出色。

由于非国大在选举中获得多数票几乎已成定局,政党内讧成为其竞选活动的特点。事实上,这比它与小党派的竞争更重要,如民主联盟,该党一直试图通过吸收对非国大不满的选民来建立支持基础;还有经济自由斗士党,它吸引了年轻选民以及对非国大感到失望的黑人中产阶级专业人士和商业人士。许多心灰意冷的非国大支持者干脆开始不参加投票。问题不在于谁会成为赢家,而在于拉马福萨是否能够通过约束祖马的支持者,并起诉那些在祖马执政九年中掠夺国家资源的人,从而在党内树立自己的威信。

竞选宣言本身包含在一个失业率居高不下的国家提供就业机会的惯用承诺(具体而言,它承诺将每年创造的就业率略微提高一倍,达到 27.5 万),继续提供补助金,建造更多住房,并在所有的社区提供自来水和卫生设施。它承诺无偿征用土地,但谨慎地补充说,征地条件必须明确界定。拉马福萨还承诺将继续努力吸引国际投资,这是他在 2018 年 2 月就任总统后不久便开始实施的。

拉马福萨直截了当地承认,该党在祖马担任总统期间辜负了国家(尽管没有提及祖马的名字),这种举动在竞争日益激烈的情况下会扼杀一个政党的竞选活动。鉴于非国大的内部分歧、其在政府中的失败以及在国家和地方层面上所容忍的腐败,拉马福萨必须找到一种方法来重塑该党的形象。

他说:"我们承认曾经犯过的错误,而且在一些关键领域,进展停滞不前。但现在是国家复兴的时刻。这是一个恢复我们的民主

体制并使我们的国家重新走上转型、增长和发展道路的机会。"①拉
马福萨在整个竞选期间反复强调这一信息。在访问东开普省农村
地区的姆甘杜利(Mqanduli)小定居点时,他说道:"让我们向世界
和整个国家表明,南非人民希望变革,他们投票支持变革以向前
迈进,这样我们就可以继续非国大的工作,从而改善我们人民的
生活。"②

作为宣传,它奏效了。在竞选过程中接受采访的许多非国大
支持者将这些承诺作为他们再次投票给该党的理由,即便该党自
己也承认让他们失望了。甚至连那些喋喋不休的人们也被说服
了。资深记者彼得·布鲁斯(Peter Bruce)认为,拉马福萨需要尽
可能多的选票,才能获得在政府中推行改革议程的合法性——在
多达86名成员的党内全国执行委员会中,他只得到一半多一点的
支持。③在一些调查中,拉马福萨的民调支持率高于该党本身。④

在整个竞选过程中,最大的问题是非国大是否会支持拉马福
萨实施这一议程;如果不支持,他是否有足够的力量来实施其改

① Cyril Ramaphosa, 'The ANC's 2019 election manifesto', Politicsweb, 13 January
2019, https://www.politicsweb.co.za/opinion/the-ancs-2019-election-manifesto,
last accessed 22 May 2019.

② Carien du Plessis, 'Ramaphosa promises to address concerns of Mqanduli residents',
Eyewitness News, 28 April 2019, https://ewn.co.za/2019/04/28/ramaphosa-promises-
to-address-concerns-of-mqanduli-residents, last accessed 22 May 2019.

③ Yazeed Fakier, 'There's danger in a call to vote for Ramaphosa: Imagine a landslide
for the ANC's faction of corruption', *Daily Maverick*, 23 April 2019, https://www.
dailymaverick.co.za/opinionista/2019-04-23-theres-danger-in-a-call-to-vote-for-rama-
phosa-imagine-a-landslide-for-the-ancs-faction-of-corruption/, last accessed 22 May
2019.

④ Zingisa Mvumvu, 'Voters like Cyril Ramaphosa more than they like the ANC: sur-
vey', *Sunday Times*, 24 February 2019, https://www.timeslive.co.za/politics/
2019-02-24-voters-like-cyril-ramaphosa-more-than-they-like-the-anc-survey/, last ac-
cessed 22 May 2019.

革。非国大在选举中的主要承诺之一是:它将打击腐败,而这已经不是第一次这样承诺了。2014年,祖马曾承诺要提高反腐机构的能力。但颇具讽刺意味的是,他的所作所为恰恰相反,他大幅削弱国家检察院和精英犯罪打击机构:霍克斯。①五年后,拉马福萨在宣言中承诺:非国大将整肃祖马时期的腐败,并"结束国家劫持,恢复公共机构的廉洁,解决腐败问题,同时确保政府有能力、资源和人员为公民提供有效服务"。宣言还说:"我们还决心在打击非国大的内部腐败和不当行为方面表现出绝不容忍的态度。"②

选举是在调查委员会调查国家劫持的背景下进行的,该委员会由副首席大法官雷蒙德·宗多领导并由祖马本人亲自设立。委员会于2018年年底开始工作,其爆炸性的内幕披露不断刺激着非国大的竞选活动。它提醒人们非国大是如何藐视其先前的选举承诺,而又将如何开始履行其新的承诺的。反对党在竞选中利用了委员会披露的信息。例如,经济自由斗士党在2月份发布的宣言中恰好有相关披露:安保公司博萨萨的一名举报人透露:一份鸡肉、羊肉和酒类的购物清单,以及一个昂贵的手提包被送给前水务和环境卫生部部长诺姆菲拉·莫科尼亚内(Nomvula Mokonyane)以换取各种好处。该公司还曾赞助过非国大的许多活动。经济自由斗士党的支持者们在集会上举着一个代表部长的裸体女性人体模型,上面还写着"偿还博萨萨"和"非国大图帕(thupa),它来了"(警告非国大即将面临一场惨败)。

尽管存在这些不利因素,但正如投票前的民意调查所显示的那样,非国大还是取得了胜利。确切的数字很难预测,因为它取决

---

① See Chapter Nine.
② Ramaphosa, 'The ANC's 2019 election manifesto'.

于投票率。一些非国大的支持者通过不参加投票来批评该党,而其他人则投票支持反对党。因此,非国大只赢得 57.5% 的选票,低于 2014 年祖马执政时期的 62%,而这一数字本身也从十年前姆贝基执政时近 70% 的历史高位回落。[①]然而,只有 65.1% 的登记选民参加了投票,这是南非总统大选有史以来最低的数字。

最令人紧张的结果出现在豪登省,非国大在此获得 50.19% 的选票,下降了 4 个百分点,勉强在省议会中获得多数席位,而最令人震惊的降幅是在祖马的家乡夸祖鲁-纳塔尔省,该党的得票率下降逾 11%,跌至 54.2%。私下里,祖马的支持者将此结果归咎于非国大将他从总统职位上赶下来的方式。他们还对拉马福萨表示不满,认为尽管他的支持者将非国大在选举中表现不佳作为罢免祖马的理由,但现在是拉马福萨为该党带来了有史以来最糟糕的结果。非国大秘书长埃斯·马加舒尔(Ace Magashule)是拉马福萨的强烈反对者,他宣称总统不能为该党的多数选票居功:"让我们赢得选举的人是志愿者、社区和热爱非国大的人。非国大从来就不是一个人的事。"[②]他对拉马福萨的攻击既不隐晦也不掩饰。

另一方面,非国大的选举负责人菲基利·姆巴鲁拉(Fikile Mbalula)在民意调查的支持下公开猜测:如果祖马继续担任总统,并且他的派系赢得 2017 年非国大领导人选举(通过他的前妻恩科萨扎娜·德拉米尼·祖马,拉马福萨后来试图通过任命她为内阁

① 'National Assembly: 2019 National and Provincial Elections Results Dashboard', https://www.elections.org.za/NPEDashboard/app/dashboard.html, last accessed 22 May 2019.

② Clement Manyathela, 'Magashule: Ramaphosa cannot take credit for ANC winning elections', Eyewitness News, 10 May 2019, https://ewn.co.za/2019/05/10/magashule-ramaphosa-cannot-take-credit-for-anc-winning-elections, last accessed 22 May 2019.

部长来争取她的支持),该党的得票率可能会下降至 40%。2016年,非国大在市政选举中赢得 55%的选票。①

反对党将继续利用这些分歧;选举结束后,朱利叶斯·马勒马在该党的新闻发布会上再次出手,称拉马福萨的表现比祖马还要糟糕。他说:"包括国际媒体在内的整个资本主义体制都试图把拉马福萨强加给南非人民。但现实情况是,尽管拉马福萨被认为是精英中的精英,但他的表现比雅各布·祖马还要差,这意味着对普通人来说,拉马福萨并不比祖马好多少。"②他的分析可能并不符合事实,但他的许多追随者和那些同情祖马的人却对此坚信不疑。

无论祖马的支持者作何感想,尽管祖马有腐败和滥用职权的记录,但仍有超过一半的南非人投票支持非国大。在农村地区游历一番便不难看出个中原因。虽然许多地方被忽视,但大多数地方都有水、电和卫生设施,而在种族隔离制度下,他们却很少有机会获得这些必需品。而那些住在像样房子里的人,即使有时会断电,他们也不会轻易忘记这一点。在全国各地铺设的电缆对选民来说意义重大。社会保障金也是如此,它对许多非洲家庭至关重要。每月 1700 兰特(100 英镑)的养老金或残疾补助金或许并不足以维持生计,但它却帮助许多人生存下来,而且非国大已经成功地说服许多领取者,让他们相信其他任何政党都有可能取消这一安全网。

东开普省等地仍然是非国大的中心地带,即使是勉为其难,这

---

① '2016 South African municipal elections', Wikipedia, https://en.wikipedia.org/wiki/2016_South_African_municipal_elections, last accessed 22 May 2019.

② Mbuyiseni Ndlozi, 'Ramaphosa performed worse than Zuma—EFF', Politicsweb, 16 May 2019, https://www.politicsweb.co.za/politics/iec-should-modernise-its-systems-by-2021—eff, last accessed 22 May 2019.

里的许多人继续支持该党。阿桑达·库沙（Asanda Qosha），住在金威廉姆斯镇（King William's Town）郊区的一个村庄里，是一名个体经营的建筑工人。他解释说："非国大是人们摆脱贫困的唯一工具。"与此同时，他对该党也不抱任何幻想。"非国大非常腐败。这真的让我很恼怒。他们正在掠夺我们的穷人：这就是为什么没有住房、道路或诊所。"①而有些人则认为非国大像家一样。就在选举前，诺姆薇莉勒·恩格索吉勒（Nomvelile Ngxokile）位于圣琼斯港（Port St Johns）沿海小镇的房子被暴雨淹没。尽管此事在一定程度上是由于当地非国大管理委员会的无能造成的，但她说她将继续支持非国大。"非国大是我们的家。如果非国大有问题，我们应该坐下来谈谈，因为这是我们的家，我们不会因为自己家有过失就离开这个家。我们应该坐下来谈谈。"②

民主联盟陷入停滞状态

有一人打破了支持非国大的"家庭传统"，他就是自 2015 年以来一直领导反对党民主联盟的慕斯·迈马内。2019 年大选时 38 岁的他第一次参加全国大选和省级竞选。该党的支持率在过去的十年中一直呈上升趋势，2014 年达到 22.23％。2016 年的结果更加惊人：民主联盟在全国选票中的总份额上升了约 4 个百分点，并

① Asanda Qosha, interviewed by Martin Plaut in Eastern Cape.

② Carien du Plessis, 'Residents of flood-hit Port St Johns to get temporary IDs ahead of elections', Eyewitness News, 29 April 2019, https://ewn. co. za/2019/04/29/residents-of-flood-hit-port-st-johns-to-get-temporary-ids-ahead-of-elections, last accessed 22 May 2019.

且该党与其他反对党达成合作协议，在三个以前属于非国大管理的大都会都任命了市长。

然而，大选前的周末，民主联盟在约翰内斯堡西南部的索韦托举行了最后一次集会，参会者却寥寥无几；尽管该党在电视上看起来不错，但在现实生活中却缺乏亮点。到那时，竞选活动已经变得激烈起来，民主联盟转而依靠早期选举中使用过的有争议的（但之前略微成功）恐吓战术：最后一批海报敦促选民投票给民主联盟，以防止非国大和经济自由斗士党联盟上台。由于拉马福萨在民意调查中的支持率超过了非国大，民主联盟反复提醒选民：拉马福萨是腐败丛生的政党中的一分子，这一点连他自己也承认。

在集会上，迈马内告诉民众要像南非运动员卡斯特·塞门亚（Caster Semenya）一样勇敢，彼时她正处于一场关于她的睾丸激素水平的新风暴中。他表示民众们应该有勇气改变他们投票支持的政党。他说："我知道这对那些只认识一个政党的人来说很难。我也曾处于这种境地，但现在回头看，拥抱变化是我做过最好的事情。我不是要你们与我一起，我只是要你们雇用一个有着良好记录的政府。"①

他的请求被置若罔闻。民主联盟的得票率下降了 1.5％，降至 20.8％。该党试图通过支持黑人经济赋权来吸引黑人选民，而迈马内则有争议地发誓要打击"白人特权"。②然而，选举分析师达维·

① SABC Digital News, 'Democratic Alliance election rally, 04 May 2019', YouTube, 4 May 2019, https://www.youtube.com/watch?v=cZoJ1eInX6Y, last accessed 22 May 2019.

② Moipone Malefane, 'Mmusi Maimane vows to take on "white privilege"', *The Sowetan*, 8 May 2018, https://www.sowetanlive.co.za/news/2018-05-08-mmusi-maimane-vows-to-take-on-white-privilege/, last accessed 22 May 2019.

肖尔茨(Dawie Scholtz)则表示,民主联盟的黑人选票最终仅增长了 0.4％,达到 4.7％。[1]非国大失去了 5.8％的黑人选民选票,而经济自由斗士党在黑人选民中则获得 5.5％的选票,大多数黑人选民把票投给了经济自由斗士党。

民主联盟遭受的最大打击是失去了大约 47 万张选票,这些选票被投给新自由阵线,该党吸引的是右翼白人选民,他们认为民主联盟没有表达他们对土地再分配、谋杀白人农民和黑人经济赋权等问题的担忧。[2]一位民主联盟竞选者解释说,在祖马时期,白人选民将政治"外包"给民主联盟,因为他们认为该党是反对前总统的有力武器。但随着祖马的离去,围绕他的喧嚣逐渐平息,他们有一定的空间来重新考虑支持谁。[3]党内其他人指责迈马内吓跑了这些选民,而且未能充分激励黑人选民。在选举后的几天里,迈马内表现得很低调,但也表示他愿意为该党未能取得进展承担责任。[4]然而,他在党内高层的支持者却没有团结在他周围,宣称该党对其选

[1] Dawie Scholtz, ' Demographics and disappointment: Dawie Scholtz's complete election post-mortem', News24, 14 May 2019, https://www.news24.com/Elections/Voices/demographics-and-disappointment-dawie-scholtzs-complete-election-post-mortem-20190514, last accessed 22 May 2019.

[2] Pieter du Toit, 'Elections Briefs: Why the much-vaunted DA shot blanks', News24, 16 May 2019, https://www.news24.com/elections/voices/elections-briefs-why-the-much-vaunted-da-shot-blanks-20190515, last accessed 22 May 2019; Ferial Haffajee, 'White anxiety and the rise of the Freedom Front Plus', *Daily Maverick*, 14 May 2019, https://www.dailymaverick.co.za/article/2019-05-14-white-anxiety-and-the-rise-of-the-freedom-front-plus/, last accessed 22 May 2019.

[3] Carien du Plessis, 'Back to the future: Tony Leon and Thabo Mbeki on the campaign trail', *Daily Maverick*, 25 April 2019, https://www.dailymaverick.co.za/article/2019-04-25-back-to-the-future-tony-leon-and-thabo-mbeki-on-the-campaign-trail/, last accessed 22 May 2019.

[4] Gia Nicolaides, 'Maimane takes full responsibility for drop in DA electoral support', Eyewitness News, 14 May 2019, https://ewn.co.za/2019/05/14/maimane-takes-full-responsibly-for-drop-in-da-electoral-support, last accessed 22 May 2019.

举失利负有"集体责任"。①

迈马内领导的民主联盟的前任党魁海伦·齐勒在竞选活动接近尾声时被推到台前以恳求那些正在考虑转向新自由阵线的选民,她表明正是她所谓的"身份政治"正在侵蚀民主联盟的支持率。她认为:

> 我们的工作是在一套共同价值观的基础上,在那些真正希望南非为所有种族所共享的人群中建立一个新的多数派(与之不同的是,例如,经济自由斗士党希望南非只属于一个种族)。
>
> 我们是一个为人民而存在的政党,我们致力于解决阻碍经济增长的实际问题、改善教育以及促进社会进步,而不寻求将少数派当作替罪羊。
>
> 将南非的关键问题说成是"黑人贫困"和"白人特权"之间的二分法是荒谬的。特权的面貌已经被掠夺性的非国大或经济自由斗士党的精英所改变,他们掠夺国家,使我们走上毁灭之路。民主联盟不应迎合这一选举结果和分析报告。②

在一些选区,齐勒是位英雄,但她的推文因破坏了迈马内的领

---

① Zingisa Mvumvu, 'Maimane a no-show at DA presser about his future', *Sunday Times*, 13 May 2019, https://www. timeslive. co. za/politics/2019-05-13-maimane-a-no-show-at-da-presser-about-his-future/, last accessed 22 May 2019.

② Helen Zille, 'From the Inside: The DA and the ANC took a knock—both require some soul-searching', *Daily Maverick*, 13 May 2019, https://www. dailymaverick. co. za/opinionista/2019-05-13-from-the-inside-the-da-and-the-anc-took-a-knock-both-require-some-soul-searching/, last accessed 22 May 2019.

导权而受到党内一些人士的批评。2017 年,她被要求为一系列看似是为殖民主义辩护的推文道歉(尽管她声称这些推文不是那种意思)。随后,她被命令退出民主联盟的决策机构。①然而两年后,她在选举前再次为那些推文辩护。随着民主联盟在选民中的惨淡表现而来的是,齐勒称执政的非国大的腐败是"黑人特权"的一个例子,从而引发了另一场推特风暴。

此言论引发强烈反对,甚至在她自己的政党内也存在反对意见。年轻的姆巴利·恩图利(Mbali Ntuli)是民主联盟在夸祖鲁-纳塔尔省(在 2019 年大选中,该省是民主联盟的选票唯一有所增长的省份)的黑人选举负责人,他在推特上大发雷霆,在未点名齐勒的情况下,指责她在竞选期间"语气迟钝",没有与当地"群众"接触。②这显然是不真实的。齐勒多次将竞选活动开展到开普的黑人聚居区,并经常受到她所遇到的民众的热情欢迎。

该党面临的另一个重大问题是它处理开普敦市长帕特里夏·德利尔的方式,她是一位经验丰富的政治家,拥有不错的支持基础。她在被指控行政失当后辞职,接着便受到充满政治意味和矛盾性的纪律处分;她随后成立了自己的政党,名为古德党(GOOD)。她在全国范围内赢得两个席位,其中一个席位在西开普省,而民主联盟却在那里丢失了两个席位。

确定最佳的前进道路对民主联盟来说是一个两难的选择。正

---

① Clement Manyathela, 'Zille: Apology over colonialism tweets genuine this time', Eyewitness News, 13 June 2017, https://ewn. co. za/2017/06/13/zille-apology-over-colonialism-tweets-genuine-this-time, last accessed 22 May 2019.

② Kaunda Selisho, 'Don't cry when you're punished at the polls for being a d ***, says DA's Mbali Ntuli', The Citizen, 17 May 2019, https://citizen. co. za/news/south-africa/social-media/2132068/dont-cry-when-youre-punished-at-the-polls-for-being-a-d-says-das-mbali-ntuli/, last accessed 22 May 2019.

如政治记者彼得·杜托伊特(Pieter du Toit)所言,该党可能已经失去了取得进展的最佳机会:

> 对该党领导团队最大的控诉是,它在过去五年中表现出单一和无力,无法从非国大的腐败行为中获取政治利益。如果民主联盟不能在严重腐败、国家劫持和祖马政府垮台的时期将自己确立为非国大的一个可行替代者,那么它又何时能做到这一点呢?①

这是对民主联盟2019年竞选活动的公正性反思,但同样重要的是:不能忽视该党所取得的成功。它仍然是官方反对党;它继续为超过五分之一的南非人而发声;它有真正反映国家种族构成的政党等级制度和党员身份。

经济自由斗士党:以小吃大

2019年大选的最大赢家之一是经济自由斗士党,他们的领导层年轻、蛮横并且直言不讳。经济自由斗士党是一个未能如愿时就会对议会会议造成巨大干扰的政党,即使该党在本次选举中的得票率仅为10.8%,但其在议会中的25个席位却接近翻番:又增加了19个席位。②它的选民基础虽趋于年轻化,但其支持者中的投票登记人数和投票率都很低。许多南非人也承认,尽管他们希望

---

① Du Toit, 'Why the much-vaunted DA shot blanks'.
② 'National Assembly: 2019 National and Provincial Elections Results Dashboard'.

看到充满活力和破坏性的经济自由斗士党在议会中有代表,但他们却并不想看到他们在政府中也有代表。

该党在社交媒体和其他媒体上呼声很高,也成功地迫使非国大在多个方面将政府政策转到他们的政策目标上。非国大在无偿国有化土地问题上的立场与经济自由斗士党的立场变得更加相似,非国大还对经济自由斗士党降低大学教育费用的运动作出反应,增加了免缴学费的学生人数。

经济自由斗士党已经从仅在林波波省一省的最大反对党,扩大到包括姆普马兰加省和西北省在内的三个省。这将使马勒马的政党有机会表明,它不仅仅是一支反对力量,而且能够真正对政治进程作出贡献。在豪登省也出现了这种机会,那里的非国大拥有最微弱的多数选票(50.2%的选票)。①经济自由斗士党可以与其他反对党合作来要求非国大负起责任(它已经在与民主联盟合作来共同治理约翰内斯堡和比勒陀利亚的大都会委员会),反之,它也可以决定与非国大在政府中开展合作。

除了例行集会、传单和大量简单的、标题鲜明的宣传海报外(马勒马的头像被印在红色背景上,并陪衬着"大地之子"的字样),经济自由斗士党仅仅是通过维持其实体存在来开展竞选活动,其成员在社交场合穿着红色 T 恤或戴着标志性的红色贝雷帽。该党还经常使用伏击战术,例如在非国大竞选活动附近的街角散发传单。甚至有一次,在拉马福萨挨家挨户走访时,有人听到该党支持者在约翰内斯堡附近西兰特(West Rand)社区的一户人家外唱歌。

尽管经济自由斗士党和较小的激进党派之间的激烈交锋和投

① 'National Assembly: 2019 National and Provincial Elections Results Dashboard'.

掷椅子行为使得一些电视辩论无法进行,但经济自由斗士党和非国大支持者之间的暴力和恐吓事件却没有像2014年那样成为头条新闻。经济自由斗士党领导人后来谴责了这些暴力行为。①然而,该党却迟迟没有谴责对记者的恐吓行为。竞选期间,脱口秀主持人和政治评论家卡丽玛·布朗(Karima Brown)曾无意将编辑指令发送至经济自由斗士党的瓦次艾普(WhatsApp)群组中,随后马勒马便在推特上公布了她的短信截图,其中包括她的电话号码。尽管马勒马遭到其他记者的谴责,但他并没有立即删除这条推特。结果,布朗接到了一系列私人电话、遭受了侮辱以及谋杀和强奸的威胁。②

马勒马还在3月取得一场小小的胜利,当时南非人权委员会做出了一项有争议的裁决,裁定他在过去几年中的一些言论并不构成仇恨言论。其中包括一个实例:他告诉一群支持者,该党不会呼吁屠杀白人,"至少现在不会"。③经济自由斗士党的大部分权力是通过暴力威胁来行使的。在选举当天,该党与其他大多数反对党一样,对双重投票表示担忧。马勒马在选举后举行的新闻发布会上表示,独立选举委员会应在2021年地方政府选举之前对其系统进行现代化改造。他说:"独立选举委员会的无能及不称职将导

---

① 'EFF condemns violence at Hout Bay election debate', Eyewitness News, 5 April 2019, https://ewn. co. za/2019/04/05/eff-condemns-violence-at-hout-bay-election-debate, last accessed 22 May 2019.

② News24, 'Karima Brown wants Malema hauled to court over his tweet', *Daily Maverick*, 26 April 2019, https://www. dailymaverick. co. za/article/2019-04-26-karima-brown-wants-malema-hauled-to-court-over-his-tweet/, last accessed 22 May 2019.

③ Ayanda Mthethwa, 'Malema's utterances offensive but not hate speech', *Daily Maverick*, 27 March 2019, https://www.dailymaverick. co. za/article/2019-03-27-malemas-utterances-offensive-but-not-hate-speech/, last accessed 22 May 2019.

致暴力和难以有效运转的政治环境。"①

经济自由斗士党在投票前也未能幸免于内部争议,大多数政党在提名议会候选人时都会出现这种情况。一位在提名名单上没有获得较好职位的议员写了一封举报信,声称马勒马没有说明他每个月从该党公众代表那里所收取的 200 万兰特的党费使用情况。②在整个选举期间,该党还被一桩银行丑闻缠身,据说该党曾从中获益。③

然而,就个人而言,这场选举对马勒马来说尤为艰难,他先是在竞选初期失去了他的姑妈;几周后,即在选举日前夕,他又失去了与他关系非常亲近并抚养他长大的祖母。④来自各党派的吊唁信蜂拥而至,对马勒马表示慰问。

其他受益者

以白人为主的保守的新自由阵线,其领导层由讲阿非利卡语的男性主导,也许是这次选举的最大赢家;尽管该党的起点很低,

---

① Ayanda Mthethwa, 'Malema's utterances offensive but not hate speech', *Daily Maverick*, 27 March 2019, https://www. dailymaverick. co. za/article/2019-03-27-malemas-utterances-offensive-but-not-hate-speech/, last accessed 22 May 2019.

② Ngwako Modjadji and S'thembile Cele, 'In and out: Another MP dumps EFF, but former ANCYL leader jumps ship to join red berets', City Press, 22 April 2019, https://city-press. news24. com/News/in-and-out-another-mp-dumps-eff-but-former-ancyl-leader-jumps-ship-to-join-red-berets-20190422, last accessed 22 May 2019.

③ See Chapter Four, on the political opposition.

④ Times Live, 'Julius Malema's grandmother dies', *Sunday Times*, 4 May 2019, https://www.timeslive.co. za/politics/2019-05-04-julius-malemas-grandmother-dies/, last accessed 22 May 2019.

但其在国民议会中的席位增加了一倍多,从4个增加到10个。其中一个席位将由维南德·博斯霍夫(Wynand Boshoff)占据,他是前总理、种族隔离制度的缔造者亨德里克·维沃尔德的孙子。该党2.4%的得票率比1994年的最高点提高了0.2%,当时它赢得了前国民党支持者的投票。

新自由阵线利用白人对其在国内地位受到侵蚀的恐惧,并采用"反击"口号,该口号被印在无数的海报上,并在该党传统据点以外的城镇灯柱上展示,这些城镇主要以内陆省份的农村地区为主。①白人在此方面感觉到地位丧失的一个突出例子是政府废除了阿非利堪斯语作为几所大学的官方语言的地位(包括斯泰伦博斯大学,该大学是大多数阿非利卡人总理和总统的母校)。最近在施魏策尔-雷内克(Schweizer-Reneke)这一农村小镇也发生了一起事件,其中一名学校教师被错误地指控为种族主义者。民主联盟也加入起来,结果却失去了镇上的每一个选区,同时也破坏了该党在全国的支持基础。②对执政党无偿征用土地的担忧,以及民主联盟在此问题上立场不明确的态度,都帮助新自由阵线赢得了更多选票。

因卡塔自由党(一个以祖鲁人为主的政党)在选举中也表现出色。该党获得14个席位,增加了4个,这显然得益于敌对的分裂党国民自由党的垮台,以及祖马的支持者在夸祖鲁-纳塔尔中心地带

---

① Keith Gottschalk and Dirk Kotze, 'Analysis: The Who, Why and What of the Freedom Front Plus', News24, 13 May 2019, https://www.news24.com/elections/voices/analysis-the-who-why-and-what-of-the-freedom-front-plus-20190513, last accessed 22 May 2019.

② Pieter du Toit, 'Analysis: How the Freedom Front Plus ate(some of) the DA's lunch', News24, 11 May 2019, https://www.news24.com/elections/news/how-the-freedom-front-plus-ate-some-of-the-das-lunch-20190511, last accessed 22 May 2019.

对非国大的不满情绪。①

自由、公平，但非鼓舞人心

2019 年大选是南非自种族隔离制度结束以来的第六次选举，登记在册的 2620 万选民中有近 1770 万人在 22924 个投票站投票。②虽然独立选举委员会的大部分宣传活动直接针对年轻选民，但超过 900 万符合条件的选民根本无心登记投票，其中三分之二的人年龄不到 30 岁。③在民主南非有史以来最长的选票名单上，48 个政党中只有 14 个进入议会，而这仍然是自 1994 年以来的最高数字。

此次选举并非没有缺陷。事实证明，有些人能够清除所有选民在投票时在大拇指上留下的据称是不可消除的印记。一些人将此归咎于独立选举委员会的预算削减而导致的材料不合格。④选民们并不局限于在他们登记的地区投票，这使得人们可以欺诈性地

---

① M&G Data Desk, 'South Africa, this is your new parliament', *Mail & Guardian*, 14 May 2019, https://mg. co. za/article/2019-05-14-south-africa-this-is-your-new-parliament, last accessed 22 May 2019.

② 'National Assembly: 2019 National and Provincial Elections Results Dashboard'.

③ 'Yes, more than 9 million eligible voters aren't registered for South Africa's 2019 elections', AfricaCheck, 15 February 2019, https://africacheck. org/fbcheck/yes-more-than-9-million-eligible-voters-arent-registered-for-south-africas-2019-elections/, last accessed 22 May 2019.

④ Phillip de Wet, 'The pens that marked voter thumbs cost millions—here's why their secret ink may have failed', Business Insider, 9 May 2019, https://www. business-insider. co. za/indelible-ink-pens-for-voting-from-bidvest-secret-formula-2019-5, last accessed 22 May 2019.

多次投票，但也造成了某些投票站的票源短缺。少数人因不止一次投票而遭起诉。然而，统计长在抽样调查了 1020 个投票站的结果后发现重复投票对最终结果的影响可以忽略不计。

海外选民只在 2009 年法院下令后才被允许投票，他们也提出问题。共有 29334 位选民在国外登记投票，但这只是符合条件的选民中的一小部分。为了登记和投票，海外选民需要填写各种表格，并在南非大使馆和高级专员办事处出示，有时这些地方离外籍人士居住的城市很远。还有一些人担心，选民必须将选票放在两个信封里，信封外层标有他们的姓名和身份证号码以便审计。这意味着这些投票的保密性可能会受到影响。除这些政府机构的工作人员外，大多数海外选民都支持反对派。

尽管人们普遍认为选举是自由和公平的，但也担心南非人民对参与选举的兴趣微乎其微。正如评论员达维·肖尔茨所说：

> 这是一次投票率异常低迷的选举；与以往的全国大选相比，这次选举的投票率低得几乎令人震惊。南非全国大选的总体投票率从来没有低于过 70％。2014 年，投票率为 72.5％。2019 年全国大选的总体投票率（包括所有填写 VEC10 表格的海外选民）为 65.1％。这比预期的投票率要低得多，并对选举结果产生了重大影响。①

官方机构以及反对党对这次选举的事后分析，可能会使人认真研究在未来如何让年轻人更有兴趣地参与南非的新兴民主。如

---

① Scholtz, 'Demographics and disappointment'.

同南非所有的选举一样，这次大选将被广泛地分析和讨论。但有一个事实不应被任何人忽视：尽管选举结果并不完美，但它确实反映了南非选民的意愿。而这不是总统在投票前就能决定的，即民众在去投票之前，投票箱就已经被塞满并封存了。新议会将由议员们组成，他们能够真正地表明他们是其人民的代表。可悲的是，在非洲大陆，能真正代表人民的议员非常罕见。南非人花了一个多世纪的时间才得以实现这一目标，而这仍然值得庆祝。

索　引

L

M

图书在版编目(CIP)数据

理解南非/(英)马丁·普劳特,(英)凯琳·杜·
普莱茜丝著;赵文杰等译.—上海:上海三联书店,
2024.10
ISBN 978-7-5426-8397-7

Ⅰ.①理… Ⅱ.①马… ②凯… ③赵… Ⅲ.①国家-
行政管理-研究-南非共和国 Ⅳ.①D747.83

中国国家版本馆 CIP 数据核字(2024)第 045156 号

理解南非

著　　者 /〔英〕马丁·普劳特　〔英〕凯琳·杜·普莱茜丝

译　　者 / 赵文杰　杨振中　陈一能　姚　康
校　　译 / 张忠祥
责任编辑 / 殷亚平
特约编辑 / 翟思诺
装帧设计 / 徐　徐
监　　制 / 姚　军
责任校对 / 王凌霄

出版发行 / 上海三联书店
　　　　　(200041)中国上海市静安区威海路 755 号 30 楼
邮　　箱 / sdxsanlian@sina.com
联系电话 / 编辑部：021-22895517
　　　　　发行部：021-22895559
印　　刷 / 上海雅昌艺术印刷有限公司

版　　次 / 2024 年 10 月第 1 版
印　　次 / 2024 年 10 月第 1 次印刷
开　　本 / 655mm×960mm　1/16
字　　数 / 240 千字
印　　张 / 21.5
书　　号 / ISBN 978-7-5426-8397-7/D·627
定　　价 / 98.00 元

敬启读者,如发现本书有印装质量问题,请与印刷厂联系 021-68798999